| 生活技能 311 |

開始在法國自助旅行

作者◎**陳翠霏、謝珮琪**

太雅

「遊法國鐵則」

☑ 數字／手勢比法不一樣

理由： 當我們語言不通的
時候，手勢就成了最佳的
溝通方式，但國情不同，
比劃的手勢也稍有不同，例如數字，
別因此而多點了幾碗飯啊！（見P.145）

☑ 一起吃飯，各付各的

理由： 除非事先講好要請客，否則一般法國
人去餐廳吃飯大都習慣各付各的。如果遇到
有共同點酒的狀況則會將總數平均分攤，小
費則是隨意給。

☑ 拍攝小孩前要經過父母允許

理由： 法國人很注
重隱私權，尤其是
對小孩。雖然法國
小孩很可愛，但要
拍之前無論是大人
或小孩，最好事先
詢問是否同意拍照。

☑ 要幫後面的人開門

理由： 法國人有一個很貼心的習慣，就是會
幫後面的人頂住門，無論是過地鐵票閘或是
大門，前面的人通常會自己出去之後，等後
面的人進門才放手。

☑ 進入家中不脫鞋

理由： 一般的法國人家裡是不脫鞋的，這
也是為什麼家家戶戶都有棕櫚腳踏，不過
如果去別人家做客，看主人穿室內拖鞋，
還是要問一下主人是否要換拖鞋。

☑ 拜訪做客要帶伴手禮

理由： 如果受邀到法國人家
裡作客，禮貌上最好帶個伴
手禮前往。可事前詢問女主
人需要什麼，是最可靠的方
式，不然可以帶瓶酒、一束
花或是甜點，都是受歡迎的
伴手禮。

☑ 不輕易探人隱私

理由： 法國是個很重視隱私權的國家，和
法國人相處應盡量避免詢問有關個人生活
的問題，如感情生活或個人收入，問這些
問題會讓法國人感到被冒犯。

☑ 一見面就來個法式親吻

理由： 朋友之間，法國人習慣以親吻臉頰
來打招呼，複雜的是每個省分親吻的次數
都不一樣，但大多以左右各一次最標準，
只要以臉頰互碰觸，嘴巴發出啵的聲音，
就很標準了。但如果是商業與工作關係，
還是以握手為主。如果無法說服自己做法
式親吻打招呼，那麼見人就伸出手來握
手，是最簡單且不失禮的見面招呼方式。

☑ Bonjour不離口

理由：隨時向遇到的人說Bonjour，是在法國旅遊一路順暢的關鍵密語。不論是過海關、向服務台詢問資訊、搭公車、進商店或進餐廳，先說聲Bonjour，才不會被誤認為沒有禮貌，否則法國人可能會對你很冷淡。

☑ 餐廳打包看情況

理由：長久以來因為衛生疑慮，所以法國人沒有打包的習慣。近幾年為了減少食物浪費，政府開始呼籲餐廳提供打包服務。除了米其林等高級餐廳，一般小餐館若禮貌詢問，都可以將吃不完的食物帶走(餐廳供應的麵包例外)。但是外帶盒其實也成為多餘垃圾，最好的方式還是斟酌自己的食量，不要點太多。

☑ 衛生紙直接丟馬桶

理由：法國廁所裡的垃圾桶，通常是用來丟棄使用過的女性生理用品，不可將如廁後的衛生紙丟進垃圾桶，直接丟進馬桶沖水即可。

☑ 浴室地上沒有排水孔

理由：法國浴室的地上是沒有排水孔的，所以需要保持乾燥。浴室內如果不是淋浴間而是浴缸，洗澡時一定要記得將浴簾放進浴缸內，以防水流到地面，造成淹水。

☑ 折疊椅人多時不要用

理由：地鐵車廂裡的折疊椅，在乘客擁擠的時候，最好不要使用。以免阻礙通道。

☑ 垃圾分類要注意

理由：法國的垃圾分類雖然不如台灣做得徹底，但為了友善地球，觀光客還是要注意垃圾的分類。另外，也不要隨手亂丟垃圾或菸蒂，若被抓到有可能會被罰鍰€68。

▲ 玻璃瓶罐專用垃圾桶

▲ 可燃垃圾專用垃圾桶

▲ 金屬與紙類垃圾桶

「法國自助旅行Q&A」

Q1　法國治安眞的很差嗎？

　　法國在各大觀光景點都派有軍警維護安全，出入博物館或大型商業中心都需要安檢，日常生活不需要特別緊張，但必須預留排隊等候安檢的時間。一年有將近9千萬名遊客前來法國旅遊，所以扒手與竊盜也時有所聞。不管選擇住宿在哪一區域，都要記得財不露白，隨時注意周邊可疑人物。最常見的犯案地點是地鐵上，以及觀光景點。最常搶手機，或是扒背包與口袋。在人多的地方，千萬要將隨身包袋放在自己身前，別讓扒手有機可趁。

Q2　法國物價如何？

- ■**食**：一條長棍麵包€1.2，可頌€2，路邊攤可麗餅€5，最便宜餐廳一人大約€12。
- ■**衣**：一年有兩次大拍賣，1月出清冬衣，7月夏衣清倉。
- ■**住**：民宿最低€50，一般兩星旅館最低€80。
- ■**行**：火車票越早訂購越便宜，通常搭乘日期的2個月之前開放購買，價差可達1倍。用巴黎地鐵Navigo卡儲值週票（€30），從週日～週六可無限次數搭乘地鐵與公車。

▲ 麵包店都會標上價錢

Q3　法國人眞的不愛說英語？

　　巴黎會說英語的法國人越來越多，甚至會說中文的法國人也比以前多，觀光景點或一部分商店都有英語告示與中文標示。不過其他較小的鄉鎮城市就不一定。不管說什麼語言，看到法國人時，先主動說Bonjour，都會得到更友善的服務。

Q4　遇到罷工怎麼辦？

　　法國罷工很常見，但並不是交通中斷的唯一理由。有時因為意外、發現可疑物品或其他技術問題等，地鐵會短暫停駛。在入地鐵站前先看螢幕告示，有問題的路線會以紅色框標註。罷工通常會提前告知，可安排其他交通替代方式，Uber計程車或BlaBla Car共乘制度都是很不錯的選擇。

▲ 紅色框表示目前有問題的路線

Q5　法國需要付小費嗎？

　　法國餐館的帳單都已經包含10%服務費，因此小費並非強制性。如果覺得服務普通，可以完全不給。若是用餐後心情愉快，可以斟酌給小費，但盡量不要給歐分（centime）等太零碎的零錢。

Q6 法國上網方便嗎？

大部分餐廳與旅館提供無線上網，直接向店家索取密碼即可。機場與火車上也有免費Wi-Fi。在巴黎市則有260個免費Wi-Fi點，在手機上搜尋PARIS_WI-FI，就會導向登錄頁面，填好資料後按se connecter(連結)就可以免費上網了。2小時後會斷線，再重新連結即可。(請參考通訊篇)

巴黎Wi-Fi公告牌示 ▶

Q7 在法國上廁所方便嗎？

旅館、餐廳與購物中心都有廁所，法國速食餐廳(如麥當勞或星巴克)的廁所必須有消費才能使用，廁所門的密碼會印在收據上。大型火車站設有公廁，收費€1，可以刷卡。巴黎市政府設置了435個免費公廁，其中158個是24小時開放，乘輪椅者也可以使用。每一次使用完畢，公廁會自動清洗消毒，約需2分鐘，所以等候時間會比較久。建議在餐廳或博物館時先「解放」，以免在外內急時找不到廁所或等太久。真的很急的時候，可以就近找一家咖啡館點杯飲料，就可借用咖啡館的廁所了。

巴黎路邊的公廁 ▶

Q8 法國的自來水可以直接喝？

法國相當自豪於自來水的水質，可以直接生飲。餐廳提供的免費飲水也是自來水，除非特別說明要另外計費的瓶裝礦泉水。在巴黎市內有1,200個公共飲水台，不只有氣泡水可以選擇，其中有3個飲水台是貨真價實的天然礦泉水，可隨時免費取用。建議隨身攜帶水杯或水瓶，避免買瓶裝飲料製造多餘垃圾。戶外水龍頭若標註「non potable」，則表示不可飲用。

▲ 巴黎飲水台的標示

Q9 遊法國必備單字

Métro 地鐵站

Sortie 出口

Pharmacie 藥房

Grêve 罷工

Boulangerie 麵包店

Patîsserie 甜點店

臺灣太雅出版
編輯室提醒

出發前,請記得利用書上提供的通訊方式再一次確認

每一個城市都是有生命的,會隨著時間不斷成長,「改變」於是成為不可避免的常態,雖然本書的作者與編輯已經盡力,讓書中呈現最新的資訊,但是,仍請讀者利用作者提供的通訊方式,再次確認相關訊息。因應流行性傳染病疫情,商家可能歇業或調整營業時間,出發前請先行確認。

資訊不代表對服務品質的背書

本書作者所提供的飯店、餐廳、商店等等資訊,是作者個人經歷或採訪獲得的資訊,本書作者盡力介紹有特色與價值的旅遊資訊,但是過去有讀者因為店家或機構服務態度不佳,而產生對作者的誤解。敝社申明,「服務」是一種「人為」,作者無法為所有服務生或任何機構的職員背書他們的品行,甚或是費用與服務內容也會隨時間調動,所以,因時因地因人,可能會與作者的體會不同,這也是旅行的特質。

新版與舊版

太雅旅遊書中銷售穩定的書籍,會不斷修訂再版,修訂時,還區隔紙本與網路資訊的特性,在知識性、消費性、實用性、體驗性做不同比例的調整,太雅編輯部會不斷更新我們的策略,並在此園地說明。您也可以追蹤太雅 IG 跟上我們改變的腳步。

taiya.travel.club

票價震盪現象

越受歡迎的觀光城市,參觀門票和交通票券的價格,越容易調漲,特別 Covid-19 疫情後全球通膨影響,若出現跟書中的價格有落差,請以平常心接受。

謝謝眾多讀者的來信

過去太雅旅遊書,透過非常多讀者的來信,得知更多的資訊,甚至幫忙修訂,非常感謝大家的熱心與愛好旅遊的熱情。歡迎讀者將所知道的變動訊息,善用我們的「線上回函」或直接寄到 taiya@morningstar.com.tw,讓華文旅遊者在世界成為彼此的幫助。

開始在法國自助旅行 全新第八版

作　　者	陳翠霏、謝珮琪
總 編 輯	張芳玲
發想企劃	taiya旅遊研究室
編輯主任	張焙宜
企畫編輯	林孟儒、張敏慧
主責主編	林孟儒、張敏慧
修訂主編	鄧鈺澐
封面設計	許志忠
美術設計	許志忠

國家圖書館出版品預行編目(CIP)資料

開始在法國自助旅行／陳翠霏‧謝珮琪 作，
——八版，——臺北市：太雅，2024.08
面；　公分 . ——（So easy；311）

ISBN　978-986-336-521-1　（平裝）

1.自助旅行　2.法國

742.89　　　　　　　　　　　　113007655

太雅出版社
TEL：(02)2368-7911　　FAX：(02)2368-1531
E-mail：taiya@morningstar.com.tw
太雅網址：http://taiya.morningstar.com.tw
購書網址：http://www.morningstar.com.tw
讀者專線：(02)2367-2044、(02)2367-2047

出 版 者　太雅出版有限公司
　　　　　106020台北市大安區辛亥路一段30號9樓
　　　　　行政院新聞局局版台業字第五○○四號

讀者服務專線：(02)2367-2044 / (04)2359-5819#230
讀者傳真專線：(02)2363-5741 / (04)2359-5493
讀者專用信箱：service@morningstar.com.tw
網路書店：http://www.morningstar.com.tw
郵政劃撥：15060393(知己圖書股份有限公司)

法律顧問　陳思成律師

印　　刷　上好印刷股份有限公司　TEL：(04)2315-0280
裝　　訂　大和精緻製訂股份有限公司　TEL：(04)2311-0221

八　　版　西元2024年08月01日
定　　價　450元

(本書如有破損或缺頁，退換書請寄至：
台中市西屯區工業30路1號　太雅出版倉儲部收)

ISBN　978-986-336-521-1
Published by TAIYA Publishing Co.,Ltd.
Printed in Taiwan

填線上回函

開始在法國自助旅行
全新第八版

https://goo.gl/KjYmRf

作者序

終於實踐法國浪漫行。

嚮往一個國家很久了嗎？怕語言不通到當地無法溝通？沒辦法，只好參加旅遊團？一路下來只有跟著走、跟著看、跟著吃的份，完全接觸不到當地文化。鼓起勇氣想來個自助行，但資料難找，又對交通系統不熟悉，一路上戰戰兢兢、提心吊膽、灰頭土臉，只想趕快回到自己熟悉的台灣吧！

如果旅行變得這樣，還算是旅行嗎？真正的旅行是從自助旅行開始的。

恐懼來自於無知，如果你對自助旅行躍躍欲試，又怕無法實現，這本導覽書絕對是給想去自助旅行的你，決心出發的一注強心劑。

法國是個美麗的國家，絕對不只有巴黎或普羅旺斯才值得一遊，每次到法國各處旅遊，總是會一次次地發現與驚歎，法國的景色是如此多變且優美。在法國自助旅行是一種單純的快樂，不像巴黎的節奏如此快速，但與台北比較起來，巴黎又顯得如此緩慢與悠閒。

在巴黎旅行並不是一件難事，因為大眾運輸網路發達，要去的地方甚至步行就可到達。大可把導覽書先收起來、隨意地四處漫步，你可能會經過西蒙波娃常去的咖啡廳、海明威住過的公寓或雨果著作《鐘樓怪人》裡的場景，甚至會遇上大罷工或大遊行！對於罷工或遊行，你也許會覺得厭煩，但套句前巴黎市長 Bertrand Delanoë 說的話：「罷工，也是體現巴黎的城市魅力之一！」

這是一本讓你對法國不再感到遙遠的書，它

France · 法國

沒有詳細的景點歷史說明，也不會告訴你一定
要去哪裡參觀或是吃哪家餐廳；相反的，書中
大量圖片是為了能讓你對法國的食衣住行有具
體的印象與了解，來到法國也就可以不用煩惱
不熟悉大眾交通系統，而能更輕鬆自在地去享
受法國的人文、藝術與歷史薰陶。如果加上智
慧型手機的加持，那麼旅行的規畫與實行將變
得更順暢。

　　不會說法文也不用慌張，如果沒辦法溝通，
書中已經準備好基本的句子，直接指給對方看
也可以，簡單地用法文說聲：謝謝「Merci」（梅
呵西）、日安「Bonjour」（崩如呵），自然法國
人大都會耐心地和你溝通。

　　感謝太雅出版社：芳玲的信任、湘琪、律婷
與美編的細心與耐性。將此書獻給我的家人與
支持我的朋友，還有陪我一路走來的 Philippe。

關於作者

陳翠霏

　　第一次出國遊學就愛上法國，並墜入法國浪漫
戀情，至今定居法國10多年。擅長美術設計，以
獨特美感撰寫法國，並從事導遊工作，對於法國
的美學與人文有著每日最深切的體會。
著作：《巴黎Paris》、《開始在法國自助旅行》。
臉書專頁：www.facebook.com/hello2paris

隨遇而安、臨機應變，正是自助旅行的挑戰與成就。

雖然現今網路世界發達，智慧型手機在手即能搜尋地圖或旅遊資訊，但是紙本書籍可隨時翻閱，不受電力或網路不良的影響，還能隨時畫重點寫上心得，有不一樣的方便性。

法國是一個四季分明的地方，春夏秋冬都有不同風情。法國人雖然不若台灣人熱情而主動，卻相當尊重人性，只要以開放的心情善意以對，都能獲得禮貌溫暖的回應。一年有幾千萬遊客到訪的法國，難免也引來扒手覬覦遊客的錢財，也多多少少會有髒亂的街景，而注重人權的法國時有所聞的罷工活動也令觀光客卻步。但是如果因此而抹煞法國的魅力，不免有本末倒置的遺憾。隨遇而安、臨機應變，正是自助旅行的挑戰與成就所在。

自助旅行的樂趣從著手準備行程那一刻開始，不管是查詢景點時的興奮期待或是安排交通食宿時感到頭痛不已，都是旅行不可或缺的一部分。由衷希望這本旅遊書能讓旅人減少茫無頭緒的摸索時間，讓法國的旅遊行程如魚得水，也讓不諳法語的旅人能領略法國迷人的風景、文化、藝術與日常的每一天！

France · 法國

關於作者

謝珮琪

　　台灣大學政治系學士與巴黎第一大學政治系碩士，曾任法文系講師多年，目前旅居巴黎，為自由寫手與譯者，傾力鑽營異鄉人於文化夾縫中的視野。譯有《我的威士忌生活提案》《我的啤酒生活提案 2》《歡場女孩》《法國佬，幹得好》。

臉書專頁：以身嗜法。法國迷航的瞬間

www.facebook.com/peggyetseb

目　錄

16 認識法國

40 機場篇

78 巴黎交通篇

24 行前準備

56 交通篇

106 住宿篇

如何使用本書

　　本書是針對旅行法國而設計的實用旅遊GUIDE。設身處地為讀者著想可能會面對的問題，將旅人會需要知道與注意的事情通盤整理。

　　法國概況：帶你初步了解法國外，還提醒你行前的各種準備功課、與你需申請的證件。

　　專治旅行疑難雜症：辦護照、機場入出境步驟、行李打包、當地交通移動方式、機器購票詳細圖解教學、行程安排、選擇住宿、如何辦理退稅、如何緊急求助等等。

　　提供實用資訊：各大城市必訪景點、飲食推薦、購物區推薦、交通票券介紹，所有你在法國旅行可能遇到的問題，全都預先設想周到，讓你行腳到法國，更能放寬心、自由自在地享受美好旅行。

▲ **機器、看板資訊圖解**
購票機、交通站內看板資訊，以圖文詳加說明，使用介面一目了然。

▲
資訊這裡查
重要資訊的網址、地址、時間、價錢等，都整理在BOX內，方便查詢。

Step by Step圖文解說 ▶
入出境、交通搭乘、機器操作、機器購票，全程Step by Step圖解化，清楚說明流程。

◀ **貼心小提醒**
作者的玩樂提示、行程叮嚀、宛如貼身導遊。

豆知識 ▶
延伸閱讀、旅行中必知的小常識。

路上觀察

法國的1樓是台灣...

1樓在台灣是指地面層，「地面樓」(Rez-de-chauss...0」，而台灣稱的2樓則是...此類推。在法國搭電梯...或「R」就...

路上觀察
當地的街頭趣味、城市觀察、特有的文化專欄解說。

行家祕技

看懂法國的地址...

看懂法國的地址並...段、巷、弄的麻煩，但...能是路名、大道名或...面道路的型態，...

行家祕技
內行人才知道的各種撇步與玩樂攻略。

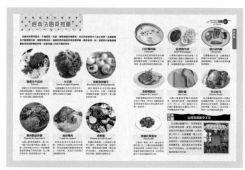

▲ **旅行實用會話**
模擬各種場合與情境的單字與對話，即使法文不通，用手指指點點也能暢遊法國。

▲ **全法玩樂重點**
介紹全法及巴黎最熱門的觀光景點、歷史古蹟，與世界知名的博物館等，讓你的法國行不虛此行。

▲ **美食專題**
介紹法國特色美食、經典法國菜推薦、甜點、街頭小吃等，還有推薦的用餐餐廳。

資訊符號解說

- http 官方網站
- @ 電子信箱
- ✉ 地址
- ☏ 電話
- ⏰ 開放、營業時間
- $ 費用
- ➡ 交通方式
- ℹ 重要資訊
- f Facebook
- IG Instagram
- ⧗ 建議停留時間

速掃QR CODE，下載實用APP

只要掃描下方QR CODE連結，即可直接下載應用程式。舉凡天氣查詢、美食搜尋、匯率換算、訂房住宿、巴黎交通運輸、購物指南等等，有助規畫行程、掌握即時資訊，遇到罷工、天災，提前知道，不怕行程撲空。

認識法國
About France

法國，是個什麼樣的國家？

從地理、氣候、人口、時差、語言、幣值、航程、電壓，
了解法蘭西及巴黎的基本概念，建立起初步的法國印象。

法國速覽

佫大的法國國土，有三面是臨海的。

法國得天獨厚，集時尚、藝術、美食、葡萄酒、文學、運動、電影、人權與自由等特色於一身，其生活風格令世人艷羨。無論你的旅行方式如何，喜歡在假期做什麼，法國都能滿足你的需求。走訪文化活動、探尋歷史古蹟、或慵懶地躺在海灘上、在大自然的懷抱中徒步、品嘗各地風土美食等，你一定能在這個無比富饒國家的某個地區，找到令你怦然心動的時刻。

法國小檔案 01

地理 | 台灣的 15 倍大

　　法國國土形狀如等邊六角形，擁有3條海岸線，南面是陽光充足的地中海，西南部是氣候較潮溼的大西洋，西北部則是航運繁忙的英吉利海峽和北海。另有3條天然邊界：南面與西班牙接壤的比利牛斯山脈，東面將法國與義大利和瑞士隔開的阿爾卑斯山脈，西面則與德國共享萊茵河。法國阿爾卑斯山北部是歐洲最大的滑雪區，也是大多數高山運動的發源地，其中的白朗峰海拔4,807公尺，是歐洲最高峰。法國三分之二以上的地區海拔低於250公尺；森林占約四分之一的領土。行政上，法國分為12個大區，轄下共有101個省，其中有5個位於海外。另外還有海外領地，但不屬於歐盟。

法國主要城市位置圖 | 地圖繪製／陳翠霏

- 榭堡 Cherbourg
- 盧昂 Rouen
- Lille 里耳
- 漢斯 Reims
- Brest 布黑斯特
- Le Havre 勒-阿弗禾
- Paris 巴黎
- Nancy 南錫
- Strasbourg 史特拉斯堡
- Rennes 漢恩
- le Mans 勒蒙
- Orléans 歐雷翁
- Dijon 第戎
- Nantes 南特
- Tours 圖荷
- Bourges 布爾日
- Limoges 利摩日
- Clermont-Ferrand 克雷蒙-費宏
- 里昂 Lyon
- Bordeaux 波爾多
- Grenoble 格禾諾勃勒
- 尼斯 Nice
- Toulouse 土魯茲
- Marseille 馬賽
- Toulon 土倫
- 阿嘉丘 Ajaccio

法國基本情報

面積：約549,087平方公里
首都：巴黎(Paris)
人口：約6,800萬人
貨幣：歐元，符號為€
官方語言：法語
宗教：主要為天主教
人均國內生產毛額(GDP)：44,408美元
最低工資：1,747歐元

認識法國

法國小檔案 02

歷史 | 法國歷史大事紀

- **西元前1300年左右**：塞爾特人在後來被稱為高盧的地區定居下來。
- **西元前52年**：羅馬皇帝凱撒打敗高盧首領維欽托利(Vercingétorix)，逐漸形成羅馬高盧人。
- **496年**：法蘭克人(一個蠻族部落)的國王克洛維一世(Clovis)接受洗禮，建立法蘭西王國。
- **1643年**：路易十四成為法國國王，即太陽王，並修建了凡爾賽宮。
- **1539年**：法朗索瓦一世頒布正式法令，要求王國內所有官方文書都只能使用法語。
- **1789年7月14日**：在經歷戰爭、經濟和政治危機之後，法國人民發起大革命，攻占巴士底監獄。
- **1792年**：法蘭西第一共和國成立，國王路易十六被斬首。
- **1799年**：拿破崙發動政變，1804年登基為帝並征服了歐洲大部分地區。
- **1814年**：拿破崙在滑鐵盧一役敗北，波旁王朝復辟。
- **1852年**：成立第二帝國，路易・拿破崙・波拿巴成為拿破崙三世。
- **1870年**：德國擊敗法國，吞併阿爾薩斯和洛林部分地區，法國建立第三共和。
- **1914～1918年**：第一次世界大戰，法國奪回了阿爾薩斯和洛林。
- **1939～1945年**：第二次世界大戰。
- **1946～1958年**：第四共和。
- **1958年**：戴高樂將軍成為第五共和國首任總統。

法國小檔案 03

政治 | 法蘭西第五共和

法國是歐盟和北約創始會員國之一，也是《申根公約》的成員國。1958年由公民投票通過的憲法，即是現今法國的行政體系。國家元首由普選直接選舉產生，任期5年，由總統任命總理，再由總理提名任命政府其他成員。現任總統為馬克宏(Emmanuel Macron)。

國家最高立法機關為國民議會(Assemblée Nationale)，每名議員代表單一選區。議會成員由民眾直接選舉產生；而參議院(Sénat)共有300多名參議員，由每個選舉機構選舉產生，當兩個議會意見不同時，國民議會擁有最後裁決權。

法國小檔案 04

國旗 | 藍白紅三色旗

法國國旗的圖案非常簡單，從左至右為藍、白、紅色垂直排列的三色旗(Tricolore)。最早的三色旗出現於法國大革命時期，三色各有代表的意義和來源：藍色是法國傳統王室徽章的寶藍色，白色代表純潔與皇室，紅色則是來自於宗教與聖女貞德的旗幟顏色。三色旗於1794年被定為法蘭西第一共和國的國旗。

法國小檔案 05

氣候 | 4～10月最適合旅行

法國四季分明，各地區氣候差異頗大，例如秋天，北邊的巴黎可能只有8℃，南邊的尼斯卻可到25℃左右。氣候可將法國劃分成四大區：西部為海洋性濕潤的氣候，夏季涼爽；東部為半大陸性氣候，夏炎熱冬嚴寒；北部如巴黎及中部地區則冬寒夏熱；南部則是地中海型氣候，冬季不至於太寒冷，但夏季可是又熱又乾燥喔！

出發前宜先上網查詢，確定氣候溫度。法國夏季日長夜短，7、8月正值暑假，太陽會到晚上9、10點才下山，許多戶外的藝文活動都會進行得很晚。而冬日則相反，不到早上8點天不亮，下午不到5點就天黑。

法國小檔案 06

語言 | 英語越來越普遍

以前很多人都認為「法國人很高傲，不屑說英語」、「法國人英語很爛」。但現在這個觀念得改一改了！隨著國際交流與日俱增，法國人外派出國或留學的比例大增，英語程度也提升不少，而服務業也會聘請熟諳中文與日文的雇員。某些景點也提供簡體中文服務。事實上，法國的英語水準在111個接受評估的國家中排名第34位。

法國小檔案 07

貨幣 | 歐元通行多國

1歐元約為33～39元新台幣，建議隨時觀察匯率波動，趁旅遊淡季時換好所需歐元。紙鈔現金的面額盡量不要超過€50，以免一般超市或商店

無法找零。超過€50面額的紙鈔可留著支付比較大筆的金額（如免稅店或精品店購物）。

也可以在台灣辦理能在國外提款機提領現金的信用卡，避免身懷鉅款而成為扒手的目標。

€ = euro ＝歐元 / centimes ＝分
1 歐元＝ 100 分 / 0.5 歐元＝ 50 分

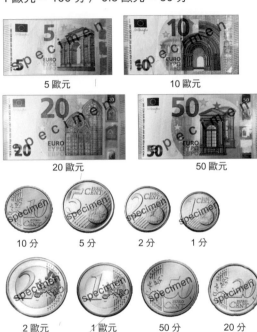

5 歐元　　　　　10 歐元

20 歐元　　　　　50 歐元

10 分　　5 分　　2 分　　1 分

2 歐元　　1 歐元　　50 分　　20 分

豆知識

法國人的禮儀表現

在法國，無論是在商店、旅館或櫃檯，遇見人就會向對方說**Bonjour！**(崩如喝)日安，你好！；離開時會互相說**Au revoir！**(歐喝發)再見！；而**Merci！**(妹喝西)謝謝！更是最基本的禮儀；不小心撞到人也記得要說**Pardon！**(八喝洞)對不起！；通常法國人遇到朋友或家人會以互碰臉頰的方式問好，如果你不習慣這種方式，也可以用握手的方式代替，較不失禮。

認識法國

法國小檔案 08

時差 | 比台灣慢6～7小時

有夏令和冬令時間之分，夏令為3月最後一個週日至10月最後一個週日，此時當地時間會比台灣慢6小時；其餘為冬令時間，比台灣慢7小時。

現在的電子用品都會自動調整夏令或冬令時間，只是若有約會或交通行程，還是要再度確認比較好。

	夏令時制 (3月底～10月底)	冬季 (正常時制)
法國	08:00	08:00
台灣	14:00	15:00

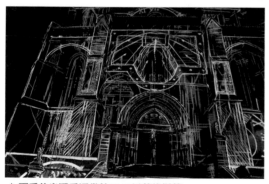

▲ 夏季的光雕秀通常於21:30日落後揭幕

法國小檔案 09

航程 | 直航只需 13 小時

目前台灣桃園機場直飛法國巴黎的航空公司僅有長榮一家，其他航空公司都不提供直航，如果在較大的機場轉機，務必預留至少2小時的轉機時間。在中國轉機需要辦理台胞證，台胞證過期將會被拒絕登機。若是在香港轉機，只是過境而不入境，則不需要台胞證。

法國小檔案 10

電壓 | 220 伏特，圓形插孔

法國的插頭是圓形雙叉，與台灣的扁平雙叉不同。一般的手機或電腦充電器插頭可直接買簡單型的轉接頭即可，銅板價，五金百貨或電器行均有售。其他電器則要注意是否能承受220伏特的電流，最好購買旅行用變壓器比較安全，而且避免購買方形變壓器，因為法國的插座通常是圓形或扁圓形。

法國小檔案 11

飲水 | 法國自來水可以生飲

法國自來水品質穩定，法國人戲稱為「市民香檳」，巴黎市政府甚至自詡其自來水為grandcru(特級佳釀)。出門前別忘了先在住宿處用水壺裝水，不僅省錢，還不製造垃圾。

巴黎莎士比亞書店前的 ▶ 飲水台

琳瑯滿目的礦泉水

全法國境內有87處國家認證的礦泉水源，例如大家耳熟能詳的Evian、Perrier、Vittel、Volvic等。有些水源地提供免費飲用礦泉水，像Vichy(Célestins水源)或Saint Galmier(Badoit水源)這兩個城市。巴黎的免費礦泉水源有：Square de la Madone(75018)、Square Lamartine(75016)、

Place Paul Verlaine（75013）。

法國人也會參考礦泉水成分來斟酌飲用：

都市	礦泉水品牌
鈣	Hépar、Courmayeur、Contrex Rozana、Salvetat
鎂	Rozana、Hépar、Quézac、Badoit Contrex
鐵	Hépar、Evian、Quézac、Volvic Orezza
鈉	Volvi、Salvetat、Evian、Vittel
碳酸氫鹽	Saint-Yorre、Vichy、Arvie、Rozana Badoit

巴黎免費飲水台

巴黎自1870年即設有公共的免費飲水台，目前全市共有1,200個飲水台，其中一些還特別添加了氣泡，增添市民喝水的樂趣，巴黎未來預計將在每一個行政區都至少裝設一座氣泡飲水台（見下列表）。

飲水台	地址
Hotel de Ville	Rue Berger 75001
Fontaine Pétillante	25 rue Léopold Bellan 75002
Fontaine Pétillante	Place Edmond Michelet 75004
Berges de Seine	4, quai Anatole France (rive Gauche) 75007
Square Eugène-Varlin	150, quai de Jemmapes 75010
Jardin Truillot	82 Boulevard Voltaire 75011
Jardin de Reuilly	Avenue Daumesnil 75012
Siège d'Eau de Paris	19 rue Neuve-Tolbiac 75013
Parc Montsouris	Entrée coté rues Gazan et Liard 75014
Parc André Citroën	Quai André Citroën 75015
Parc Martin Luther King	ZAC des Batignolles 75017
Jardin d'Eole	Face au 28, rue d'Aubervilliers 75018
Square Séverine	Rue Dulaure 75020

法國小檔案 12

營業時間 | 都市與鄉村 營業時間不一樣

	都市	鄉鎮
一般商店與超市	10:00～19:00 週日休息	10:00～12:00 15:00～19:00 週日休息(有時週一也休息)
餐廳	午餐12:00～15:00 晚餐19:00～23:00 有些8月休息	午餐12:00～15:00 晚餐19:00～21:30 有些8月休息
雜貨蔬果店	09:00～00:00	無

法國小檔案 13

穿衣 | 洋蔥式穿衣法

法國四季分明，天氣多變，早晚溫差大，甚至室內室外、陽光與陰涼地方的溫差也不容小覷。夏天最炎熱的時辰是下午14:00～17:00，近幾年7、8月經常出現熱浪，白天高溫可達攝氏35度以上，幸好只有幾天的時間。夏季夜晚的溫度通常較為涼爽，記得攜帶薄外套或絲巾。冬天氣溫雖低，但室內或地鐵內都有暖氣，洋蔥式穿衣法較為方便，可適時調整身上衣物。

夏天建議穿短袖或無袖衣物、薄外套，另外加上遮陽帽與太陽眼鏡（法國人不撐陽傘遮陽）。冬天則建議發熱衣、保暖毛衣、禦寒大衣，另外加上保暖帽子與手套。

認識法國

法國小檔案 14

法國印象

關於法國的一些數字

■全球遊客人數最多的國家，一年近9千萬人。

■45處遺址被聯合國教科文組織列為世界遺產。

■擁有45,000座歷史各自精彩的城堡。

■全法國有1,222個文化部認證的博物館。

■米其林餐廳數量居全球之冠，超過600家。

■全國生產1,200種以上乳酪，法國人每年平均每人吃掉27公斤。

■每年生產至少3億瓶香檳，46億公升葡萄酒，出口量全球第一。

改變世界的法國發明

■**香檳**：任何慶祝場合都不可或缺，誕生於1114年。

■**腳踏車**：1861年，鐵匠Pierre Michaux發明了踏板系統。

■**盲人點字系統**：由15歲的盲人Louis Braille於1824年發明，點字的法文即為braille。

■**現代胸罩**：由Herminie Cadolle發明，於1889年萬國博覽會首次展出。

■**攝影**：1826年法國發明家Joseph Nicéphore Niépce發明了相機的雛型。

■**汽車**：1771年，軍事工程師 Joseph Cugnot 發明了使用蒸氣的機動車輛。

■**計算機**：由Blaise Pascal於1642年構思，當時稱為pascaline，可以進行兩個數字的加減運算，以及簡單的乘除運算。

■**摺疊傘**：Jean Marius於 1705年發明，可以分3部分折疊並放入口袋中。

■**個人電腦**：由François Gernelle在1973年發明，比蘋果電腦更早。

■**電影**：Louis & Auguste Lumières製造了第一台可以放映、複製和拍攝電影的攝影機。電影史上的第一部影片《盧米埃工廠的出口》於1895年12月28日公開放映。

■**壓力鍋**：Denis Papin在1679年設計了一種裝有安全閥和通過螺旋橫梁鎖住壓力蓋的厚鐵鍋。

■**腕錶**：由Louis Cartier於1904年為飛行員朋友所設計。

■**電子晶片**：Roland Moreno於1974年取得專利，很快被應用於銀行和電信系統。

■**食品罐頭保存法**：為拿破崙軍隊出征跋涉所需，Nicolas Appert於1800年發明。

■**電動車**：Gustave Trouvé在1881年發明了可充電的電動車。

法國十大名牌精品

■**路易威登(Louis Vuitton)**

■**香奈兒(Chanel)**

■**聖羅蘭(Saint Laurent)**

■**愛瑪仕(Hermès)**

■**迪奧(Dior)**

■**卡地亞(Cartier)**

■**紀梵希(Givenchy)**

■**嬌蘭(Guerlain)**

■**尚-保羅‧高緹耶(Jean Paul Gaultier)**

■**蘭蔻(Lancôme)**

▲ **法國城堡之美**(圖片提供／鄧鈺澐)

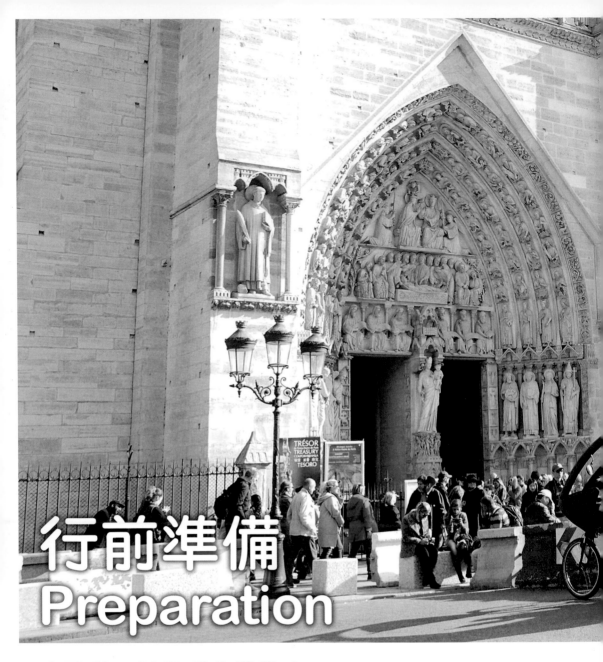

行前準備
Preparation

出發前，該做哪些準備？

前往法國，準備充足才能安心上路。本篇列出赴法前需準備的護照與簽證各類
證件，並提供實用的旅遊及資訊網站，讓你在出發前有最即時與第一手的旅遊
訊息。

蒐集旅遊資訊 VOYAGE

開始法國自助旅行前，藉由事前的資料蒐集讓旅行更無阻礙、更順暢。

出發前先蒐集所有相關資料，如觀察匯率、機票比價、預訂旅館、查詢火車班次、交通地圖、天氣狀況等基本功，並事先了解法國各種節慶與國定假日，這些都有助於行程規畫，安排更完善，也更安心。

實用網站推薦

法國各省觀光資訊中心網站

法國每個小鎮都設有網站，備有最完整與即時的旅遊資訊，不僅提供吃喝玩樂與住宿，還有當地嘉年華或節慶的資訊。只要在搜尋網站打上「Office de tourisme＋省鎮名」就可輕易找到，再選擇以英文或其他語言查詢。

法國觀光局中文網站

除了法國旅遊的實用指南，也有各地區的旅遊資訊介紹。「節慶活動」即時更新法國的藝文活動與慶典介紹。「旅遊主題」分為4類：頂級奢華、親子同遊、兩人世界、文化探索，還有山區活動、城市、美食、紓壓等27種小主題，可依自己的興趣喜好設計自己專屬的法國旅遊行程。

http www.france.fr/zh-Hant

France Voyage 法國旅遊局官網

提供9種語言介面（也有簡體中文版），可依照法國不同地區搜尋旅遊與美食資訊，住宿與旅遊路線推薦也非常詳盡，還有各個月分的慶典活動。適合深度旅遊參考。

http www.france-voyage.com/events

法國在台協會網站

是法國駐台單位的官方網站，除了提供法國經貿、文化、教育最完整的資訊外，也提供在台灣舉辦與法國相關的各種藝文活動資訊。

http france-taipei.org/-Francais

巴黎觀光局網站

巴黎觀光網站內容豐富，提供實用的觀光資源，包括行程規畫、購物地區介紹，另外還有訂房服務。

http parisjetaime.com

TIME OUT巴黎旅遊資訊

強大的編輯團隊提供巴黎詳細的衣食住行育樂資訊，包含每週或每週末的各類即時活動訊息，是深度探索巴黎的好幫手。有英文版與法文版。

http www.timeout.com/paris/en

外交部法國資訊介紹

外交部網站提供各國的基本資訊,當然也包括法國,除了法國的入境須知,還有法國基本生活資訊與建議。

http www.mofa.gov.tw

唯法(Oui My France!)

由台灣女生設立的法國觀光服務網站,提供旅遊資訊、接機與地陪服務。

http oui-my-france.com

歐棒巴黎(O'bon Paris)

由2名熱愛旅遊和異國文化的法國人創辦,分享在歐洲旅遊的祕訣和經驗,提供優惠券與實用旅遊情報。

http www.obonparis.com

實用APP推薦

疫情之後,法國旅遊服務也更數位化,以下介紹幾款免費使用的APP,幫助你快速蒐集資料與規畫行程。付費版APP功能大多比免費版強大、完善,購買前最好先安裝免費版(Lite/Free),確認介面、功能好用,再下載付費版。有些APP需先註冊帳號才能個人化使用。

 Ile-de-France Mobilités
交通規畫:提供巴黎地區地鐵、公車、RER快速鐵的交通狀況與班次時間,可規畫路線,也可購買電子車票。

 SNCF Connect Train & trajets
交通規畫:購買火車票與查詢時刻。

 Skyscanner
機票比價:除了機票比價之外,還能直接訂購機票。也能比價旅館或租車服務。

 Uber / Bolt
共享制度計程車:出發前先下載程式,到旅遊地可直接輸入目的地叫車,不用擔心語言不通或者沒有當地幣值。價錢一目了然,也不怕被敲竹槓。但只有大城市的車子比較多。

 Tripadvisor
全球最大旅遊資訊共享網站:有餐廳、旅館與景點的資訊,任何人都可以評價,可適當參考,避免踩雷。

 KKDay
行程規畫:可以預訂旅遊當地的特殊行程或門票,體驗在地的文化。

 Currency Converter - xCurrency
匯率換算:各國匯率即時換算,不怕數學不好吃大虧。

 La Chaîne Météo
氣象查詢:可察看即時衛星雲圖的天氣預報。

 TheFork - Restaurant bookings
餐廳訂位:美味餐廳通常需要事先訂位,還可享有優惠。

路上觀察 玻璃瓶回收桶

如果你曾看過電影《藍白紅三部曲》,裡面一幕經典場景,總是出現一個老婆婆往這個大桶子裡面丟東西。其實這是酒瓶的回收桶,投入酒瓶就會發出輕脆的玻璃碎裂聲喔!

擬定旅行計畫

掌握節慶假日，安排法國的旅行計畫。

行前準備流程

Step 1：蒐集旅遊情報 6~12個月前	待辦	已辦
挑選購買合適的旅遊書，或網路爬文作筆記。		
Step 2：規畫行程與預算 6個月前	待辦	已辦
排定假期季節與天數，再依情況增減行程內容或旅遊預算。		
Step 3：護照申請與證件 3個月前	待辦	已辦
舊護照期限不足或過期，記得提前申辦，國際學生證等則視需要申辦。		
Step 4：訂購機票 3個月前	待辦	已辦
網路上有許多機票銷售網站，可以多比較，下單前記得要詳讀票務規定。		
Step 5：旅館預訂 3個月前	待辦	已辦
房價差別在於等級、地點、淡旺季等，旅遊旺季時記得盡量提早完成預訂。		
Step 6：保險與健康 1個月前	待辦	已辦
可購買包含意外及疾病醫療的旅行平安險，有任何不適在出發前搞定。		
Step 7：匯兌與信用卡 2週前	待辦	已辦
出發前先至各大銀行匯兌歐元現金，也可致電信用卡公司調整信用額度。		
Step 8：打包行李 3天前	待辦	已辦
季節因素及旅行目的關係著行李的內容，必要的藥品要記得隨身攜帶。		
Step 9：注意飛航資訊 1天前	待辦	已辦
出發前往機場搭機前，請確認搭乘航班的即時訊息，及當地的天氣狀況。		

決定旅行方式

自由行還是自助行？

自由行還是自助行，取決於旅行的天數長短，以及預算掌握。如果假期不長，也沒有太多預算，最划算的應該是機票加飯店的自由行；如果行程預計超過半個月或更長，那就要多花心思在住宿及交通的自助規畫上了。

機＋酒自由行

所謂自由行即是基本費用包括機票、飯店。可以先到各大旅行社網站了解行程內容及費用，有時會包含機場接送及半天的市內觀光，當然依各家旅行社的行程不同，費用也會有所差異。這種自由行很適合怕被團綁住自由、又沒時間訂機票或飯店的人。

全程自助行

長程或多國的旅行規畫，可至網路上自助旅行社群或論壇，先爬文搜尋看看別人的行程是怎麼安排的，或是在社群裡虛心請教，通常都可以得到滿意的答案。首先要先將想去的地方列張表，再將地理位置找出來，預估交通時間，再推敲出行程路線及費用。記得要讓行程有彈性些，並預估如果行程因故變動該怎麼變通。

旅行預算

法國基本消費

法國的基本消費比鄰國高一些，自來水生飲省下買水錢，民生用品可在連鎖超市或大型購物中心購買，每家的價格會有些落差。來自德國的Lidl連鎖超市主打廉價路線，法國本土的Monoprix價格稍高，其餘Carrefour、Franprix、Auchan、Intermarche、Leclaire等，價格差不多。

項目	金額
EVIAN 1.5公升裝礦泉水6瓶	€3.72
1公升裝有機保久鮮乳	€1.47
Croissant 可頌麵包	€1～1.2
Baguette 長棍麵包	€1～1.4
大麥克漢堡(單點)	€4.45～6.9
餐廳主菜	€10～30
巴黎地鐵週票	€30+€5(手續費)
羅浮宮門票	€17

預算準備

旅行的花費主要在住宿與交通，若多人同行可分攤住宿費用，較爲划算。至於交通費用，則視旅途長短程而定，一般而言，越早購票、折扣越多。下表以10天旅遊爲例，一人成行，不包含來回機票及博物館等門票費用。

路上觀察 推著音樂車的唱遊老人

在法國會遇見老人推著音樂唱遊車的街頭表演，利用紙板刻痕撥動鐵線，發出清脆的聲音，有時會一邊捲動一邊說故事或唱歌。

行家祕技 上網參考玩家行程

在國內有許多的自助旅行者的討論論壇或BBS，看看人家的行程怎麼安排，或將自己行程貼到討論版，虛心請教行家給予建議，都是不錯的方式。像是背包客棧自助旅行(www.backpackers.com.tw/forum) 網站討論版，就有許多行家願意分享經驗，記得發問前先到精華區爬文後，確認沒有人問過相同問題再發問，得到回應也別忘了謝謝回應者喔！

	住宿	交通	飲食	預算
背包客	青年旅館 10晚€300 (單人床位)	■1.約€324：法國鐵路周遊票 Eurail France Pass (1個月任選2天)，€244歐元+各城市捷運1日票約€8(10天€80) ■2.約€46.9：巴黎捷運週票€30+地鐵票10張€16.9	10天約€200 ■早餐(麵包店) €4 ■午餐(速食或三明治)€8 ■晚餐(超市或自炊)€8	■交通選1(雙城遊)：€824 ■交通選2(巴黎定點)：€547
小康型	民宿 10晚€700 (1晚€70)	同上	10天約€500 ■早餐(麵包店) €10 ■午餐(輕食餐廳)€15 ■晚餐(餐廳)€25	■交通選1(雙城遊)：€1,524 ■交通選2(巴黎定點)：€1,247

法國的節慶與假日

＊黃色標示為國定假日　＊製表／謝珮琪

日期	國定假日與特別節慶
1月1日	元旦(Nouvel An)
2月中旬～3月初	尼斯嘉年華(Carnaval de Nice) http www.nicecarnaval.com/en/
2月中旬～3月初	蒙頓檸檬節(Fête du Citron) http www.feteducitron.com
2月	安錫威尼斯嘉年華 (Carnaval Vénitien d'Annecy) http www.aria74.fr/pages/carnaval-venitien
2月	安古蘭國際漫畫展(Festival d'Angoulême) http www.bdangouleme.com
2月	敦克爾克狂歡節(Carnaval de Dunkerque) http carnaval-de-dunkerque.info
2月底3月初	巴黎國際農業展覽會 (Salon International de l'Agriculture) http www.salon-agriculture.com
3月底	巴黎書展(Salon du Livre de Paris) http www.festivaldulivredeparis.fr
3月	諾曼第印象派節 (Normandie Impressionniste) http www.normandie-impressionniste.fr/fr
4月初	復活節 Pâque
4月	庫洛米耶國際乳酪與葡萄酒展 (Coulommiers) http www.foire-fromages-et-vins.com
4月	巴黎馬拉松(Paris Marathon) http www.schneiderelectricparismarathon.com/en/
4月	聖艾蒂安國際設計雙年展(Biennale Internationale Design Saint-Étienne) http www.biennale-design.com
復活節後第六個週四	耶穌升天節(Ascension)
耶穌升天節後第一個週一	聖靈降臨節(Pentecôte)
5月1日	勞動節(Fête du Travail)
5月8日	二戰停戰日(l'Armistice du 8 mai 1945)
5月中旬週六	歐洲博物館之夜 (Nuit Européenne des Musées) http www.nuitdesmusees.culture.fr
5月	法網公開賽(Roland Garros) http www.rolandgarros.com
5月	坎城國際影展(Festival de Cannes) http www.festival-cannes.fr
5月	法國摩托車大獎賽(Grand Prix de France) http www.gpfrancemoto.com
5月	尼姆的羅馬時代 (Les Journées Romaines de Nîmes)
5月	聖米歇爾山馬拉松 (Marathon du Mont Saint-Michel) http www.marathons.fr/Marathon-du-Mont-Saint-Michel
6月初週末	普羅萬中古世紀節慶 (Médiévales de Provins) http www.provins-medieval.com
6月21日春分	世界音樂節(Fête de la Musique) http fetedelamusique.culture.fr
7月14日	國慶日(Fête Nationale Française)
7月	亞維儂藝術節(Festival d'Avignon) http www.festival-avignon.com
7月	環法自行車大賽(Tour de France) http www.letour.fr
7月	布列斯特國際海事節 (Fêtes Maritimes de Brest) http www.fetesmaritimesdebrest.fr
8月15日	聖母升天日(Assomption)
7月中～8月中	坎城煙火藝術節 (Festival d' Art Pyrotechnique) http www.festival-pyrotechnique-cannes.com
8月底	塞納河搖滾節(Rock en Seine) http www.rockenseine.com
9月第二個週末	歐洲遺產日 (Journées Européennes du Patrimoine) http journeesdupatrimoine.culture.fr
9月	里爾清倉與貽貝大市集(Braderie de Lille) http www.braderie-de-lille.fr
9月	羅亞爾河谷葡萄園品酒健行 (Vigne Vins Randos) http www.vvr-valdeloire.fr
9月	迪耶普國際風箏節(Festival International de Cerf-Volant de Dieppe) http www.dieppe-cerf-volant.org
9～10月	美食盛宴(Fête de la Gastronomie) http www.facebook.com/fete.gastronomie

10月初週六	白晝之夜(Nuit Blanche) http www.paris.fr/nuit-blanche-retrospective
10月底	巴黎巧克力沙龍展(Salon du Chocolat) http www.salon-du-chocolat.com
10月底	巴黎國際食品展覽會(SIAL，2年一次)
10月	辣椒節(Espelette) http www.en-pays-basque.fr/en/territory-and-destination/nivelle-valley/espelette

11月1日	諸聖節(Toussaint)
11月11日	歐戰終戰紀念日(Armistice)
11月～聖誕節	史特拉斯堡聖誕市集 (Marché de Noël à Strasbourg) http noel.strasbourg.eu
12月初	里昂燈光節(Fête des lumières) http www.fetedeslumieres.lyon.fr
12月25日	聖誕節(Noël)

準備旅行證件

不需要簽證即可前往法國短期觀光或商務旅遊。

護照

　　沒有辦理過護照者，以及護照有效日期不滿6個月需更換者，可親自至外交部領事局辦理，或請旅行社代辦。可以先到外交部領事事務局網站填表及預約申辦。完成線上填表後，再攜帶以下應備文件資料至領事事務局1樓或外交部辦事處辦理即可。

　　凡年滿14歲者，申辦護照效期為10年，新台幣1,300元；未滿14歲者申辦效期為5年，新台幣900元。約10個工作天才可拿到護照。

http ppass.boca.gov.tw/sp-ia-login-2.htm (預約申辦)

所需文件與注意事項

■ 簡式護照資料表(國內申請護照專用)。

■ 申請人國籍證明文件(新式國民身分證正本)。

■ 近6個月內拍攝之證件照2張(網路申請填表時已上傳數位照片者可免附)。

其他注意事項

■ 依國際慣例，護照有效期限須半年以上始可入境其他國家。

■ 若已辦過護照，更換新護照時需繳交仍在有效期限之舊護照。

■ 男性(16～36歲)無論是已服完兵役、正服役中或免服兵役者，皆須附上兵役證明正本。將護照申請表格同兵役證明送至國防部或內政部派駐本局，或各分支機構櫃檯加蓋兵役戳記；未服兵役者則可直接至上述櫃檯申請加蓋戳記。

護照這裡辦

外交部領事事務局
- ✉ 台北市中正區濟南路1段2之2號3～5樓
- 📞 (02)2343-2807～8
- 🕐 週一～五08:30～17:00 (週三延長至20:00)
- ℹ 一般件為4個工作天，遺失補發件為5個工作天

中部辦事處
- ✉ 台中市南屯區黎明路2段503號1樓
- 📞 (04)2251-0799

雲嘉南辦事處
- ✉ 嘉義市東區吳鳳北路184號2樓之1
- 📞 (05)225-1567

南部辦事處
- ✉ 高雄市苓雅區政南街6號3～4樓
- 📞 (07)715-6600

東部辦事處
- ✉ 花蓮市中山路371號6樓
- 📞 (03)833-1041

※ 資料時有異動，請以官方公布的最新資料為主

行家祕技　戶政事務所也可辦護照

2023年3月開始，在台灣設有戶籍的國民首次申請護照，可以至戶政事務所完成「人別確認」並申辦護照。持戶政事務所開具的繳款暨證明單到指定的超商、郵局或農漁會繳納護照規費後，外交部領事事務局就會審核、製發護照。

自繳費起約14個工作天，持繳款暨證明單到原申辦的戶政事務所即可領取護照，也可以要求外交部領事事務局將護照郵寄到指定地址，郵資須自付。

法國免簽證

持有中華民國臺灣護照者，如欲前往歐洲一個或多個申根協議簽署國觀光，探親或洽商，時間不超過90天，不需申請簽證。法國特別放寬臺灣民眾免簽證的範圍至法國的非歐洲領土。若累計停留期間超過90天，無論是受聘、定居、探親或求學，都仍須申請簽證。詳情請參考法國外交部網站。

http ppass.boca.gov.tw/sp-ia-login-2.htm (預約申辦)

適用免簽的歐洲國家

■ **停留日數合併計算，每6個月期間內總計可停留至多90天**：安道爾、奧地利、比利時、捷克、丹麥、愛沙尼亞、丹麥法羅群島、芬蘭、法國、德國、希臘、丹麥格陵蘭島、教廷、匈牙利、冰島、義大利、拉脫維亞、列支敦斯登、立陶宛、盧森堡、馬爾他、摩納哥、荷蘭、挪威、波蘭、葡萄牙、聖馬利諾、斯洛伐克、斯洛維尼亞、西班牙、瑞典、瑞士。

■ **停留日數獨立計算，每6個月期間內可停留至多90天**：阿爾巴尼亞、波士尼亞與赫塞哥維納、保加利亞、克羅埃西亞、賽浦勒斯、蒙特內哥羅、羅馬尼亞。

■ **可停留90天**：直布羅陀、愛爾蘭、科索沃。

■ **可停留180天**：英國。

歐洲旅行資訊與授權系統

歐洲旅行資訊與授權系統（ETIAS，European Travel Information and Authorisation System）將於2025年啟動，任何來自非歐盟國家的公民，如果目前前往歐盟成員國短期逗留不需要簽證者，屆

時將需申請ETIAS，通過後才能入境。歐盟國民和持有任何歐盟國家簽發的居留許可、居留卡或居留證件的人則不受此限。

 etias.com.tw

行家祕技 入境歐盟免簽國家注意事項

■ **護照效期：** 護照須有國民身分證統一編號和TAIWAN字號，且離開申根國家當天，護照須具有3個月以上的效期。

■ **購買醫療保險：** 歐洲醫療費用昂貴，建議進入申根會員國家先購買旅遊醫療保險。

■ **入境現金規定：** 入境最高可攜帶1萬歐元(約台幣38萬)的現金，如超過則須申報。

■ **延長入境的辦理規定：** 延長入境時間或從事其他長期活動，如留學或商業居留，則需出境後再重新向欲前往國家的使館申請簽證。如果原本就有申根國家的居留證如留學生，在居留證到期後，可直接在申根簽證區停留90天。

■ **在中國城市轉機：** 若在中國大城市轉機，則需帶台胞證辦理。如上海的浦東機場，轉機時除了需要台胞證外，還要準備一張大頭照給過境簽證用。如果沒有台胞證，就一定要帶身分證申辦一次性台胞證。

■ **停留日數線上計算：** 如果你最近6個月曾在申根區內逗留過，可用歐盟的線上計算器來確認最長期限。

 reurl.cc/qVndMp

須備妥的入境文件

雖然免簽可更方便地自由進出歐洲國家，但不代表可以無條件入境，入境時仍需要準備文件以備海關人員要求。一般需要預備下列證明文件：

■ **在有效期內的護照：** 且在離境日期之後3個月內依然有效。

■ **住宿證明：** 住宿預訂資料，或一份由法國親友出具的接待證明（Attestation d'Accueil）。

■ **足夠的財力證明：** 依是否提供住宿證明，每個逗留日需€65～120不等，有接待證明則每日需至少€35。

■ **回程機票：** 或在預計返程日期時購買機票的資金保證。

■ **商務旅行或出差人士：** 請攜帶專業或職務的相關證明文件，包括在法國當地接待機構的詳細資料。

■ **保險證明**

法國親友出具的接待證明

希望前往法國探親或住宿親友家的非歐洲籍公民，均需請法國當地親友向當地市政府申請辦理住宿接待證明（Attestation d'accueil），申請費用為印花稅€30。 **請注意** 如果你屬於以下任一情況，則無需申請接待證明：持有申根簽證；持有「抵達法國後2個月內申請的居留許可」簽證；以人道主義訪問為目的；參加文化交流項目；醫療緊急情況；參加親屬葬禮。

 www.formulaires.service-public.fr/gf/cerfa_10798.do

國際駕照

自駕旅遊也是領略法國美景的方式之一，尤其在沒有地鐵或公車稀少的法國鄉間，自駕更是唯一的旅遊方式。所以最好申請國際駕照，才可在法國租車、開車。國內的駕照正本和護照也要一起帶著，國際駕照才算生效，遇臨檢時必須一起出示。

台灣各地監理處都能申辦國際駕照，有效期限為3年，如果在國外有機會騎機車的話，也可以同時申請汽機車的國際駕照，僅需支付一次費用。「輕型機車」或「普通輕型機車」的駕照無法申請國際機車駕照。

國際學生證 ISIC

全球超過130個國家通用的國際學生證（International Student Identity Card，ISIC），提供包含交通、門票、住宿或機票等的優惠，效期為申辦核准發卡日起1年有效。

可線上申辦並付款，所有照片與文件皆採線上上傳，不需要實體寄件。被核准並付款後，收到卡一般約需5個工作天。

申辦條件為持有學生身分，且年齡為12歲以上，無年齡上限。若不是學生且未滿31歲，建議申辦國際青年證（IYTC）；全職教師或教授可以申辦國際教師證（ITIC），都能享有類似國際學生證的優惠。

■**辦理天數**：半天
■**費用**：新台幣400元

http www.yh.org.tw/page/about/index.aspx?kind=10

國際青年旅舍卡

全世界最大的自助旅遊組織。國際青年之家在法國稱為Fuaj（Fédération unie des auberges dejeunesse），申辦此證並沒有年齡及身分的限制。

持有YH卡可入住全世界超過60個國家，共4,000多家YH旅舍，並在旅行時享有交通、門票、行程等優惠。1年年費約600元，有效期限為1年。可加入YHA青年旅舍協會官方LINE帳號（@104gxtse）線上申請，會員卡採郵寄方式提供；現場辦理須攜帶護照正本（或影本）及證件正本（如身份證、健保卡或中華民國駕照），約等候5～10分鐘即可取卡。

http www.hifrance.org/en

國際證件這裡辦

國際駕照
http tpcmv.thb.gov.tw（點選「國際駕照」）
✉ 各縣市監理處
◷ 當天申請，當天取件
$ 新台幣250元
ℹ 所需文件：護照、駕照、身分證、2吋照片2張
注意事項：若交通違規罰款案件沒處理，則無法受理

國際學生證ISIC
http www.yh.org.tw/page/about/index.aspx?kind=10
✉ 台北市忠孝東路四段142號5樓502室
☎ (02)8773-1333
◷ 週一～五09:00～17:30(親取領卡：週一～五10:00～16:30)

國際青年旅舍卡
http www.yh.org.tw/index.aspx
✉ 社團法人中華民國國際青年旅舍協會：台北市大安區忠孝東路四段148號5樓之一
◷ 週一、二、日10:00～16:30

※ 資料時有異動，請以官方公布的最新資料為主

購買機票

提早訂票、淡季訂票、轉機次數多，都是購買便宜機票的法則。

選擇航空公司

從台灣桃園機場直飛法國的航空公司，目前有長榮與華航（與法航合作）。可以在航空公司官網直接訂票買票。若是住在中南部的人，可以考慮其他需要轉機的航空公司，跟搭高鐵到桃園機場搭機的時間差不多，價格也差不多。各航空公司官網不定期會有機票促銷活動，有旅行計畫時可追蹤最新動態。不過特價機票通常限制較多，改期或選位也需要加價。

▲ 長榮航空飛往法國的班機

如何訂票最划算

要購買便宜的機票有三大法則：一是淡季、二是轉機次數、三是提早訂位。每年的寒暑假、聖誕節、新年和連休假期就是航空公司的旺季，反之則是淡季。大致上，從台灣出發的班機通常是1月、3月與11月最便宜；其餘月分都有假日，票價會比較高。

而轉機次數越多，航程時間越長也會越便宜。且近年來已有其他亞洲航空公司參與飛往歐洲的航線，經由上海或首爾轉機的機票較國內的航空公司便宜。每家航空公司的網站上，也常有促銷活動，早些規畫、時常觀察票價，很容易就可找到划算的機票。

若是跨國旅行，想購買歐洲航線的機票，上比價網站比價，再前往最低價的網站購票。

機票比價、購買看這裡

- http liligo：www.liligo.fr
- http Skyscanner：www.skycanner.com.tw
- http Ezfly：www.ezfly.com
- http Expedia：www.expedia.com.tw
- http Omega：www.omegatravel.net
- http eBookers：www.ebookers.ie
- http Google Flights：www.google.com/flights
- http Kayak：www.tw.kayak.com
- http Wego：www.wego.tw
- http FunTime：www.funtime.com.tw/oveticket
- http Trip.com：hk.trip.com/?locale=zh_hk

※ 資料時有異動，請以官方公布的最新資料為主

貨幣匯兌、保險

歐元現金跟信用卡隨身攜帶，旅行支票不建議購買。

現金

　　隨時觀察歐元匯率，並在匯率較低時兌換，可讓旅費降低不少。利用網路查詢匯率波動圖，就可發現何時的匯率會較低。

　　出發前兌換部分現金是必要的，尤其歐元可在所有的歐盟國家使用，即使用不完也還有機會用到。但記得兌換現鈔時盡量不要兌換面額超過€50以上的大鈔，有時小型店家會因無法找開而拒收，在法國最流通的是面額€20的紙鈔。

金融卡

　　晶片金融卡是背面仍保留磁條的金融卡，在國外使用時應輸入4位數磁條密碼。出發前最好先與銀行確認你的卡是否具有國際提款功能與收費標準，有些銀行需特別提出申請。法國的高速公路收費（較短的路程有些是投幣）、巴黎自行車租用與地鐵的購票（有些機器收紙鈔）都是使用晶片金融卡付費。

　　提款機上有Plus、Mestro、Cirrus標誌的都可以提領，對照一下提款機與卡片上的標誌是否相同就可提款了。如果因密碼輸入錯誤達規定次數，卡片被機器留置時，需向提供ATM服務的當地銀行聯絡，並出示護照、比對簽名或身分證號碼取回卡片。如果在24小時內未取回卡片，當地銀行會將剪斷卡片並作廢，這時需要待回國後，再至銀行辦理補發新卡。

信用卡

　　向銀行或信用卡公司提出申請或確認卡片可在海外使用晶片卡提款功能（密碼為4碼），以備不時之需。有些銀行甚至免手續費，相當方便。大部分商店與餐廳都能刷卡，有些會規定€5或€10以上才可以刷。菜市場或跳蚤市場則最好準備現金。現在也越來越多免按密碼的刷卡付費服務。

當地匯兌處

　　銀行（Banque）和兌換店（Bureau de change）可換外幣，但巴黎的外幣兌換店很少可以接受台幣，倒是有時會接受旅行支票換現鈔，但普遍來說收取的手續費價格都偏高。

兌換貨幣的地方 ▶

兌換店的營業時間約09:00～19:00。在火車站、機場或著名觀光景點皆可找到外幣兌換處。

♥ 貼心 小提醒

旅行支票不實用

旅行支票現在越來越少使用，不建議購買。現在除了外幣兌換處，幾乎沒有銀行可以現場兌換了。若擔心現金容易遺失，可換少量。

跨國提款

在法國，認銀行標誌倒不如認信用卡標誌，通常銀行外面只有名字而不太會標示銀行「Banque」這個字，但幾乎每一家銀行都會掛信用卡的標誌，所以要找銀行認卡的標誌就夠了！盡量使用銀行內的提款機提錢較安全。進銀行會有兩道門，進入第一道關門後再按鈕開第二道門。

▲圖為兩家法國最常見的銀行

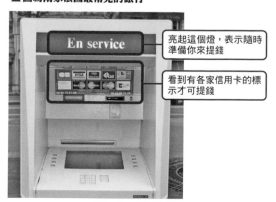

亮起這個燈，表示隨時準備你來提錢

看到有各家信用卡的標示才可提錢

跨國提款步驟 Step by Step

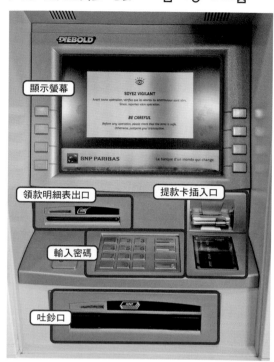

顯示螢幕

領款明細表出口

提款卡插入口

輸入密碼

吐鈔口

Step 1 插入信用卡後輸入密碼

輸入的密碼會變成「*」字。輸入密碼之後還要按「Valider」（確認鍵）喔！如果密碼不對或無法提供服務，卡片會退出來，第三次密碼錯誤，卡片就會直接被提款機吃掉喔！萬一有問題或卡被吃掉，回到歡迎畫面，通常上面有服務電話可以撥打。

Composez **votre** code confidentiel à l'abri des regards indiscrets.
Et **validez.**

▲ 輸入密碼提醒

Step ② 按 Retrait 提款

Step ③ 選擇提款金額

如畫面沒有想要提領的金額，就按畫面右下角領取其他金額（Autres montants），再輸入金額後，按「Valider」確認。

Step ④ 是否列印收據？

Step ⑤ 收取提款卡、現金

提款時務必注意身邊可疑人士。

Step ⑥ 取出收據

♥ 貼心 小提醒

提款機使用注意事項

■ 避免在週末假日時使用提款機提錢，平常銀行開著，卡被無故吃掉還可以請行員處理，若是週末假日，就要等銀行的營業時間來領取囉！

■ 如果有室內提款機最好進室內提領，除了安全之外也大都有監視錄影，萬一發生狀況至少有紀錄。

■ 提款機有按鈕式和螢幕觸控式兩種，如果小螢幕前沒有按鈕則表示為觸控式的，提錢的順序兩者是一樣的。

保險

　　雖然以信用卡購買機票時，通常已附加意外險，台灣民眾也有全民健保，但是到歐洲旅遊，最好申請旅遊平安與醫療險，備而不用。法國的看診費大約€30起跳，若需要到醫院處理或住院的狀況，動輒上千歐元。健保的海外醫療有給付上限，歐洲醫療費用很容易超出健保的額度。

　　國人免簽進入法國，保險文件不是必要。但近年恐攻與難民潮讓歐盟縮緊邊境管制，也許會抽查免簽旅客的證件，包含回程機票、財力證明與保險證明。保險必須涵蓋旅遊全部的天數以及任何醫療緊急事故，包括住院治療費用以及由於生病而回國的費用。該醫療保險的承保金額必須達到€30,000（具體金額取決於停留的天數），並且必須適用所有申根國。

行
前
準
備

行李打包

出發前先上網查看天氣預報,才知道要帶什麼樣的衣物出門。

圖片提供／黃儀方

穿著準備提醒

冬季手套圍巾不能少,法國冬天室內或公共運輸皆有暖氣,最普遍的穿法是著棉質衫再加件毛線衣,外面再穿保暖的外套或大衣,在室內可將大衣脫掉避免會過熱,也就是洋蔥式穿法。夏季雖熱,但早晚溫差大,還是要帶件風衣或薄外套以防著涼。法國空氣乾燥,如果自己清洗隨身衣物,放置通風處一個晚上衣物就可風乾。

▲法國夏天很短,白天可穿清涼一些,夜晚仍須備薄外套

▲必備一雙球鞋或休閒鞋等輕便不磨腳的鞋

如何準備行李箱

建議攜帶一個附滾輪的大行李箱、一個後背式背包與一個隨身小包。近年來搭機的安檢非常嚴格,務必將安檢限制上機的物品全放在大行李箱託運,如有攜帶筆記型電腦或相機,最好還是放在背式背包裡,隨身包包則裝證件與錢包。

▲拖拉式行李箱較方便,限制上機之物品,需放於行李箱託運 (圖片提供／林孟儒)

▲背包可可背在前面,使用素色背包較低調,不易成為有心人士目標 (圖片提供／林孟儒)

航空公司的行李限制

一般航空公司的託運行李限制經濟艙為20～30公斤;隨身行李為7～10公斤,但實際重量限制依各家航空公司規定不同。需格外注意超重問題,因為超重的計費非常昂貴,最好在出發及返國前確認行李重量沒超過限制。近年來因飛安問題,隨身行李的限制很嚴格,出發前一定要先查明或詢問航空公司手提行李規則,以免出境檢查時不通過。

機場篇
Airport

抵達機場後，如何順利入出境？

國際旅客最常使用的巴黎戴高樂機場，以及奧利、博韋機場的介紹。出入境步驟、轉機說明，還有更重要的，如何從機場前往巴黎市區的交通方式與步驟教學、戴高樂機場前往巴黎市區的比較分析表，協助你迅速找到適合的交通方式。

認識法國機場

戴高樂機場、奧利機場、巴黎-博韋機場、馬賽機場、里昂機場。

法國大大小小的機場約有150個，其中超過30個國際機場。從亞洲起飛的班機主要飛往巴黎戴高樂機場(Aéroport Paris-Charles-de-Gaulle)，如果旅遊的目的地不在巴黎，也可以選擇降落在鄰近目的地的機場，只是前往巴黎或從巴黎啟程的班機還是比較多。

實用旅遊APP推薦

Paris Aéroport
巴黎機場：有簡體中文。可查詢航班、機場交通以及服務設施(警局、退稅處、郵局、藥房、嬰兒休息室等)。尤其遇到罷工時最好用。

戴高樂機場 (CDG Roissy)

以飛機起降量來看，戴高樂是歐洲第一大機場，共有3個航廈(terminal)，往返亞洲的班機大都在第一航廈(CDG1)起降。從桃園國際機場直飛巴黎的航空公司是長榮航空(天天有航班)，航程約13小時。票價則視淡旺季促銷而有落差。

戴高樂機場第二航廈有高速火車TGV車站，能直接轉往法國各大城市。戴高樂機場是國人遊法最頻繁使用的機場，後面單元會說明，如何往返巴黎市區的交通方式，請見P.48。

http www.parisaeroport.fr

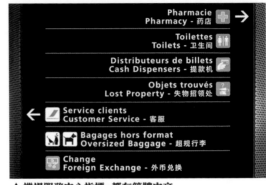

▲ 機場服務中心指標，都有簡體中文

機場服務

- **旅客服務**：機場設有多個自助服務觸控螢幕，可查詢登機口或餐廳等資訊。
- **郵局**：第二航廈2E與2F之間的SNCF火車站。
- **藥局**：第一航廈Level 3、第二航廈2E、2F。
- **醫療保健室**：第二航廈2F。
- **免費網路**：直接連結WIFI-AIRPORT即可，但是流量不大。
- **HSBC銀行**：櫃檯位於TGV／RER車站。提款機有45個，各航廈都有。
- **匯兌**：Global Exchange有15個服務櫃檯，位於第一航廈hall 1，第二航廈2B、2D、2E、2F。
- **行李寄放**：第二航廈TGV／RER車站，費用€3起，營業時間08:00～20:00。
- **失物招領**：線上填寫報失單(parisaeroport-cdg.

franceobjetstrouves.fr)。若找到失物會以郵件通知，再寄至你指定地址或另約時間地點面交。

■**租車點**：第一航廈、第二航廈2ACD、2E及2F。

▲掃登機證後就能查詢登機口

▲機場匯兌中心

行家祕技　**多利用旅遊資訊中心**

　　想參與當地的文化或活動，到旅遊資訊中心(Tourisme-Information / Office du tourisme)找旅遊情報是最聰明的方法！也許會遇上令你終身難忘的嘉年華會，或省荷包的折扣季。旅遊資訊中心通常位在機場、車站(夏季也會設在觀光景點)，有許多旅遊資料可索取。

▲各機場皆設有旅遊資訊中心，提供地圖與景點資訊

奧利機場 (Orly)

　　位於巴黎南邊約10公里處，有4個航廈，該機場的航班大都是往歐洲、中東、非洲、加勒比地區、北美洲地區。**請注意** 持巴黎Navigo卡儲值週票不適用Orlyval接駁捷運，必須在Antony車站另買車票(€11)。

http www.orly-aeroport.fr

奧利機場與巴黎市區往返交通

交通工具	票價	所需時間
RER B 搭乘Orlyval到Anthony站，再轉搭RER B到巴黎市區	€14.1	33分鐘
RER C 從Orly 4搭乘183號公車到Pont de Rungis站，再轉搭RER C到巴黎市區	€6.35	35分鐘
Orly Bus 到巴黎市Denfert-Roche-reau地鐵站	€11.2 不能使用ticket +	30分鐘
夜間巴士 N22到西堤島；N31(到Gare de Lyon、Gare d'Auster-litz；N131(到Gare de Lyon與Gare d'Austerlitz；N133(到Gare de Lyon)	€2	60分鐘
迪士尼樂園專車 迪士尼樂園往返奧利機場專車	€24	40～70分鐘

※ 資料時有異動，請以官方最新公布為準
※ 地鐵 14 號線預計將於 2024 年開通

機場資訊這裡查

巴黎國際機場網站
　　可查詢戴高樂與奧利機場即時航班狀況、交通方式與機場各項服務。
http www.parisaeroport.fr/homepage

法國境內機場網站
　　可查詢全法國民用機場航班資訊。
http www.aeroports-voyages.fr

巴黎-博韋機場
(Aéroport de Paris-Beauvais)

隸屬瓦茲(Oise)省管轄,已經不屬於法蘭西島行政區。主要供歐洲線廉價航空使用,共有兩個航廈。可搭接駁車Navette Bus往返巴黎市區的Porte Maillot地鐵站,需時70分鐘,票價€17。

http www.aeroportparisbeauvais.com

尼斯蔚藍海岸機場
(Aéroport de Nice-Côte d'Azur)

尼斯機場位於法國東南部蔚藍海岸,毗鄰坎城、摩納哥甚至義大利,地理位置優越,是旅客出行的戰略要地。有兩個航站,可搭乘電車Tram至尼斯市區,只需8分鐘。

http www.nice.aeroport.fr

路上觀察 機場隨處可上網

在戴高樂機場和奧利機場,無論在機場的哪個地方,皆可使用15分鐘的免費Wi-Fi服務。只要將手提式電腦放在平台上,打開無線接收再打開瀏覽器,就會顯示登入頁面。如需長時間上網就需要打開瀏覽器,並依指示填入信用卡號碼付費後才能使用。

▲ 機場提款機

▲ 機場提供充電設備

里昂聖-修伯里機場
(Lyon Aéroport Saint-Exupéry)

位於法國中部偏東,交通四通八達,以高速公路網、Rhônexpress高速鐵路與TGV高鐵連接里昂市中心,是法國東南部旅客的首選機場。從里昂的Lyon Saint-Exupéry火車站搭火車約30分鐘可抵達機場。

http businessaviation.lyonaeroports.com/fr

馬賽普羅旺斯機場
(Aéroport de Marseille Provence)

位於法國南部,距離馬賽僅13公里。有兩個航站,2號航站處理國內和國際航班,而M1航站僅提供國內航班使用。從機場可搭TER火車至馬賽的Gare Vitrolles火車站,也可搭乘公車+13(車票一張€1.2)。

http www.marseille.aeroport.fr

土魯斯-布拉尼亞克機場
(Aéroport de Toulouse-Blagnac)

土魯斯又稱粉紅之城,是法國第四大城市,以工程技術而聞名,也是歐洲的航空航太之都。此機場是法國唯一同時擁有商用和試驗跑道的機場,每年有超過1,000萬名旅客在此降落。共有A、B、C、D四個航站。可搭乘Tramway T2至土魯斯市區(2023年6月～2026年底因工程暫停行駛),或是地鐵1與2號線、TER火車C線、公車T1與T2路線。

http www.toulouse.aeroport.fr

以巴黎戴高樂機場(CDG Roissy)為例。

近年來因安檢問題規定嚴格,入、出境的檢查手續也變得較為繁複。特別提醒在出境時,最好至少提前2個小時到機場。如果需要辦理退稅,那就更要提早至機場辦理,最好預留3小時,因為光排隊退稅就會耗掉許多時間。

入境步驟

Step 1 入境審查

入境通關窗口會分為外國人(Étranger)與法籍及歐盟國家(Européenne)兩邊,而台灣來的旅客自然要排外國人這邊囉!有時為了讓大批旅客能快速通關也會取消分邊窗口,只要稍微注意一下通關窗口上面的燈號指示即可。準備好護照、來回機票,一同出示給海關人員,有時海關人員會要求旅客出示旅費、機票或是受邀證明。如被詢問,即使不懂法文也無須緊張,用簡單的英文溝通,海關人員還是可以聽得懂的。

Step 2 領取行李

依照飛機班次尋找行李的運輸帶,領取行李的地方為「Livraison de bagage」,近年常發生行李失竊的事件,領取行李時盡量靠近行李輪送帶的起端,還有貴重物品別放在託運行李裡。記得勿太靠近行李轉盤。

Step 3 入境法國

領取完行李後依照出口(Sortir)指示尋找出口,法國入境時並不會一一檢查行李,但如果帶的免稅品超過限制,最好還是申報關稅(申報關稅物品處為「Objets à déclarer」),否則萬一被檢查到,可要罰上大筆稅金的。

依出口指標至入境大廳

法國入境免稅品規定

■**菸草類**：香菸200支(1條)、雪茄50支、菸絲250克。

■**酒精類**：非氣泡類葡萄酒4公升、啤酒16公升、酒精22度以下飲料2公升，22度以上1公升。

■**香水、禮品**：香水50ml、淡香水250cc、€175以下的禮品或貨品，17歲以下禁帶菸酒。

■**現金**：個人攜帶的現金(紙幣、硬幣)、無記名可轉讓票據(支票、旅行支票、匯票、本票等)、黃金和價值10,000歐元以上(或等值外幣)可充值的消費預付卡，必須向海關申報。**請注意** 無論是入境還是離境，都必須申報。此項申報免費，並且可以線上向海關申報。

禁止攜帶入境的物品

■肉類或肉類製品。

■毒品及迷幻藥物(可處7,500,000歐元罰鍰與10年徒刑)。

■仿冒品。

■戀童癖產品，即「含有未成年人色情圖片或形象的任何物品」。

■石棉或含有石棉的產品。

■含有某些危險物質(如硫酸鉛、鎳)的產品。

■所有歐盟成員國禁止引進的植物、植物產品和其他產品(樹皮、種子、土壤和生長介質)。

■國家或歐盟現行衛生法規禁止的動物食品或動物源性食品。

■含有4-hydroxyphényl的聚碳酸酯嬰兒奶瓶。

■貓和狗的皮或毛皮以及任何有包含的產品。

轉機步驟

需要轉機的旅客，下機前可在機上個人螢幕查詢轉機的登機門編號。下機後也可看機場的顯示螢幕，確認欲轉搭的航班資訊。如果必須到不同的航廈，可搭機場接駁專用的CDGVAL電車。

▲ 若有不清楚的地方可隨時詢問服務台

出境步驟

Step ## 找到航廈與出境層

確認班機是在哪個航廈起飛，到達機場後，再確認自己的所在位置為出境層(Départs)，如果不是，可以循著劃位處(Enregistrement)的指標前往。

Step ## 查看班機資訊

在機場內有許多資訊看板及電視提供飛機起飛或降落的資訊，要看「Départs」這一欄，才能找到即將起飛班機的資訊。找出自己的班機號碼及登機門。

Step ❸ 辦理退稅

到航空公司櫃檯Check in之前，若有退稅物品，必須先辦理退稅。電子退稅掃描機（Pablo）與人工退稅櫃檯（Bureaux de détaxe）在戴高樂機場各航廈都有。

▲自動退稅機

- ■**第一航廈**：CDGVAL樓層（hall 6）。
- ■**第二航廈2D**：出境樓層（porte 6）。
- ■**第二航廈2E**：出境樓層（porte 4）。
- ■**第二航廈2F**：入境樓層。
- ■**第三航廈**：入境樓層。

Step ❹ 劃位及掛行李

尋找所搭乘的航空公司的劃位櫃檯，櫃檯的上方會顯示航空公司與可劃位的班機號碼與目的地。在進入劃位等候區時，安全人員會詢問有關行李的安全問題，如是否有陌生人託帶行李或物品等，只要照實回答即可。利用自動報到與劃位機，在起飛前5小時即可辦理登機手續，可自行列印電子登機證、行李標籤條，然後再將託運行李放到專屬託運櫃檯即可。

Step ❺ 出境海關檢查

進入登機區時需出示護照以及登機證，之後即是海關櫃檯，在檢查完護照與登機證之後，海關人員會在護照內蓋出境章，表示完成出境程序。

Step ❻ 登機

到達候機室之前有時仍然會有安全檢查，尤其是針對禁止攜帶上飛機的物品。在候機室請仔細聆聽廣播，空服人員會依座位的號碼與艙別先後次序讓旅客登機，如果登機時間延誤也會以廣播方式告知旅客。

❤ 貼心 小提醒

機場快速通關PARAFE

法國提供快速通關的國際機場有Roissy-Charles de Gaulle、Orly、Bâle-Mulhouse、Bordeaux、Lyon、Marseille、Nice。

請注意 持台灣護照的旅客在出境時可使用快速通關閘道，但入境則還未開放台灣旅客使用。

護照上有此圖示代表可以 ▶
使用快速通關閘道

行家祕技 行李超重怎麼辦？

不小心採買太多的物品，行李超重的費用又特別貴，這時除了請同行的同伴分擔一下之外，還有另一個辦法，就是將物品郵寄到家裡。每一個航廈都會設有郵局，利用機場的郵局郵寄，總比行李超重計費來得划算。

直接購買郵局已經計算好容量、重量的紙箱，把東西裝進去就可以寄了，寄達時間約7～10天，這種現成的包裹服務為「Colissimo emballage international」，分2種尺寸：

尺寸	重量	體積	價格
L	5KG	290 x 210 x 150 mm	€52
XL	7KG	400 x 275 x 195 mm	€73

郵局另有「Tarifs Livres et Brochures」，專門針對書籍印刷品的運費，5公斤約15歐元，需自行裝箱，約2星期可抵達台灣。

從戴高樂機場前往巴黎市區

搭乘RER快速鐵最快、巴士最省錢、計程車適合多人一起搭。

從機場到巴黎市區的方法有好幾種,事先就查好下榻旅館的所在位置,再考慮用什麼樣的方式比較容易到達。搭乘的地點要先弄清楚,是在出境層(Départ)還是入境層(Arrivées),再使用大型電梯到達要去的層面。

戴高樂機場／奧利機場往返巴黎市區交通圖

▲ 出關後,依照機場指示牌前往火車站

RER路線圖 地圖繪製／陳翠霏

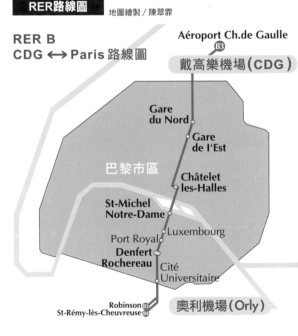

RER B
CDG ←→ Paris 路線圖

Aéroport Ch.de Gaulle B3
戴高樂機場(CDG)

Gare du Nord
Gare de l'Est

巴黎市區

Châtelet les-Halles

St-Michel Notre-Dame

Luxembourg

Port Royal
Denfert Rochereau
Cité Universitaire

Robinson B2
St-Rémy-lès-Cheuvreuse B4

奧利機場(Orly)

搭RER快速鐵

搭乘RER快速鐵的B線進入巴黎市中心相當快速,約需40分鐘,不受塞車影響,但有可能遇到罷工。進入市中心之後再轉搭地鐵、巴士或計程車前往目的地。搭乘時如有許多行李不方便上下樓梯,也有電梯可搭。

依旅遊天數需求可選擇不同的票種。若辦理Navigo Découverte卡,有效期內可無限次數搭乘地鐵與公車,不分區段圈數(可至凡爾賽宮或迪士尼樂園等景點),可儲值1日、1週或1個月,費用是€5,卡片辦好之後務必寫上姓名並貼上照片,否則遇到查票員會被罰鍰€35～50不等。請注意:Navigo Easy卡不能儲值機場到巴黎市中心的票券。(Navigo卡說明詳見P.83)

機場搭乘RER步驟 Step by Step

從戴高樂機場第一航廈抵達巴黎，需搭CDG-VAL前往機場的火車站；若由第二航廈抵達巴黎則不需搭CDGVAL，循指標直接前往位於2C與2E航站之間的車站即可。

▲ 由第二航廈抵達巴黎者，循Trains的標示即可走到車站

 豆知識

CDGVAL航廈接駁電車

CDGVAL是機場接駁電車的簡稱，將所有重要的據點串連起來，使機場周邊的交通更為順暢。CDGVAL全天24小時營運，從04:30～01:30，每5分鐘一班，其餘時間則是每20分鐘一班；全段車程只要8分鐘即可抵達。

CDGVAL也是歐洲唯一有雙向自動駕駛功能的電聯車，搭乘時注意不要坐錯方向，但即使錯了也不要慌張，再搭下一班反方向的即可。

路線	搭乘處
第一航館(Terminal 1)→停車場(Parc)→第三航館與RER 車站(Terminal 3, RERB)→停車場(Parc)→第二航館以及火車站(Terminal 2, Gare)	**CDG 1**：商店樓層(Niveau Boutiquaire) **CDG 2**：2C、2D與2E、2F館之間的車站

CDGVAL機場免費接駁電車資訊網站

介紹前往機場的各種交通方式，包含地理位置介紹，也提供機場周邊交通的相關資訊。
http www.cdgfacile.com

Step 搭乘CDGVAL 航廈接駁電聯車

從第一航廈抵達巴黎，須先在航廈最底層的商店樓層搭免費的CDGVAL。CDGVAL一共有5個停靠站，TGV高鐵與RER車站都在第二航廈。

▲ 航廈接駁電車CDGVAL停靠站

▲ 往CDGVAL方向　▲ CDGVAL接駁電聯車

Step 下車後，至RER大廳

下CDGVAL之後可看到標示。

▲ 跟隨指標前往火車站

▲ 火車站大廳

Step 3　買車票

可選售票口或自動售票機買票。大部分自動售票機都可刷卡。往巴黎市中心單程全票約€12（視距離而定），若有多人分攤可一次購買10張套票（Carnet）比較便宜，不過紙本票券將會慢慢淘汰，所以仍建議下載APP「Île-de-France Mobilités」，用手機購票且可直接使用。

Step 4　刷卡進站

刷票閘口，刷票感應器在右邊，要選擇顯示綠色的票閘；若顯示紅色表示故障或禁止通行。票刷過之後，閘門開啓，要在3～5秒內快速通過。票要收好，到巴黎市區轉地鐵時會再需要刷同一張票。

Step 5　前往巴黎的月台

機場是起站，因此每一班車都開往巴黎，可以參考電子看版上的停靠站名，選擇停靠站數較少的車。巴黎市區內的停靠站爲Gare du Nord、Châtelet-les-Halles、Saint Michel、Luxembourg、Port Royal、Denfert Rochereau、Cité Universitaire。

▲ 戴高樂機場前往巴黎市區的RER B月台

Step 6　轉乘其他交通工具

到巴黎市區後，同一張車票可轉乘地鐵，但無法轉乘公車。轉乘公車必須再刷一張新的票。如果是日票、週票或月票則不在此限。

▲ 地鐵月台

搭華西巴士 (RoissyBus)

巴黎大眾運輸公司RATP的附屬機場巴士，從戴高樂機場至終點站巴黎歌劇院。全程60分鐘，之間並無停靠站，票價€16.2。持地鐵1～2圈Navigo週票者，可在週末或假日搭乘，不須另外付費。

Step 1 尋找搭乘處位置

依機場位置圖找到RoissyBus搭乘處。

- **第一航廈**：32號出口（Porte 32，入境樓層 Niveau Arrivées）。
- **第二航廈2A+2C**：9號出口（Porte 9）。
- **第二航廈2D**：11號出口（Porte 11）。
- **第二航廈2E+2F**：8號出口（Porte 8，入境樓層 Niveau Arrivées）。
- **第三航廈**：公車總站Gare routière Roissypole。

Step 2 前往購票

購票方式有3種：

- **自動售票機**：可購票或儲值到Navigo Easy卡。
- **從APP「Île-de-France Mobilités」購買**：可將車票儲值在手機裡。
- **在車上購買**：只能以感應式信用卡支付，不接受現金。

Step 3 確認班車

搭乘的地方會立有RoissyBus的車牌，上車前記得確認巴士上面的起始與目的地標示為「Paris-Opéra」。到達巴黎歌劇院後，再轉搭其他交通工具至目的地。

❤ 貼心 小提醒

善用終點站旁的觀光資訊服務

到達終點站巴黎歌劇院時，站旁就有一個巴黎觀光資訊服務中心，可詢問任何巴黎的資訊或代訂旅館，也有一些觀光產業的優待券與簡介。

搭計程車 TAXIS

法國計程車的計費方式除了跳表之外，還依區域省分、時段、行駛時間，以及行李數而有所不同，從機場到巴黎市區約€40～50不等。雖然價格較貴、但方便快速。戴高樂機場每個航廈皆有計程車招呼站，須依排隊順序搭乘。第二航廈在2A（6號門）、2C（14號門）、2D（7號門）、2E（10號門）、2F（11號門）；第一航廈在入境大廳24號門；三航廈 在入境大廳2G（藍門）。

司機大多使用GPS導航系統，將地址直接交給司機設定，是最快的溝通方式。計程車限僅3名乘客（不含司機），若要4人共乘，須先徵求司機同意，會酌收約€2～5；有的司機還會按行李箱增收服務費，1個行李箱€1。

搭專車

機場接送專車

可事先從華文網站預訂機場接送，如KLOOK、KKDAY、唯法oui My France、走走巴黎。從機場到巴黎的住宿點，單趟約€50起跳（視人數與行李而定）。

迪士尼樂園接駁專車

機場有接駁專車可搭至迪士尼樂園周邊的飯店。成人及6歲以上兒童的票價€24，可線上購票。09:00～19:15均有車班從機場出發，搭乘位置在第一航廈32號出口、第二航廈2E、2F（入境樓層）。

🌐 magicalshuttle.fr

戴高樂機場與巴黎市區往返交通

交通工具	說明	時間	乘車地點	優缺點
RER B 	■ 往返戴高樂機場與巴黎北站(Gare du Nord),有直達車與普通車 ■ 票價€11.45	■ 行車時間25～30分鐘 ■ 發車間隔10～20分鐘 ■ 首班車04:53往機場 ■ 末班車00:15往機場	■ 第一航廈:搭CDGVAL至Gare Aéroport Charles de Gaulle 1站搭乘 ■ 第二航廈:依機場指標步行前往Aéroport Charles de Gaulle 2-TGV站 ■ 第三航廈:依機場指標步行前往Gare Aéroport Charles de Gaulle 1站搭乘	■ 優:快速省錢,不受塞車的影響 ■ 缺:有時候會遇到罷工停駛或上下班尖峰時間擠不上車
華西巴士 RoissyBus	■ 往返戴高樂機場以及巴黎歌劇院(Paris-Opéra) ■ 票價€14	■ 行車時間60～75分鐘 ■ 發車間隔10～20分鐘 ■ 首班車05:15 ■ 末班車00:30	■ 第一航廈32號出口 ■ 二航廈2A+2C,9號出口 ■ 第二航廈2D,11號出口 ■ 第二航廈2E+2F,8號出口 ■ 第三航廈的公車總站	■ 優:一車直達 ■ 缺:有時會遇上塞車
350號公車	■ 往返戴高樂機場與Porte de la Chapelle站,可轉搭地鐵12號線 ■ 票價€2.1	■ 行車時間60～80分鐘 ■ 發車間隔15～30分鐘 ■ 首班車05:40往機場 06:05往巴黎 ■ 末班車21:40往機場 22:30往巴黎	■ 第一航廈12號出口 ■ 第二航廈2A+2C,9號出口 ■ 第二航廈2D,11號出口 ■ 第三航廈的公車總站 ■ 機場的TGV高鐵站	■ 優:便宜、可欣賞沿途風光 ■ 缺:時間較久、有時會遇上塞車
351號公車	■ 往返戴高樂機場與Nation廣場,可轉搭RER A及地鐵1、2、6、9號線 ■ 票價€6	■ 行車時間70～90分鐘 ■ 發車間隔15～30分鐘 ■ 首班車05:36往機場 07:10往巴黎 ■ 末班車20:20往機場 21:40往巴黎	■ 第一航廈12號出口 ■ 第二航廈2A+2C,9號出口 ■ 第三航廈的公車總站 ■ 機場的TGV高鐵站	■ 優:便宜、可欣賞沿途風光 ■ 缺:時間較久、有時會遇上塞車
N143夜間公車	■ 往返戴高樂機場與巴黎東站(Gare de l'Est),可停靠巴黎北站 ■ 票價€4.2	■ 行車時間60分鐘 ■ 發車間隔30分鐘 ■ 首班車00:55往機場 00:22往巴黎 ■ 末班車05:08往機場 04:22往巴黎	■ 第一航廈8號門 ■ 第二航廈的TGV高鐵站 ■ 第三航廈的Roissypole公車總站	■ 優:便宜 ■ 缺:時間較久
N140夜間公車	■ 往返戴高樂機場與巴黎東站,可停靠巴黎北站 ■ 票價€4.2	■ 行車時間100分鐘 ■ 發車間隔30分鐘 ■ 首班車00:00往機場 01:00往巴黎 ■ 末班車03:40往機場 04:00往巴黎	■ 第一航廈8號門 ■ 第二航廈的TGV高鐵站 ■ 第三航廈的Roissypole公車總站	■ 優:便宜 ■ 缺:時間較久
計程車	■ 從戴高樂機場前往目的地 ■ 票價約€60	■ 行車時間50～60分鐘	■ 第一航廈入境大廳24號門 ■ 第二航廈2A(6號門)、2C(14號門)、2D(7號門)、2E(10號門)、2F(11號門) ■ 第三航廈 入境大廳2G(藍門)	■ 優:同行有3～4人,則建議搭乘計程車,費用分攤下來有時比坐巴士划算 ■ 缺:費用較高

從戴高樂機場前往其他地區

入境法國後直接到其他國家、省分、城市的方法。

戴高樂機場出關後有好幾種方式前往外省，除了搭火車外，也可選擇搭飛機或租車前往，無論是哪一種方式，都要先確定是從哪個機場、火車站或租車取車地出發，這樣才能規畫如何銜接不同的交通工具與完整的路線。

搭火車

建議在搭飛機之前就把班次與火車站名查好，越早買票越便宜，通常在搭乘日的兩星期之前開放購票。可下載法國國鐵的APP「SNCF Connect」，隨時查詢最新狀況。

從戴高樂機場出發

可搭乘TGV Sud（往法國南部）、TGV Ouest（往布列塔尼）、TGV Nord（往法國北部）、Ouigo（廉價高鐵）、Thalys（往比利時與荷蘭）、Eurostar（往英國）等，前往法國其他城市與部分歐洲城市。

從巴黎的火車站出發

從巴黎市中心的火車站出發，班次會比較多。只是需留意巴黎市內共有6個火車站，行駛路線都不一樣，分別前往不同的省分與國家，萬一跑錯就麻煩了。

搭飛機

搭飛機是節省時間的另一種選擇，但法國為了減少溫室氣體排放量，於2023年5月宣布取消短程航線，也就是說，同一段旅程距離若是搭火車車程2.5小時可抵達，則該段距離的航線就不能繼續營運。

租車

如果計畫一到法國就租車前往外省，出發前最好先利用網路（如Klook、Kkday、Rentalcar等比價網）向租車公司預約。每個航廈均設有租車公司的櫃檯，因此預約時需注意取車地點在哪一個機場與航廈，以免跑錯地方。租車公司的櫃檯多設在每個航廈的入境層（Arrivées），取車地點為機場附設的停車場。

透過戴高樂機場官網預約租車

http www.parisaeroport.fr/passagers/acces/location-voiture

租車公司的機場辦公室 ▲

從巴黎市區返回戴高樂機場

怎麼來就怎麼回去,所有交通方式的停靠站,都跟從機場進入巴黎時同一個地方。

出發時若是上下班交通壅塞時段,還是搭 RER快速鐵的B線最保險,因為其他的交通方式都是走高速公路,有時會遇上交通高峰而塞車,如果要搭巴士最好多預估所需時間。

搭RER快速鐵

Step ① 找到地鐵站、購買車票

無論從哪一個地鐵站出發,都可以連接到前往機場的RER快速鐵B線。在地鐵站裡的人工售票窗口或自動販賣機購買前往戴高樂機場的車票。

▲ 巴黎地鐵入口

Step ② 搭乘前確認方向

只要轉車找到RER B線就不困難了。坐上車時要先看一下停站的燈,要有飛機的標誌、並標示「Aéroport Ch. de Gaulle」的燈要亮著,才表示會到戴高樂機場,而且亮的燈越少表示停靠站越少,當然也就較節省時間。建議多等兩班等到直達車才坐,會省下很多時間喔!

▲ 只標示AEROPORT表示為直達車

▲ 標示很多站名的表示非直達車

Step ③ 出快速鐵車站

下車後依標示往機場的方向走，出RER的票閘口時，仍需要再將票放入閘口才可通行。出站後順著標有CDGVAL機場免費接駁電車的標誌走。

▲ 出地鐵後跟著機場指標前往航站或CDGVAL

Step ④ 換乘免費電車

CDGVAL機場免費接駁電車每2分鐘就有一班，非常快速方便。月台上以及車廂內皆可看到CDGVAL的路線圖，再依航廈下車即可到達各航館。如果是第二航廈CDG2則不需轉搭CDGVAL。

▲ CDGVAL月台

搭華西巴士 (RoissyBus)

搭乘華西機場巴士（RoissyBus）前往戴高樂機場，一樣是在當初的下車地點（終點站巴黎歌劇院）上車。可先搭乘地鐵到乘車處，在Auber、Opéra或Chaussée d'Antin這幾站下都可以。在地鐵裡注意一下RoissyBus的地點位置牌，依照指示方向前往，出了地鐵、到地面層之後，找尋rue Scribe和rue Auber的交接轉角就是了。搭車處就在巴黎歌劇院建築的正後方，直接在候車亭旁的售票機購票，就可搭乘巴士前往戴高樂機場。

🕐 05:54～23:00，每15分鐘一班 / 💲 €12起

計程車

巴黎的計程車並不普遍，最保險的方式是事先請旅館的櫃檯人員幫忙預約叫車。另一種越來越多人用的是分享型出租車，如UBER、BOLT、Allocab、LeCab。透過APP事先規畫並線上付費，可以省去語言不通與現金交易的問題。

正統計程車預約看這裡

- http G7：www.g7.fr
- http Alpha：reservation.alphataxis.fr
- http Proxi：www.taxiproxi.fr

※ 資料時有異動，請以官方公布的最新資料為主

交通篇
Transportation

法國走透透，該用什麼交通工具？

法國占地廣闊，城鄉的交通普及性差距頗大，在大城市，公共運輸系統完善、
且選擇性多，而一般的鄉村小鎮，雖有鐵路到達，卻還是以汽車為代步工具最
為方便。如果旅行計畫包含歐洲其他國家城市，還是以搭飛機最為快速。

火車

前往法國各大城市，搭火車最方便。

火車是慢旅遊時尚中很受歡迎的交通工具，人們隨興所至放慢腳步。還可減少碳排放量，友善地球。法國的鐵路系統以巴黎為中心，呈放射狀延伸到各大城市，總長近3萬公里。

鐵路運輸系統種類

法國鐵路運輸系統為法國國鐵局（SNCF，Soci-eténationale des chemins de fer Français），SNCF除了提供整個法國的鐵路運輸外，也與周邊鄰近國家的快速列車聯盟，整個法國與大歐洲其他國家的鐵路運輸四通八達且快速，從巴黎到中南部的里昂只需2小時，而從巴黎至英國倫敦的行車時間約為2.5小時。

TGV 高速子彈列車

想以超快的速度前往法國的另一個城市？時速高達320公里的TGV高鐵是首選，分為較舒適的TGV INOUI和較便宜的OUIGO兩種列車，連接巴黎、波爾多和里昂等主要法國城市，也可前往西班牙、義大利、比利時、德國（Thalys）、盧森堡、英國（Eurostar）、瑞士（Lyria）。

TGV INOUI是法國國鐵為TGV取的新名稱，提供4種票價：特價票（Prem's）、二等車廂（Sec-onde）、一等車廂（Première）和商務票（Business Première）。票價視出發時間、距離、時段、艙等而定。而OUIGO只提供二等車廂，因此車票價廉，且只在網路上販售。無線網路、座位選擇或電源插座等服務則需於預訂時支付額外費用。

▲法國高鐵TGV有些為上下雙層車廂

TER法國省際列車

TER（法國大區公共運輸）是環遊法國各大區的理想列車，類似台灣的區間車。不同地區的票價不同。

Intercités法國城際列車

主要往來於沒有TGV高速火車連接的大城市，行經超過340個市鎮。雖然不是高鐵列車，停靠站也較多，卻是法國覆蓋範圍最廣的鐵路網。

法國鐵路資訊網站這裡查

SNCF法國國鐵網站

可查詢TGV高速火車與TER鄉鎮列車的班次，亦可線上購票。

http www.sncf-connect.com

OUI GO大城市之間的低價高速火車

http wwww.ouigo.com

TRAIN LINE法國與歐洲火車聯合購票網站

http www.trainline.fr

二手火車票買賣

http www.kelbillet.com、www.trocdestrains.com

從巴黎出發到各地的火車站

巴黎總共有7個國鐵車站，負責運輸前往不同的國家與全國各城鎮的旅客。買票時要特別注意票面上的標示，看清楚是在哪個車站搭車，否則跑錯車站就糟了。

北站 Gare du Nord

世界第三大及巴黎第一大火車站。可前往法國北部以及荷蘭、比利時、德國和英國等鄰國。

➡ 地鐵 M2、M4、M5；RER B、D、E

聖拉扎爾車站 Gare St-Lazare

往法國西北方向行駛，以前往大巴黎城市主要。不以長途運輸為主，但也通往英吉利海峽沿岸和諾曼第。

➡ 地鐵 M3、M9、M12、M13、M14；RER E

蒙帕納斯車站 Gare Montparnasse

通往法國西部和西南部，最遠可達西班牙邊境的亨達 (Hendave)。也有通往布列塔尼和大西洋沿岸的列車。

➡ 地鐵 M4、M6、M12、M13

東站 Gare de l'Est

前往法國東部、德國、瑞士和盧森堡。主線分為藍色與黃色兩區。

➡ 地鐵 M4、M5、M7

里昂車站 Gare de Lyon

通往法國東南部，瑞士的日內瓦、洛桑、巴塞爾和蘇黎世，義大利的都靈和米蘭，以及西班牙的赫羅納和巴賽隆納。

➡ 地鐵 M1、M14；RER A、D

貝西車站 Gare du Bercy

里昂站的附屬站，前往奧弗涅地區、勃艮第和羅納-阿爾卑斯地區，包括克萊蒙費朗和薇姿 (Vichy) 鎮。

➡ 地鐵 M6、M14(出站後步行約 2 分鐘)

奧斯特利茲車站 Gare d'Austerlitz

車站 1997 年被列為歷史古蹟。主要目的地是法國中西部和大巴黎區。客流量較小，但預計將來會納入 TGV 高速火車路線。

➡ 地鐵 M5、M10；RER C

線上預訂火車票步驟 Step by Step

Step 1 輸入目的地關鍵字

輸入目的地，按下搜尋。

http www.sncf-connect.com

A.旅程 / B.輸入目的地 / C.購票之後可查詢車票狀態

Step 2 選擇符合的目的地

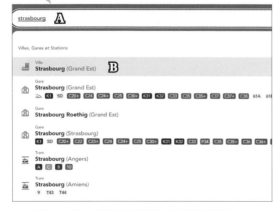

A.目的地 / B.從下表選項中選擇符合目的地的資訊

Step 3 輸入乘車資訊

輸入出發地及日期、乘車及乘客的資訊，填好後，將網頁拉到最下面按「Voir les prix」（顯示票價）進入下一步。

下拉選擇乘客年齡區段

A.出發地 / B.目的地 / C.選擇出發日期 / D.選擇回程日期 / E.選擇直達車 / F.選擇中途停靠站 / G.選擇乘客年齡區段 / H.增加其他項乘客 / I.選擇乘客年齡區段 / J.確認

Step 4 瀏覽票價

在上排點按不同日期，會出現每天不同的車次與票價。

A.各日期的最低票價 / B.車次時刻 / C.「Complet」表示客滿 / D.二等車廂票價 / E.頭等車廂票價

Step 5 選擇班次

　　點選欲搭乘的班次後，會跳出確認畫面，將網頁拉到最下面按「Choisir cet aller à」（確認），進入下一步。

Step 6 選擇座位

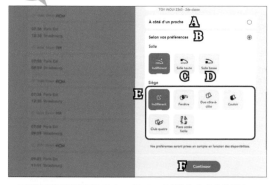

A.可選擇與親朋座位坐在一起 / B.根據您的喜好選擇 / C.上層車廂 / D.下層車廂 / E.選擇靠窗或靠走道座位，也可選擇面對面的座位或家庭包廂 / F.進入下一步

Step 7 確認車票資訊

　　檢視車票資訊，若都沒問題，將網頁拉到最下面按「Continuer」（下一步）。

A.班車日期 / B.出發地與目的地 / C.票價

Step 8 購物車結帳

　　在購物車的地方可檢視所有已加入的票券，確認結帳則按「Valider le panier」（**A**）。若要繼續購票，則按「Ajouter un autre billet」（**B**）。

Step 9 輸入乘客資訊

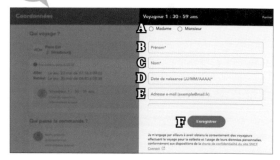

A.性別：女士(Madame)、先生(Monsieur) / B.名 / C.姓 / D.生日(日 / 月 / 年) / E.電子信箱(非必填) / F.確認

Step 10 訂購人資訊

A.本人 / B.其他人 / C.電子信箱 / D.手機號碼 / E.確認

Step 11 輸入付款資訊

A.信用卡號碼 / **B.**信用卡到期日 / **C.**銀行卡安全碼 / **D.**勾選同意付款 / **E.**確認付款

Step 12 列印或儲存車票

付款完成後，官網會寄確認購票的郵件到你提供的電子信箱，信裡附有下載電子車票的網址，可下載儲存到手機或列印出來。法國將逐漸淘汰紙本車票，搭車時只需出示手機的電子車票或列印的車票，上車前不再需要找機器刷票。

巴黎至各城鎮所需時間 搭乘高速TGV或火車

城市	所需時間
蘭斯 (Reims)	45分鐘
圖爾 (Tours)	1小時10分鐘
里爾 (Lille)	1小時17分鐘
里昂 (Lyon)	1小時57分鐘
南特 (Nantes)	2小時10分鐘
第戎 (Dijon)	2小時30分鐘
史特拉斯堡 (Strasbourg)	2小時19分鐘
亞維儂 (Avignon)	2小時40分鐘
馬賽 (Marseille)	3小時10分鐘
聖馬洛 (Saint Malo)	3小時5分鐘
蒙貝利 (Montpellier)	3小時24分鐘
波爾多 (Bordeaux)	3小時40分鐘
坎城 (Cannes)	5小時6分鐘
尼斯 (Nice)	5小時39分鐘
土魯斯 (Toulouse)	5小時22分鐘
霞慕尼 (Chamonix)	5小時30分鐘

使用自動售票機購票

各個火車站都有自動售票機，方便又快速，並提供多國語言介面，也提供在網路上訂票後取票的服務，但只有標示「長途線」（Grandes Lignes）的機器，才有販售到其他省分城的火車票。其餘則是販售當地周邊城鎮的車票。售票機的介面稍微複雜一點，如果擔心操作介面複雜會選錯，直接到售票窗口去排隊買票比較保險。

售票機解析

提供買票(achat)、取票(retrait)和換票(échange)服務的自動售票機。

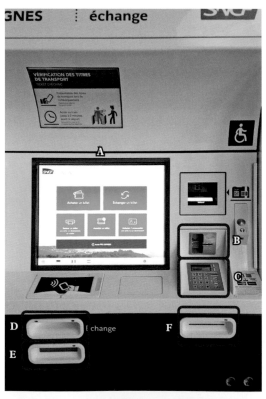

A.觸控螢幕 / **B.**信用卡插入口 / **C.**信用卡密碼輸入按鍵 / **D.**換票插入口 / **E.**出票口 / **F.**信用卡收據出口

交通篇

售票機購票注意事項

　　跟著步驟以螢幕觸控選單的方式操作，選錯也可回上一個步驟，不然直接按取消也可以重來。付費前記得仔細確認時間和班次。如果選擇馬上出發，機器當然就只會出售在當站出發的車次；如果選擇其他時間出發，就可以買由其他車站出發的車票。也提供取票和換票的功能。**請注意** 此售票機不適用使用火車通行證或聯票(Euro Pass)的乘客。

Step **選擇目的**

A.買票 / B.換票 / C.領取預訂票 / D.取消預訂票 / E.購買或更新優惠卡

Step **選擇出發時刻**

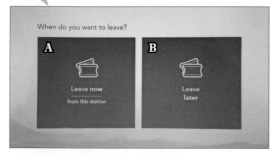

A.現在出發(從這個火車站) / B.擇期出發

Step ③ **選擇優惠卡種類**

　　選擇優惠卡種類，若無，按右邊的「Continuer」繼續下一步驟。

Step ④ **輸入出發地**

　　左邊顯示為所在地的車站，右邊「OTHER」可選其他火車站。

Step ⑤ **選擇目的地**

　　螢幕上會出現幾個常見選項，若沒有看到想去的地點，則按「OTHER」其他。

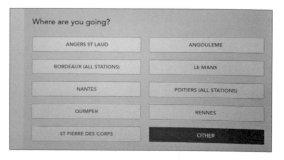

Step 6 選擇出發日期

Your search
From: PARIS MONTPARN. MODIFY
To: NANTES

When do you want to leave?

< AUGUST >

MON	TUE	WED	THU	FRI	SAT	SUN
30	31	1	2	3	4	5
6	7	8	9	10	11	12
13	14	15	16	17	18	19
20	21	22	23	24	25	26
27	28	29	30	31	1	2

Step 7 選擇出發時間

When do you want to leave?

< SEPTEMBER >

MON	TUE	WED	THU	FRI	SAT	SUN		
27	28	29	30	31	1	2	Before 6am	6am - 8am
3	4	5	6	7	8	9	8am - 10am	10am - 12pm
10	11	12	13	14	15	16	12pm - 2pm	2pm - 4pm
17	18	19	20	21	22	23	4pm - 6pm	6pm - 8pm
24	25	26	27	28	29	30	8pm - 10pm	After 10pm

Step 8 選擇票種、選擇艙等

Quel trajet souhaitez-vous ?

ALLER SIMPLE	ALLER RETOUR
單程票	**來回票**

Which comfort level do you want?

1ST CLASS	2ND CLASS
頭等車廂	**二等車廂**

Step 9 選擇搭乘人數

How many passengers?

| 1 | 2 | 3 | 4 | 5 | 6 | Passengers with pet / bike |

Step 10 選擇乘客年齡

How old are you?

A	0-3 years old
B	4-11 years old
C	12-25 years old
D	26-59 years old
E	60 and over

A.0～3歲 / B.4～11歲 / C.12～25歲 / D.26～59歲 / E.60歲以上

Step 11 選擇優惠卡種類

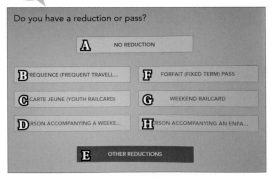

Do you have a reduction or pass?

| A | NO REDUCTION |

B FRÉQUENCE (FREQUENT TRAVELL...	F FORFAIT (FIXED TERM) PASS
C CARTE JEUNE (YOUTH RAILCARD)	G WEEKEND RAILCARD
D ...RSON ACCOMPANYING A WEEKE...	H ...RSON ACCOMPANYING AN ENFA...

| E OTHER REDUCTIONS |

A.無優惠券 / B.長期會員 / C.青年卡 / D.同行者有週末優惠卡 / E.其他優惠 / F.短期會員 / G.週末優惠卡 / H.同行者有兒童優惠卡

交通篇

Step 12 選擇去程時間與票價

Step 13 顯示去程詳細資訊

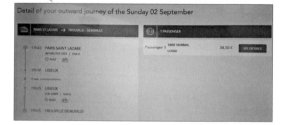

Step 14 選擇座位

Step 15 顯示車票資訊

Step 16 選擇票價種類

若Step 8選擇購買來回票，這裡就需要選擇回程的票價與種類。

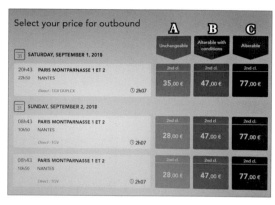

A.Unchangeable 不可更改日期 / B.Aterable with conditions 可有條件更改日期 / C.Aterable 無條件更改日期

Step 17 輸入乘客資訊

乘客姓名可以不用填寫。

Step 18 插入信用卡，付款

車站售票櫃檯購票

法國每個車站的規模不一樣，櫃檯分區不同，如何找到對的窗口買到票也相形重要。先將要前往目的地、出發日期、時間及人數寫在紙上，較不會出現溝通不良的狀況。一般櫃檯會分成：出售當日票（Vente Départ Immédiat）、預售票（Vente Grandes Lignes）；較大的車站又會分往國外（Vente Internationale）的售票口。比較萬無一失的方式是，購票前先到諮詢中心（Information 或 Accueil）詢問該去哪個窗口買票，才不會浪費時間在排錯隊上。

貼心 小提醒

搭火車注意事項

- **出發前多注意法國交通業罷工新聞：** 罷工時有發生，若剛好遇上，改以租車方式旅行是另一選擇。
- **行李記得掛名牌：** 搭火車時如有行李，記得要掛上自己的姓名名牌，以免安全人員誤認是危險行李。
- **提前抵達車站：** 法國的高速鐵路發車一向準時，務必提前到達車站。
- **郊區車站的交通：** 在中型城市中，有時高速列車和普通列車的火車站會不同，如果是在城市郊區的車站，大多有提供免費的接駁車行至市中心。

購票小紙條

如果語言不通要買票，只要利用下面的範本，填上想搭的班次資料，就可輕鬆買到想買的票，記得紅色圈起來的部分一定要先選擇，這些問題是售票人員一定會問的。

Je voudrais___3___ Aller simple / Aller-retour   我要買 3 張單程票 / 來回票
___2___Adulte___1___enfant   2 成人 1 兒童

Pour____Avignon_____   到亞維儂

(Directe)/ 直達車   (Réservation)/ 訂位席   Côté de la fenêtre / 靠窗
1er classe / 頭等艙   Sans Réservation / 自由席   Côté du couloir / 靠走道
(2er classe)/ 普通艙

Aller / 去程時間
1er choix：31 / 10 / 2024 entre 10 h et 13 h   第一選擇：31 / 10 / 2024介於10:00～13:00之間
2er choix：31 / 10 / 2024 entre 15 h et 20 h   第二選擇：31 / 10 / 2024介於15:00～20:00之間
3er choix：01 / 11 / 2024 entre 12 h et 15 h   第三選擇：01 / 11 / 2024介於12:00～15:00之間

Retour / 回程時間
1er choix：05 / 11 / 2024 entre 15 h et 20 h   第一選擇：05 / 11 / 2024介於15:00～20:00之間
2er choix：06 / 11 / 2024 entre 15 h et 20 h   第二選擇：06 / 11 / 2024介於15:00～20:00之間
3er choix：06 / 11 / 2024 entre 18 h et 22 h   第三選擇：06 / 11 / 2024介於18:00～22:00之間

SNCF的營業處購票

在巴黎，除了車站之外也可以在SNCF的營業店買票，只要有看到「Boutique SNCF」的標誌就是營業處。在法國的SNCF營業處買票有許多好處，櫃檯人員會建議哪個時段比較便宜或是優惠，或可同時詢問好幾個時段比價。也因此，常常有很多人在營業處等候，記得進去時要先抽取號碼牌。

▲ 法國鄉下的火車站

▲ 鄉鎮火車站的購票櫃檯

行家祕技 法國最美火車路線

白朗峰特快車 (Le Mont Blanc Express)

連接法國和瑞士，從聖日爾維萊班(Saint-Gervais-les-Bains)到霞慕尼，車程45分鐘。橫跨整個白朗峰山谷。是徒步旅行者和登山愛好者耳熟能詳的路線。夏季高峰期每天乘客數量高達萬人。途經攀登歐洲最高峰的主要起點Nid d'Aigle(法文意思為鷹巢)。

馬賽火車 (Le Train des Merveille)

從尼斯到唐德(Tende)，車程約2小時，穿越帕永山谷(Paillon)和羅亞-貝維拉山谷(Roya-Bévéra)，沿途景色壯麗，俯瞰峽谷高架橋、穿越山中隧道等，被公認為歐洲最美鐵道路線之一。

藍色海岸火車 (Le Train de la Côte bleue)

從馬賽到米拉馬斯(Miramas)，車程約1小時，沿著藍色海岸與埃斯塔克(l'Estaque)的石灰岩山丘，行駛在蔚藍如水晶般的海水和蓊鬱松樹林之間。由23條隧道、18座高架橋和2座橋梁組成，沿途可欣賞壯麗海景。

看懂火車票上的資訊

A.乘客資訊
B.訂位資訊
C.班車資訊
D.車廂(Voiture)與座位(Place)
E.查票掃描QR code

搭乘火車步驟

Step 1 找到出發的火車站

拿到車票時先看票面上是從哪個車站出發，並查閱確認車站的位置。

Step 2 確認出發時間與班次

到車站後，找發車的看板（Départ），如果是轉換車班，則可先看看要等的車次是否已經到站（Arrivée）。看板上面會詳細標示班次號碼、目的地、車種、發車時間與月台（Voie）等資訊。

A.班次狀況(是否延誤) / B.發車時刻 / C.目的地 / D.發車月台

Step 3 找到月台

巴黎的車站月台數量多達數十個，尋找月台需要些時間。月台的法文為Voie，且會出現以數字和字母組合的月台名，找到出發的月台後，在月台前仔細查看此月台即將出發與停靠點的資訊看版。

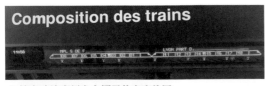

▲ 等車時注意月台上標示的車廂位置

Step 4 確認車廂與座位

每個車廂外都有標示此車廂的艙等、將到達的終點地名與車廂號碼，上車後找到座位、放妥行李後，就等著出發囉！

A.車廂艙等 / B.車廂號碼 / C.終點站

Step 5 車長查票

法國現在已採用電子車票，不再需要上車前打票。列車長查票時，出示電子車票即可。若是使用優惠票則需將優惠票證與身分證件一併出示。如果搭乘夜班睡鋪火車到其他鄰近國家，在午夜或進入目的國的國境前，查票員會將旅客的護照收起來保管檢查，避免護照失竊或有偷渡客。等隔天睡醒時再一一歸還。

交通篇

跨國火車

歐洲城市的火車站大多在市中心，搭火車前往最方便。

如果想從巴黎出發到其他省分或鄰近歐洲國家去玩，搭火車是較舒適的方式，因為大部分的火車站都在市中心，也免去搭飛機登機與行李檢查的時間，價格上也比飛機便宜許多。想省旅費，不妨選擇有睡鋪的夜行車，半夜出發隔天早上到，還可將旅館費省下來！

巴黎至歐洲其他城市所需時間

城市	火車	飛機
英國／倫敦 (Londres)	2小時21分鐘	1小時20分鐘
荷蘭／阿姆斯特丹 (Amsterdam)	3小時18分鐘	1小時15分鐘
比利時／布魯塞爾 (Bruxelles)	1小時22分鐘	1小時
盧森堡 (Luxembourg)	2小時9分鐘	1小時
奧地利／維也納 (Vienne)	12小時	2小時5分鐘
德國／柏林 (Berlin)	8小時30分鐘	1小時45分鐘
義大利／羅馬 (Rome)	15小時18分鐘	2小時
義大利／米蘭 (Milan)	7～9小時	1小時30分鐘
義大利／威尼斯 (Venise)	12小時46分鐘	1小時40分鐘
西班牙／馬德里 (Madrid)	10小時48分鐘	2小時15分鐘
西班牙／巴塞隆納 (Barcelone)	6小時25分鐘	1小時40分鐘

＊製表／陳翠霏

▲ 新的TGV座椅可是鼎鼎有名的服裝設計師Christian Lacroix設計的

跨國火車這裡查

Railteam歐洲聯合鐵路網

使用互動地圖，點選出發與欲前往的城市就會顯示火車時刻表，方便做多國旅行的路線參考。
http www.railteam.eu/en

Eurostar歐洲之星

主要來往巴黎、倫敦與布魯塞爾3個城市之間。從巴黎出發至英國倫敦的車程約2小時40分。
http www.eurostar.com

Thalys西北列車

暗紅色的車體為特徵，提供法國、比利時、荷蘭、德國南部幾個大城市之間的運輸。
http reurl.cc/nNpMAI

Lyria

往返巴黎與瑞士之間的TGV高鐵。
http www.tgv-lyria.com/fr/en

使用歐鐵通行證

如果計畫在法國搭火車旅行，或是在歐洲跨國旅行，可考慮買法國國鐵或歐洲多國的歐鐵通行證(European Rail Pass)，除了價格實惠外，使用也很方便。在使用期限之內，可以在指定的國家不限次數搭乘火車。歐鐵通行證僅適用於非歐洲居民，所以請事先在台灣購買，到歐洲之後再開通使用。也有提供電子通行證(Eurail Mobile Pass)。

http www.eurail.com/zh/eurail-passes

票種與選擇

通行證有分一等和二等車廂。價格因旅行天數(15天～3個月不等)及旅客年齡而異。11歲以下的小孩免費；12～27歲、60歲以上，以及有子女的家庭可享受特別優惠。某些國家提供歐鐵通行證持有者一些額外優惠，如大眾交通工具、酒店、餐館，以及博物館等。

■ **全境歐鐵通行證(Eurail Global Pass)：**可在33個歐洲國家使用。可連續或彈性使用。連續：在通行證有效期內每天搭火車。彈性：在通行證有效期內選擇搭火車的天數。選項包括一個月內選4、5或7天，兩個月內選10、15或22天，不限次數搭乘。

■ **單國歐鐵通行證(Eurail One Country Pass)：**只能選定一個國家使用。任一個月內乘坐火車旅行3～8天，期間可無限次乘坐火車。各國票價不同，法國一個月內任選1天是€70，8天€235。

購買與使用

■ **購買：**可至官網購買，或是向代售的台灣旅行社購買，如Klook、KKday、飛達旅遊、易遊網、易飛網。線上訂購完成後將收到一封確認電子郵件，視為購買收據／憑證。通行證將以掛號寄至你訂購時輸入的收貨地址。

■ **開通：**須在簽發日起11個月內開通使用。若下載APP，購買完成後可以立即在網站上開通。

■ **使用：**使用過程務必隨手記錄行程的每個階段。最好在通行證封面寫上個人資訊、車票資訊，以及行程詳情，包含旅行日期、出發時間、出發地點、到達地點和交通工具類型。紙本的歐鐵通行證在搭車前必須先到車站服務櫃檯蓋章，且務必隨身攜帶，檢票人員可能會要求查看。

■ **請注意** 票價不含訂位費，但有些列車屬於強制訂位才能搭乘，例如歐洲之星列車或臥鋪夜車，須另外付訂位費。上車後勿自行換座位，因為有些車廂到某一站會與其他車廂分離，勿搭錯車廂而到不了目的地。

▲ 開車前20分鐘才會公告發車月台，旅客須耐心等候

貼心 小提醒

留意火車通行證使用方案

購買火車通行證前請注意各車種規定，歐陸國家之間的鐵路運輸依國家而車種不同。前往英國的歐洲之星Eurostar或前往比利時、荷蘭的Thalys，是各自獨立營運的公司，不一定適用法國國鐵的優惠方案。前往義大利、西班牙或德國，則是兩國的國鐵聯盟。想一次查清楚多國火車班次，可至歐洲火車聯盟(Railteam)入口網站查詢，會更清楚。

http www.railteam.eu/en

境內其他交通工具

飛機、長程巴士、計程車、公車。

飛機

　　法國為了減少污染，於2023年5月通過新法令：若乘坐火車的時間不超過2小時30分鐘，該路段的飛航路線就必須取消。雖然目前相關航線並未全部取消，但是在規畫旅程時不妨多留意。法國有許多航空公司提供法國境內的航班，其中歷史最悠久的是法國航空公司，另外還有許多廉航。可利用比價網站搜尋各家機票，如Skyscanner、Expedia、KAYAK等。

法國境內航空公司這裡查

法國航空 AIR FRANCE
http wwws.airfrance.fr/en

雙子航空 TWIN JET
http www.twinjet.fr

維羅提航空 VOLOTEA
http www.volotea.com/fr

易捷航空 EASYJET
http www.easyjet.com

瑞安航空 RYANAIR
http www.ryanair.com/cn/zh

科西嘉航空 AIR CORSICA
http www.aircorsica.com

法國泛航航空 TRANSAVIA
http www.transavia.com/fr-FR/accueil

沙萊爾航空 CHALAIR
http www.chalair.fr

廉價航空

　　在歐洲旅行，搭廉航也不失為一個好選擇。只是飛機的安檢比火車嚴格，且廉航的機場通常位於郊區，若是行程在500公里以內，則搭火車花費的時間與搭飛機差不多，反而更方便；行程500～1,000公里，搭火車或飛機都適合，可選較便宜的方案即可；行程超過1,000公里，則搭飛機比較省時快速，也往往能找到便宜機票。

長程巴士

　　從巴黎出發到外省或其他國家，長程巴士是最省錢的方法。搭乘夜車班次在車上過夜還可省旅館費。且車上提供Wi-Fi上網。可先至網站查詢最新班次、價位與路線，也時常出現優惠促銷價。
http **Flix Bus**：www.flixbus.fr/bus/france
http **Blabla Bus**：www.blablacar.fr/bus

公車

　　法國除了大城市外，公車並不普遍，許多城市的公車還有淡旺季，甚至改換班次，搭乘前一定

要查詢清楚班次及時間，購買時也要問清楚來回的班次是否正常發車，因為有許多公車是一天一班，無法當天來回，要考慮住宿問題。

行家祕技　搭哪種交通工具更划算？

只要輸入出發地、目的地，以及搭乘日期，就能一次比較出飛機、火車、長程巴士3種不同交通工具的價格。

http **GoEuro**：www.goeuro.com
http **Kelbillet**：www.kelbillet.com

計程車

法國的計程車不只貴還很難叫到，除非是在計程車招呼站。且每個城鎮和省鎮計費都不同，但起跳€2～3，每公里不同時段約€1～2.8。若擔心超過預算，可先詢問司機到目的地大約的價錢。

有火車站的地方一定有計程車搭乘站，但不一定有計程車在搭乘站候客，尤其較偏僻的小鎮，都是以電話叫車的方式叫車；若不知道叫車號碼，可詢問車站內的遊客中心或售票窗口。

開車自駕

前往小鎮旅行，開車自由度最高。

法國的鐵路網雖密集，但還是有許多迷人小鎮沒有火車可到達，開車會是自由度最高的旅行方式。在法國開車的條件很簡單，只要在國內先將駕照換成國際駕照，就可在法國開車。但法國地大所以車程較遠，以巴黎到南法為例，就要7～8小時，所以安排行程時盡量找兩位以上可以輪流開車的人同行，比較不會那麼辛苦。

如何租車

要如何租車(Location de voitures)呢？可事先在台灣旅遊網站(Klook、KKday)預訂，到法國後直接取車。或是在法國當地直接接洽租車。

租車網站看這裡

巴黎戴高樂機場官網提供預約租車
http www.parisaeroport.fr/passagers/acces/location-voiture

租車比價網
http Bsp auto：www.bsp-auto.com
http Rent a car：www.rentalcars.com/zh

艾維士 AVIS
http www.avis.fr

歐洛普卡 EUROPCAR
http www.europcar.fr

百捷 BUDGET
http www.budget.fr

席克斯特 SIXT
http www.sixt.fr

赫茲 HERTZ
http www.hertz.fr

阿拉莫 ALAMO
http www.alamo.fr

阿達 ADA
http www.ada.fr

租車價格須知

　　租車公司常以配套與優惠的方式吸引顧客，如週末比平日便宜、租14天比10天便宜等等，可先參考各家租車的網站後再決定。而租車的價格除了時間與車種不同的條件外，還有以下幾種因素會影響租車價格，例如：自排車（Automatique）會比手排車（Manuel）貴、甲地租車乙地還車會加約€70～100左右的費用，柴油車比高級汽油的車貴（但柴油加油較便宜）、保險費、第二駕駛費用（約€30左右）。

　　除此外，租車公司也會限制每天所開的里程，一般一天的公里數約250公里，超過會以每一公里約€0.8的計費方式計算，所以在租車前把計畫中的路線與里數規畫好是很重要的，這樣才能計算出以何種方式租車較划算。在租車時油是加滿的，在還車時也需加滿油，不然會被扣費。

```
查詢路線網站看這裡

法國國道              米其林
http www.autoroutes.fr   http www.viamichelin.com

MAPPY               Vinci
http www.mappy.fr       http www.vinci-autoroutes.
                         com/fr
```

法國道路概況

　　法國道路系統，主要有高速公路（Autoroute），國道（Route Nationale），省道（Route départementale）與一般道路。

高速公路(Autoroute)

　　限速為晴天130km/h、陰雨天110km/h。高速公路在地圖以紅字A表示，後面的數字是道路編號，有時後面會出現字母E，表示這是歐盟國道路編號。

　　法國高速公路的收費和台灣完全不同，並非每隔一段距離就必須繳費，大多是上高速公路時先拿票，下交流道要離開高速公路前再驗票繳費，費用依行駛距離與車種而定。若不想付昂貴的過路費，又不趕時間的話，可以使用導航避開收費路段，車程時間會長一點，但同時也能悠閒欣賞沿途景致。

▲ 法國道路標示牌

國道(Route Nationale)

　　限速約100km/h。在接近市區或鄉鎮時會降至80km/h甚至50km/h，需要特別注意。國道在地圖上以紅字的N表示。

　　國道是許多大型卡車的路線，遇到大型卡車一直跟在後面，建議先路邊讓行。在接近大型城市大多有大型加油站與商場，價格會比高速公路上的加油站便宜，如果怕進入市區容易迷路，最好走環城道路避開進入市區。

省道(Route départementale)

　　法國省道的編號以字母D開頭，在地圖上以黃色標示，限速約90km/h，進入市區鄉鎮也會有不同的時速限制，省道上常會遇上速度極慢的農務車，需等到白色虛線道路才可以超車。

▲ 藍底告示為高速公路。綠底告示表示前往國道或一般道路

路上
觀察 **高速公路收費站與休息站**

　接近收費站時會標示收費路間，分3種：儲值電子卡、信用卡(收費站的標示為CB，台灣常見的VISA與MASTER卡都普遍接受)及現金(有人像標示的車道)。

　高速公路上的休息站分2種，一種是較大型，包含餐廳、商店和加油站，另一種則是公園式的休息站，兩者皆有公廁可使用。

▲ 高速公路收費站

法國交通規則

■**右來車優先：**在法國城鎮得的十字路口，如果沒有任何標誌，則右側道路駛來的車輛擁有優先權。

▲ 此道路有優先行駛權

▲ 路口若有紅色的倒三角形號誌，加上「CEDEZ LE PASSAGE」字眼，表示讓左右來車先行

■**圓環的規則：**法國的圓環數目為世界之冠，高達6萬多個。圓環各出口會標示前往城鎮的名稱。已經進入圓環的車子有優先權，後要進入圓環的車子需停下等候。進入圓環後若是在下一個出口出圓環，必須打右側方向燈；否則就必須打左側方向燈。

■**紅綠燈號誌：**大多在右方的人行道上，而非道路前上方。

■**嚴禁由右車道超車：**如果國道是二線或三線道，盡量留在最外線，內線道是保留給超車時用的，嚴禁由右車道超車。

■**喇叭：**僅能在白天的特定時間向其他道路使用者發出必要警告。在法國，日落至日出期間，必須使用閃爍的近光燈警告來往車輛。除非緊急情況，法律嚴禁在所有建築密集區按喇叭。

■**全車皆須繫安全帶：**駕車時無論前後座都須繫上安全帶。

自駕注意事項

■除了仰賴路標和地圖，使用導航系統最方便。

■法國人多在夏天度假，因此避免在夏天的週末上高速公路，很有可能塞車。

■在省道和鄉村小路上要當心騎自行車的人，不可隨意超車。

■在鄉村小路上，當地人的車速可能會有點快，但不要因而心生壓力。

■法國高速公路的休息站沒有台灣休息站這麼多而方便，飲食價格也不便宜。建議隨車攜帶食物與水，可在休息處(Aire)野餐。

■萬一發生車禍，先聯繫租車公司。或撥打緊急電話112。

■除了大城市，一般鄉鎮停車通常免費。但是要注意藍線區域只允許停留15或30分鐘。

■停車時車內務必淨空。任何行李或物品都盡量放到後車廂，也不要留下任何零錢，法國時有打破車窗偷取車內用品的事故發生。

加油站 (Stations-service)

法國加油站大多坐落於公路休息區或大型超市，少數分布於城市中心。加油站分屬於幾個不同的企業集團，因此油價也各異，可多比較。高速公路上的加油站價格比省道或國道的加油站貴。加油站採自助式，沒有專人服務加油。駕駛人必須先停車熄火，走到加油機前面根據面板指示操作。加油機通常只接受刷卡。

▲ 自動加油機。綠色油槍為95無鉛汽油，橘色為超級柴油，黃色為一般柴油

▲ 黃色油槍上的「GO」是gasoil柴油的縮寫，有些加油機的柴油用油槍則是寫diesel

▲ 法國都是自助加油。有些加油站是加完油後再到旁邊的小商店櫃檯付帳

▲ 巴黎市內少數加油站之一

路上觀察 停車前看清楚標示，以免被拖吊

在小巴黎，白天幾乎已經沒有免費的路邊停車，要停車就必須繳停車費。但是晚上20:00～隔天09:00則不收費，星期天也可以免費停車。大巴黎城鎮避開市中心的話，停車通常不需繳費。也可以下載手機APP繳停車費，如PayByPhone、FlowerBird、Easy Park、Indigo Neo。

巴黎的停車費分為市民(résident)與訪客(visiteur)兩種。訪客1小時€4～6(視區域而定)，4小時€26～39，6小時€50～75。

巴黎市的停車繳費機▶

送貨車專屬臨停區(Livraison)

黃色區域是送貨車專屬臨停區，黃色實線表示24小時都不可以停車，虛線則是晚上20:00～隔天07:00、星期日及假日可停車。

TRAITS POINTILLÉS
vous pouvez stationner :
• La nuit entre 20h et 7h
• Le dimanche
• Les jours fériés
OUI

DOUBLE BANDE JAUNE
places réservées
exclusivement
aux livraisons
24h/24 et 7j/7
NON

自助加油機解析

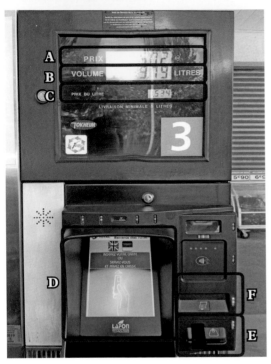

A.prix總價格 / B.litres總公升數 / C.prix du litre每公升價格 / D.顯示螢幕 / E.信用卡插入口 / F.收據出口

行家祕技 感應車牌的國道收費站

為了讓高速公路交通更加順暢、安全和快捷，法國自2019年開始試設無障礙收費站 (Les péages sans barrières)，也就是在某些路段上架設攝影感應器，紀錄每一輛通過車輛的車牌，駕駛人不需停車取票或付費，可在休息區的自助服務機繳費，或上網支付 (paiement.aliae.com/fr)，限時72小時內繳費完成，否則十幾歐元的通行費可能增加到€90甚至€375。

TURO共享租車

為因應減碳政策，法國政府鼓勵汽車共享制度，私家自用車出租服務應運而生，如Getaround或TURO。價格較專業租車業者便宜，可依照車輛之新舊程度與舒適度選擇租車價格。付費方式為線上刷卡，亦可加買保險。

http turo.com/fr

Step 1 從官網搜尋

A.取車地點 / B.取車日期 / C.還車日期 / D.確認搜尋

Step 2 預約付款

點選適合的車款後再付款預約。

A.選擇排序方式 / B.車款資料 / C.地圖顯示車子地點 / D.選擇車款等其他條件

BlaBlaCar共乘汽車

法國政府為了履行COP21巴黎環保公約，非常鼓勵汽車共乘制度。這也是近幾年非常流行的省錢旅遊方式，尤其遇到交通罷工時，共乘汽車更能發揮互助作用。只是有時車主會提前取消行程，必須多留意確認訊息。

http www.blablacar.com

 Step 1 從官網搜尋

A.出發地 / B.目的地 / C.出發日期 / D.乘客人數 / E.確認搜尋

 Step 2 預約付款

選定之後按確認進行付款預約即可。

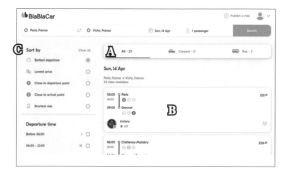

A.搜尋結果 / B.駕駛人資訊 / C.可選擇按照時間或價格排列搜尋結果

路上觀察 法國路邊街道裝置

刮鞋器 Décrottoir

大概出現在18世紀末，歐洲的一些大城市開始拓寬人行道，但是當時的馬路汙泥甚多，鞋底常常會卡一堆汙泥或馬糞，所以在大門旁邊會設置這樣的鐵條讓人們刮刮鞋底再入屋。

防撞桿 Chasse-roue

有貴氣的金屬雕花，也有直率的長條石頭，或是圓圓蘑菇頭造型。古時候歐洲人放在大門兩側或馬路轉角，防止馬車轉彎時刮撞到大門或牆壁。行人也能躲在旁邊閃避馬車。

巴黎交通篇
Paris Transportation

巴黎其實不大，連自行車都可輕鬆暢遊

主要景點都在巴黎市中心(1～2圈，俗稱小巴黎)內，共劃分為20區，範圍其實不大，真正廣大的是兩圈以外的地區，稱為大巴黎或巴黎郊區。本篇詳細介紹巴黎境內交通工具、交通票券分析，還有各種省錢省時又有趣的交通方式。

巴黎大衆運輸系統

弄清楚運輸系統及幾項要點，就可以逍遙自在地到處趴趴走！

大巴黎共有14條以數字為名的地鐵(Métro)、5條以英文字母為名快速鐵(RER)、11條以T開頭加上數字為名的輕軌電車，還有一百多條以2位數字或3位數字命名的公車路線(Bus)，交通網可謂非常密集，也相當便利。但是要弄清楚巴黎大眾運輸系統的眉角，實在不是一件簡單的事。如果搭地鐵移動，可能會錯過許多美麗的風景；想去郊區的凡爾賽宮或迪士尼樂園玩，沒買對票可能就會被卡在票匣口出不去！日票、週票、觀光票又要怎麼選擇呢？

大巴黎交通實用網站看這裡

RATP交通路線圖下載

在「Plan du réseau en Île-de-France」下方有3個標籤，可點選分別查看不同的路線圖：快速鐵與地鐵圖(Train et Métro)、公車(Bus)、夜間公車(Noctilien)。

http www.bonjour-ratp.fr/plans

RATP路線指引

輸入目的地址後會出現幾條不同的路線建議，可按圖索驥，不怕迷路。(提供簡體中文頁面)

http www.bonjour-ratp.fr/itineraires

RATP地鐵即時路況

可隨時查詢因事故停駛之路線。

http www.bonjour-ratp.fr/info-trafic

Transilien大巴黎區(法蘭西島)火車班次查詢

http www.transilien.com

VELIB巴黎自行車租借

http www.velib-metropole.fr

巴黎運輸概況

以大巴黎法蘭西島地區(L'Île-de-France)來說，大眾運輸系統由多個營運單位組成，最主要的還是以巴黎大眾運輸公司(RATP，Regie autonome des transports parisiens)負責主要的巴黎大眾運輸，如巴黎市區內的14條地鐵與可到大巴黎地區的郊區快速鐵(RER)、電聯車(Tramway)、巴黎市內的公車(Bus)。此外，也包含了塞納河上的遊艇與腳踏車，以及通往巴黎機場的機場巴士。

另外，銜接巴黎與郊區的巴士以及外省與外省之間的長程路線則是由法蘭西島運輸專業組織(OPTILE，Organisation professionnelle des transports d'île de France)和隸屬SNCF的Transilien運輸公司負責。而頗受歡迎的巴黎自行車Vélib雖是大眾運輸的一種，卻是由巴黎市政府獨立管轄，在交通運輸業常發生罷工的法國，罷工期間，自行車會成為地鐵或公車的替代品。

大巴黎的圈數怎麼看

巴黎的大眾交通運輸系統以巴黎市為中心，向外輻射形成7圈同心圓的票價分區。1～2圈是巴黎市中心，人稱小巴黎，凱旋門、巴黎鐵塔、聖母院等主要景點都在此範圍內。3～5圈是大巴黎，有戴高樂機場、奧利機場、凡爾賽宮、迪士尼樂園。楓丹白露宮則位於6圈。

▲ 巴黎地鐵

巴黎地鐵圈數範圍圖　圖片提供：Vianavigo.com 授權

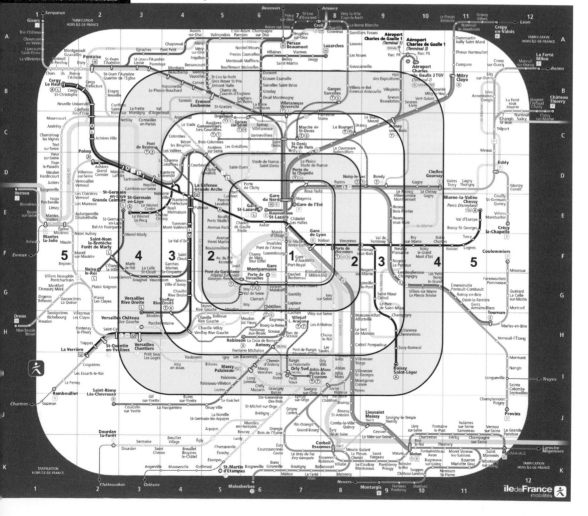

購買10張套票或交通票，搭乘地鐵最划算。

巴黎地鐵熱門路線

1號線

是巴黎載客量最大的路線，因為從西到東穿越了整個巴黎，也是經過最多著名景點的路線之一。從西邊的新凱旋門到凱旋門，再經過香榭麗舍、羅浮宮、市中心、市政府、巴士底、直到凡仙城堡與森林。這是觀光客最密集的路線，也是扒手很多的路線，搭乘這條線時要特別注意。

4號線

與其他路線都有交會，從北貫穿到南，連結巴黎北站、巴黎東站與蒙帕納斯車站。是第一條經過塞納河河床底下的地鐵，1908年時使用特殊技術將塞納河水結凍才順利施工完成。聖徒安（Saint Ouen）跳蚤市場、聖母院、地下墓穴都在4號線周邊。

6號線

是巴黎少數高架的地鐵線，也是搭地鐵觀賞巴黎的最佳路線。從巴黎右岸跨越塞納河，行經貝西公園、義大利廣場到中國城，再橫越14區蒙帕納斯大樓與車站，再度跨越塞納河至夏佑宮，是欣賞艾菲爾鐵塔的最佳路線，然後直達凱旋門。

7號線

粉紅色的7號線，從北到南貫穿巴黎，從最北邊的科學園區到巴黎北站、歌劇院、皇家公園、羅浮宮、新橋，穿越西堤島至巴黎拉丁區、義大利廣場再到中國城。

14號線

巴黎最新、最快速的線，是巴黎第一條全自動無人駕駛的地鐵線。因為是新線，也在很深的地底下，搭乘時必須要下至好幾層才可以到達。經過馬德蓮教堂、歌劇院、市中心還有里昂車站，最後經過密特朗圖書館與中國城。

RER快速鐵A號線

橫軸貫穿巴黎的A號線，路線有一半是行駛在有名的「歷史的黃金軸線」上，從郊區的聖傑爾曼歐雷鎮到新凱旋門，穿越塞納河至凱旋門，再行經歌劇院、市中心、里昂車站、凡仙城堡，最後至有名的購物村與迪士尼樂園。

RER快速鐵B號線

串聯一南一北的國際機場。從戴高樂國際機場往南，行經法國最大的國際展覽場、法國國家體育場與巴黎北站、聖米歇爾廣場、盧森堡公園、大學城，再至南邊的奧利國際機場。

▲ 巴黎地鐵站入口，為新藝術風格

▲ 百年的新藝術風格地鐵出入口

▲ 巴黎著名的地鐵站Palais Royal出入口「夜遊神之亭」

實用旅遊APP推薦

Bonjour Ratp
查詢地圖、交通狀況、地鐵時刻表，也可購買地鐵車票，或透過互動地圖定位並租借LIME、Vélib'、Tier、Dott等共享單車。

Velib' Métropole
巴黎共享單車租借服務，可定位並搜尋單車站點與路線。

Marcel
法國代駕預訂平台，在法國65個城市提供叫車服務。

大巴黎交通票券介紹

　　巴黎地鐵預計2024年全面汰換紙質車票，新制除了推出Navigo Easy卡取代紙質形式的票（Ticket+）之外，也開放用手機APP購買、儲值及使用各種車票。

購票方式

■ **手機APP線上購買**：詳見P.87。

■ **地鐵站購買**：每一個地鐵站至少會有一個售票窗口與自動售票機，若是出入口較多的車站，就要找對入口才有售票櫃檯或自動售票機。若不清楚要買哪一種票，或是要買Navigo卡，最好找有服務人員的售票窗口，但要注意，有時候售票窗口會大排長龍，須預留時間，且櫃檯只能刷卡不收現金。使用自動售票機時，要提防假扮地鐵工作人員的騙子。售票窗口的人員大多會講英文，窗口的玻璃上也會貼著所有票種的表單，若語言不通，直接指表單最快。

購票建議

■ **週四～日之間抵達巴黎**：只打算在小巴黎1～2圈範圍旅遊的人，建議買Navigo Easy並儲值10張套票（un carnet de Ticket+）。若期間有計畫前往郊區景點（3圈以外範圍），則建議儲值一日票（Mobilis）1～5圈，配合10張套票一起使用。

■ **週日～三之間抵達巴黎**：建議申辦Navigo Découverte並儲值週票，可暢遊1～5圈，任何地鐵與公車都可不限次數搭乘。

■ 一日票和巴黎觀光套票（Paris Visite）的全日票，都是在一天之內可無限次數搭乘地鐵的票種。差別在於巴黎觀光套票可享有特約博物館的門票優惠，而且可買1、2、3或5天；而一日票一次只能買1天。

交通票種分析

*票價每年均會微調，請以官網為準　　*製表／謝珮琪

票種	單程票 Ticket T+	點到點車票 Billet Origine-Destination	一日票 Mobilis	儲值卡一日票 Forfait Navigo Jour
可用形式	紙質票 Navigo Easy 手機APP	紙質票	紙質票	Navigo Découverte Navigo Easy 手機APP
適用範圍	■有1張或10張 ■公車上可購買單程票，1~3、1~4、1~5圈僅限郊區公車	■依距離計費，有1張或10張	■1~2圈與2~3、2~4、4~5圈票價相同 ■1~3圈與2~4、3~5圈票價相同 ■1~4與2~5圈票價相同	■1~2圈與2~3、2~4、4~5圈票價相同 ■1~3圈與2~4、3~5圈票價相同 ■1~4與2~5圈票價相同
適用對象	1天使用不到5次地鐵	1週內僅前往郊區景點一次	1日內需要多次轉乘	1日內需要多次轉乘
使用方式& 注意事項	■可使用小巴黎範圍內所有地鐵、RER快速鐵與公車 ■刷票進站之後，2小時內可無限次數轉乘地鐵與RER快速鐵 ■90分鐘內可無限次數轉乘公車與輕軌電車，出站後票即失效 ■注意地鐵與公車之間轉乘無法使用同一張票 ■預計2024年全面淘汰	■依不同目的地計費 ■一次購買10張(un carnet de Ticket+)有優惠 ■目前無法儲值在任何Navigo卡種或手機裡 ■刷票進站後，於2小時內可無限次數轉乘地鐵與RER快速鐵 ■90分鐘內可無限次數轉乘公車與輕軌電車，出站後票即失效 ■注意地鐵與公車之間轉乘無法使用同一張票	■可於指定圈數內無限次數搭乘地鐵、快速鐵、輕軌電車、公車 ■不能搭Orlyval、Roissy Bus、Orly Bus、觀光巴士 ■務必寫上姓名與使用日期 ■有效期限為00:00~24:00，並非購票時起算之24小時 ■每次轉乘需再刷票 ■往返戴高樂機場不適用	■可於指定圈數內無限次數搭乘地鐵、快速鐵、輕軌電車、公車 ■不能搭Orlyval、Roissy Bus、Orly Bus、觀光巴士 ■務必寫上姓名與使用日期 ■有效期限為00:00~24:00，並非購票時起算之24小時 ■每次轉乘需再刷票

Navigo票卡分類

票種	Navigo Découverte	Navigo Easy	Passe Navigo
用戶／售價	任何人／€5	任何人／€2	巴黎居民(須提供巴黎地址才能申請)／免費
可儲值票種	一日票(限儲值2張)、週票(€30)、月票	單程票(Tickets T+)、10張套票(un carnet de Ticket+)、一日票、Orlybus、Roissy-bus、週末青年票(Navigo Jeunes Week-end)、反空汙特惠票(Forfait Antipollution)	一日票、週票、月票
使用方式& 注意事項	■記名卡，不可轉讓或借用 ■使用前務必填好個人資料，貼上照片，否則會被罰款	■不記名，可以出借或轉讓 ■自動售票機上可查詢餘額	■記名卡，不可轉讓或借用

巴黎交通篇

大巴黎地區通行票 Paris Région Pass	巴黎旅遊套票 Forfait Paris Visite	儲值卡週票 Forfaits Navigo Semain	儲值卡月票 Forfaits Navigo Mois	反空汙特惠票 Forfait Antipol-lution
卡片	紙質票	Navigo Découverte 手機APP	Navigo Découverte 手機APP	紙質票 Navigo Easy
-	-	■週末與假日可跨區悠遊1～5圈	■週末與假日可跨區悠遊1～5圈	-
旅遊日期不滿1週	旅遊日期不滿1週	在巴黎停留1週且有計畫到郊區景點	月初抵達巴黎並停留超過1週	僅在政府當局宣布的污染高峰日發售
■可於指定天數與圈數內無限次數搭乘地鐵、快速鐵、輕軌電車、公車 ■每次轉乘需再刷票	■可於指定天數與圈數內無限次數搭乘地鐵、快速鐵、輕軌電車、公車 ■務必寫上姓名與使用起訖日期 ■首次刷票的日期為起始日期 ■每次轉乘需再刷票	■可於指定圈數內無限次數搭乘地鐵、快速鐵、輕軌電車、公車 ■不能搭Orlyval、Roissy Bus、Orly Bus、觀光巴士 ■有效期間為週一日，並非購票時起算之7日 ■每次轉乘需再刷票	■可於指定圈數內無限次數搭乘地鐵、快速鐵、輕軌電車、公車 ■不能搭Orlyval、Roissy Bus、Orly Bus、觀光巴士 ■有效期間從每月1日起算，並非購票時起算之1個月 ■每次轉乘需再刷票	■可於指定圈數內無限次數搭乘地鐵、快速鐵、輕軌電車、公車 ■不能搭Orlyval、Roissy Bus、Orly Bus、觀光巴士 ■每次轉乘需再刷票

Navigo Liberté +	手機APP(Île-de-France Mobilités、SNCF Connect、Bonjour RATP)	手機簡訊SMS
巴黎居民(須提供巴黎地址才能申請)/免費	任何人/免費	任何人/免費
單程票(Tickets T+)	旅張票(Tickets T+)、10張套票(un carnet de Ticket+)、一日票、Orlybus、Roissybus、週末青年票(Navigo Jeunes Week-end)、週票(需上傳照片)、月票(需上傳照片)	公車(單趟€2.5)
■單趟€1.69，單日扣款上限€8.45，也就是一天最多只計算5張車票，後續形同免費 ■每月記錄行程，於隔月收取費用。申請時需附上銀行資料以便扣款	■用手機購票後可以將票儲存在APP使用(目前未開放iOS系統)，也可轉存到Navigo儲值卡上(將Navigo卡貼近手機背面，手機會震動，表示可以轉存)。即使沒有網路連接，也可以用手機刷票搭地鐵 ■可用手機查詢可用車票的餘額	■簡訊發送「BUS+公車路線號碼」至93100，例如63號公車即為BUS63，會收到簡訊形式的車票，並直接從手機帳單中扣除票價

購票與搭乘須知

■ **不是每一種套票都能搭到機場**：戴高樂機場雖在5圈範圍內，但是因為機場這一站的稅務與其他地方不同，持一日票的人必須另外購買前往機場的點到點車票（Billet Origine-Destination），而持巴黎觀光套票或Navigo Découverte週票／月票者，則不須另外購票。

■ **地鐵和RER快速鐵的圈數算法不同**：有些地鐵和RER快速鐵的車站雖然相同，但圈數計算規則不同，例如地鐵1號線的La Défense站，若搭地鐵算2圈，但是搭RER快速鐵卻是算3圈。萬一買錯了千萬不要冒險「鑽」出去，有可能查票員就在轉角等著，最好請服務窗口的工作人員處理。

■ **牢記刷票原則**：搭地鐵出站不需再刷票，但搭RER快速鐵則進出站都需刷票。如果持紙質車票，記得妥善保存，出站再丟掉，不然遇到查票就百口莫辯了。搭公車若持一日票、週票或月票，上車時必須感應驗票。所持一日票若是紙質票，則不需要放進刷票機。

■ **票卡有問題時**：過驗票閘門時，若是票有問題、行李太大太多、殘障者或是推著娃娃車怎麼辦？不要怕，一定要找服務窗口幫忙。紙質票刷了之後，如果亮紅燈無法通過，可能是磁條有問題，拿去服務櫃檯更換即可。

■ **行李專用匣道**：大部分的地鐵站都設有行李專用的軌道，只要先將行李放在行李軌道往前推，人過了驗票閘門後就可以把行李拉過來了，如果是娃娃車或輪椅，只要向窗口票務人員諮詢，就可使用殘障者專用的自動門進入地鐵站。

■ **留意月台路線圖**：每一個月台入口都有一張詳細路線圖，標示著和其他路線的銜接站，進入月台時再確認一次路線就不會搭錯車！

■ **地鐵站整修**：巴黎地鐵已是百年老古董，常常會整修，只要在路線圖上看到藍底白字標示，就表示此站有可能全部關閉或無法轉乘。

▲ 有些地鐵站入口有大型螢幕顯示交通狀況，紅框或三角錐表示有工程或事故

▲ 地鐵關門警示音響起時，切勿急著進入車廂，以免被自動門夾到，後果可能不堪設想

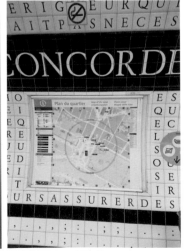

▲ 地鐵站月台都有附近街道圖，可查詢離目的地最近的出口

行家祕技 查詢即時交通概況

下載手機APP「Île-de-France Mobilités」，使用「Infos Trafic」功能，即可顯示各條地鐵路線是否有事故或因工程停駛，也可輸入公車路線號碼查詢沿途停靠站或即時交通概況，非常便利。

貼心 小提醒

切勿僥倖逃票

巴黎的地鐵網絡十分發達，但也是逃票率最高的地區之一。經常見到逃票的人大剌剌地跳過票閘或跟前一位乘客「三貼」擠過去。不過查票員神出鬼沒，總在閘口不遠處守株待兔，看到逃票者會立刻開罰；或是好幾人大陣仗擋住月台上的出口，一一檢查車票之後才放行。公車上的查票員則不一定穿制服，可能先偽裝乘客，上車一段時間之後才會秀出查票員的臂章「大開殺戒」。

逃票罰則：

- 持Navigo卡但上公車與輕軌電車沒刷票：罰€35。
- 持單程票(Ticket T+)，但沒刷票就上地鐵或RER快速鐵：視同無票，罰€50〜65。
- 完全無票，罰€50〜80。
- 儲值卡未貼上照片、一日票未寫名字：罰€35。

用手機APP購票儲值

購買10張套票步驟 Step by Step

用手機就可以直接購買Navigo卡，不論單程票、一日票、週票或月票等，都可以在手機裡儲值直接使用，搭車時以感應手機的方式驗票即可，非常方便。

地鐵票閘 ▶

Step 1 選擇購買與儲值

打開APP「Île-de-France Mobilités」，按「Achat」進入購買頁面。在「儲值在手機」的位置按下購買票券。

A.儲值在手機 / **B.**儲值在Navigo卡 / **C.**購買 / **D.**車票剩餘張數

Step 2 選擇票種與張數

選擇第一個選項,購買10張套票。填入欲購買的張數。

A.10張套票 / B.單程票 / C.10張套票優惠價(4～10歲) / D.一日票 / E.週票 / F.月票 / G.Orly Bus票 / H.Roissy Bus票

Step 3 確認並付款

記得輸入E-mail以便收取購票證明,再按下方的付款。

A.票券金額
B.填寫E-mail
C.勾選確認
D.付款

Step 4 查看票券

付款成功後車票隨即儲值在手機APP裡,可點選「Mon Espace」(我的帳戶)查看確認。

A.點選「Mon Espace」
B.手機APP裡的車票
C.Navigo卡裡的車票

購買一日票步驟 Step by Step

Step 1 選擇票種、日期與圈數

A.乘車的日期
B.乘車的圈數
C.車票價格,按此確認購買

巴黎交通篇

Step 2 確認並付款

記得輸入E-mail以便收取購票證明，再按下方的付款。

A.車票資訊
B.填寫E-mail
C.勾選確認
D.付款

Step 2 讀取卡片

將卡片貼緊手機背面，手機會震動，表示讀取成功。

Step 3 開始購票

讀取成功後就可以開始購買儲值，按「Acheter un titre」進入購票程序。

儲值Navigo步驟 Step by Step

Step 1 選擇儲值位置

點選「儲值在Navigo卡」。

A.儲值在手機
B.儲值在Navigo卡

用售票機購票儲值

地鐵售票機解析

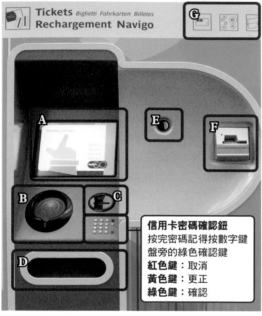

信用卡密碼確認鈕
按完密碼記得按數字鍵
盤旁的綠色確認鍵
紅色鍵：取消
黃色鍵：更正
綠色鍵：確認

A.觸控式螢幕選單 / B.Navigo儲值感應放置區 / C.信用卡插槽 / D.取票、收據口 / E.硬幣投幣口 / F.紙鈔插入口 / G.說明見下方「貼心小提醒」

只接受 Navigo 感應 ▶
儲值的售票機器

♥ 貼心 小提醒

部分售票機不接受現金付款

有些自動售票機只接受附有晶片的信用卡，購買前先確認機器是否可接受錢幣或紙鈔，如果機器只接受信用卡，而你的信用卡又沒有晶片與4碼密碼輸入，那就只能在有服務人員的窗口買票。

購買一日票步驟 Step by Step

目前地鐵站裡有好幾種售票機器，需要先弄清楚Navigo卡是要儲值還是買票，再選擇操作步驟。跟著螢幕的步驟操作其實一點也不困難。

Step 1 ## 選擇語言

Step 2 ## 選擇購票

若已購票，需要儲值，步驟請見P.92。

Step 3 ## 選擇票種

A.Ticket t+ 1～2區紙票(點按之後可選10張套票) / B.1～7圈點到點紙票 / C.到迪士尼樂園的票 / D.到戴高樂或奧利機場的票 / E.巴黎旅遊票 / F.一日票 / G.其他

購買套票步驟 Step by Step

步驟 1、2 同 P.90「購買一日票」。

Step ④ 選擇區段

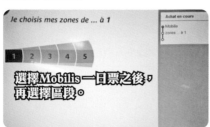

選擇Mobilis 一日票之後，
再選擇區段。

Step ⑤ 選擇欲購買的張數

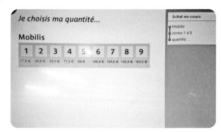

Step ⑥ 顯示購買細目與金額

Step ⑦ 付款

選擇付款方式(信用卡或現金)

Step ③ 選擇票種

A.Ticket t+ 1～2區紙票(點按之後可選10張套
票(Carnet) / B.1～7圈點到點紙票 / C.到迪士
尼樂園的票 / D.到戴高樂或奧利機場的票 / E.
巴黎旅遊票 / F.一日票 / G.其他

Step ④ 選擇全額票或優惠票

選擇Ticket t+ 1～2區紙票之後可選擇全
額票或優惠票。

Step ⑤ 選擇欲購買的張數

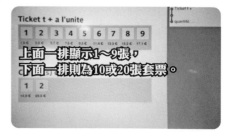

上面一排顯示1～9張，
下面一排則為10或20張套票。

Step 6 顯示購買細目與金額

繼續購票　確認付款

Step 7 付款

同P.91「購買一日票」。

儲值 Navigo 步驟
Step by Step

步驟 1 同 P.90「購買一日票」。

Step 2 選擇儲值

先將Navigo卡放在感應區上。

儲值　　購票

Step 3 選擇儲值項目

可直接進行儲值，新的儲值卡預設值是
兩圈，如果要確認或更改，可以直接選圈數更改
選項。

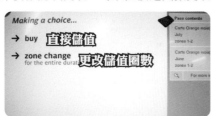

直接儲值
更改儲值圈數

Step 4 選擇儲值週票或月票

選擇週或月儲值，選錯可按取消或回上
一頁。

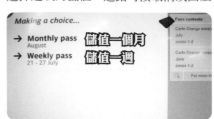

儲值一個月
儲值一週

Step 5 選擇圈數

右邊會隨時顯示步驟和價格。

確認圈數

Step 6 是否列印收據

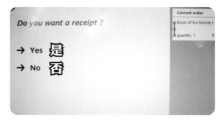

是
否

Step 7 付款

選擇付款方式(信用卡或現金)

巴黎交通篇

如何搭地鐵與快速鐵

Step 1 找到地鐵站

　　巴黎的地鐵網絡遍布密集，只要能找到地鐵站或快速鐵車站，便能很輕易的找到想到達的路線，若是迷了路就問一下路人：「附近的地鐵站在哪裡？」（Où est le métro le plus proche?），而通常地鐵站的地面層出口處就有地鐵圖可參考。

Step 2 看路線和方向

　　先找到自己所在的地鐵站再找目的地的位置，把「路線」及「方向」與「線路號碼」記下，以及記下需要轉接換線的站名。

Step 3 選擇票種買票

　　如果需要買票，進地鐵站後先找有服務人員的售票櫃檯或至自動售票機器買票。如果進入的地方沒有櫃檯又需買票，就需要先上地面層，再找其他的地鐵出口買票。

Step 4 刷票進站

　　若是單程票，需要找可將票放入閘機的閘門，將票放入後票會跑到閘口的前端，取出即可通過；或以感應的方式通過閘口。如果票有問題會顯示紅燈，這時可找旁邊的售票窗口換票或解決票務問題，千萬別自己鑽進閘口。

▲ Navigo卡放紫色區域刷卡，紙買票放進刷票口

▲ 表示故障

Step 5 確認方向和月台

　　進入地鐵後，先找尋要搭乘的地鐵線號碼和方向，依指示前往搭車的月台。等地鐵時盡量不要靠近鐵軌，因有時人多往前推擠，可能會被推跌下鐵軌，非常危險。

▲ 地鐵站牆上都有站名標示

A.月台方向 / B.路線號碼 / C.路線方向 / D.會經過的站名

Step 6 確認目的地站名

上車後可在車內找到此條線的路線圖，以及與別條線相銜接的站名，確認約需幾站到目的地或轉車。

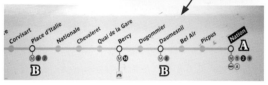

A.終點站 / B.可轉乘其他路線的站

邊範圍的出口示意圖，先將前往的地點找出來，再找出距離最近的出口，然後從該出口出站是最快的方法。

A.地鐵出口位置標示 / B.轉乘資訊 / C.出口資訊

Step 7 準備下車

在每站的月台的牆上，都會標示出當站的站名，很容易辨別。除了幾條自動化的路線會將門自動打開外，其餘的路線在下車時需按下按鈕或是轉動旋轉把，門才會打開。

Step 8 轉乘或出站

月台上會標示出口或者是轉搭車的搭乘方向，依指示前往轉搭其他線的月台。地鐵站裡都會有地鐵周

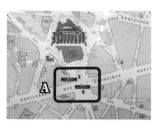

Step 9 出站

出地鐵站閘口：通過出口（Sortie）後，閘門會自動開啟，走出這個出口也表示完全出了地鐵站，如果要再進入就得從票閘口進入。

出RER閘口：RER快速鐵的出口與地鐵不同，出站時需將票放入票匣機，出口的門才會開，尤其是在巴黎市中心的Châtelet-Les Halles這站換車時，需要進出多次票閘口才能順利出入。

計程車

別指望路邊叫車，找招呼站搭車最有效率。

找招呼站搭車

在巴黎搭計程車，最好到計程車的招呼站，因為計程車不可以隨便停靠路邊，尤其是計程車招呼站附近的200公尺更是嚴禁載客。

巴黎的計程車一向有限制數量，一般法國人都會打電話預約，在路上常攔不到是因為許多計程車都已經預約了，所以到招呼站搭計程車是最保險的方式，也可以請旅館幫你電話叫車。

另外，若是目的地距離少於50公尺、有動物隨行、單獨乘客酒醉與行李過多，司機可以因此合法拒載。

計費方式

€4.18起跳，計價方式分兩個時段：上午7到10

點～下午17點，下午17點～隔日上午7到10點。再依地域(市區內或郊區)分成3種計價方式。第四位乘客需加付€4.5。2023年開始，巴黎市區前往戴高樂或奧利機場的計程車費為統一價格：塞納河右岸到戴高樂機場來回€55、塞納河左岸到戴高樂機場來回€62、塞納河右岸到奧利機場來回€41.5、塞納河左岸到奧利機場來回€35。

▲ 各火車站前面都有計程車招呼站

叫車、包車服務看這裡

叫車／包車

Uber：www.uber.com/fr/fr

reeNow：www.free-now.com/fr

Allocab：www.allocab.com/vtc

HEETCH：www.heetch.com/fr

MARCEL：www.marcel.cab

其他還有Le Cab、Bolt、SIXT、Caocao Mobility Paris、My Daily Driver、TaxyMatch等。

重機計程車

如果行程趕時間，可以考慮搭乘重機計程車，雖然只能攜帶登機箱。

CTM：www.lacompagniedestaxismoto.fr

Paris amplitude：
parisamplitude.com/reservation-taxi-moto

moto cab：www.motocab.com/front/www

City bird：www.city-bird.com

搭公車是最能發現巴黎巷道之美的交通方式。

如何搭乘公車

Step 1 找到公車站

　　找到公車站，在站牌上會標示公車號碼和方向，在候車亭背後有全巴黎公車路線圖，先看好路線。

▲ 公車站會標示公車路線號碼與等候時間

▲ 新型公車站，設有USB充電裝置

Step 2 確認行駛方向

　　公車站與公車內部都有路線圖，可以確認公車前往的方向與各站站名。

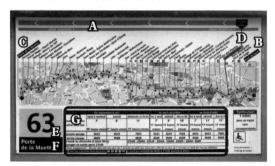

A.巴士行駛方向 / B.起始站 / C.終點站 / D.到Ici表示你現在所在位置的站名 / E.路線號碼 / F.路線方向 / G.發車時刻表

Step 3 上車刷票

　　從公車車頭確認號碼和方向，單節公車一律從前門上車，雙節公車則前後門都可上車，但上下車都要按開門鈕，車門才會開啓。Navigo卡或手機裡的儲值票，放在紫色感應器前感應即可；如果是紙質的一日票，不用將票放入匣票機，只要出示給司機看就好。只有紙質的單程票才需要將票放進驗票機匣票。公車上可以買單程票，一張€2.5。

▲ 打票機

▲ 公車路線號碼與終點站名　　▲ 票卡感應器

公車車廂內部說明

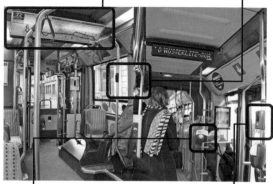

▲ 車廂內有路線圖　　　　下車要提前按鈴 ▶

Step 4　查看停靠站

　　車廂內有路線地圖可參考公車站名。下車前需先按下紅色鈕，司機座位右上方的指示燈才會亮起，表示下一站有人要下車。

雙節車要按下車鈕 ▶
門才會開，無論在車外或車內，都設有開門鈕

▲ Navigo專用的感應器，上車時只要將卡在上面刷一下，感應發出聲響顯示綠燈即可。只要是使用Navigo卡，在公車或電聯車上，刷卡感應是乘客的義務

Step 5　下車

　　下車一律由中間或後面的門下車，如果是兩節式車廂的公車，則要自己按開門鈕才能開門下車。

巴黎的公車有兩種

▲ 普通的公車很多已換成電動引擎

▲ 雙節車廂公車通常是負責火車站與火車站之間的路線

貼心 小提醒

巴黎公車數字路線的祕密

　　如果看到兩位數的公車如27，表示這部公車行駛的範圍皆在兩圈內也就是巴黎市中心，如果公車號碼是3位數字如125，表示這部公車的行駛路線是往巴黎周邊郊區。

露天觀光巴士

如果不愛走路又愛看風景，這種露天的觀光巴士最能滿足你的需求，提供不同路線遊覽巴黎，每條路線各有特色。車上除提供多國語言的語音導覽外，也可在任何一站觀光景點下車，看完景點再搭其他班次繼續遊覽巴黎。平均15～30分就有一班，非常方便，而且以居高臨下的位置（頂層）瀏覽巴黎，自有一番風味。

▲ 觀光巴士班次很多

觀光巴士	路線說明	行程與費用
Tootbus	■行經巴黎各大觀光景點，購買1～3日票可不限次數搭乘 ■發車時間09:30～17:00 ■5種語言語音導覽、Wi-Fi ■可下載APP查詢定位	■**巴黎精華+遊船(L'Essentiel de Paris + Vedette de Paris)**：1日€52.2，4～12歲€28.8；2日€59.4，4～12歲€34.2；3日€63.9，4～12歲€36.9 ■**Hop-on hop-off Paris跳上跳下行程**：1日€39.6，4～12歲€21.6；2日€46.8，4～12歲€27；3日€51.3，4～12歲€29.7 ■**巴黎特快行程(Paris Express，2小時)**：€35，4～12歲€20 ■**觀光巴士+凡爾賽宮(Découverte de Paris + Versaille)**：1日€103.5，4～12歲€76.5；2日€108，4～12歲€81；3日€112.5，4～12歲€83.7
Big Bus Tour	■紅線共11個停靠站。班次間隔5～15分鐘，最早約09:45，最晚18:50 ■11種語言導覽、Wi-Fi ■可下載APP查詢定位	■**24小時隨上隨下行程(Billet Discover)**：成人€45，兒童€25，不可更改車票日期 ■**24小時巴黎精華行程+遊船(Billet Essential)**：成人€59，兒童€35 ■**48小時巴黎探索行程+遊船(Billet Explore)**：成人€75，兒童€42
Foxity	■共10個停靠站，11種語言語音導覽 ■雙層巴士的上層有可自動打開的半透明車頂 ■發車時間09:30～18:30	■**2小時導覽**：成人€35，4～12歲€20，可在任何一站上車 ■**城市導覽(Pass City Tour)**：1日票€42，4～12歲€23；2日票€49，4～12歲€28
Bustronome	■豪華全景巴士上享用法式美食，盡覽巴黎美景。午餐1.5小時，晚餐2小時45分鐘 ■發車時間12:15、12:45、19:15、19:45	■**午餐**：€70(不含飲料)、€90(含酒、礦泉水、咖啡)。12歲以下€40 ■**晚餐**：€120(不含飲料)、€150(含酒、礦泉水、咖啡)。12歲以下€50 ■可提供素食套餐
Paris City Vision	■10種語言語音導覽	■**城市導覽(1.5小時)**：成人€29 ■**城市導覽+遊船**：成人€39 ■**城市導覽+遊船+巴黎鐵塔門票**：成人€99

巴黎交通篇

夜間公車 (Noctilien)

凌晨00:30～05:30間，全巴黎仍有夜間公車行駛，共有48條路線。以Châtelet、Montparnasse、Gare de l'Est、Gare Saint Lazare和Gare de Lyon為主要轉乘點。若想體驗深夜馳騁巴黎街頭，可搭1號與2號夜間公車，但一定要小心安全。

路線編號裡的十位數，0代表環線公車、1代表南北向、2代表從Châtelet發車、3代表從里昂車站（Gare de Lyon）發車、4代表從巴黎東站（Gare de l'Est）發車、5代表從聖拉扎爾車站（Gare Saint Lazare）發車、6代表從蒙帕納斯車站（Gare Montparnasse）發車。百位數的1代表公車行駛的距離較遠。

http www.ratp.fr/noctiliens

聯絡資訊

http 線上購票：www.tootbus.com/fr/paris/accueil
✉ 購票處：11 rue Auber 75009 Paris

http 線上購票：www.bigbustours.com/en/paris/paris-bus-tours
✉ 服務中心：11 Avenue de l'Opéra 75001 Paris

http 線上購票：www.foxity.com
✉ 服務中心：5 Avenue de l'Opéra 75001 Paris

http 線上訂位：www.bustronome.com/reservation/en/site/index
✉ 搭車處與服務處：2 Avenue Kléber 75016 Paris

http 線上購票：www.pariscityvision.com/cn
✉ 服務中心：2 rue des Pyramides 75001 Paris

路上觀察 街頭大發現

煙囪與壁爐

巴黎的建築既宏偉又古典，光看外牆的雕塑或雕花就很過癮，而屋頂上一支支的煙囪是否也表示每戶人家都有壁爐可生火取暖嗎？其實不然，為了安全起見，幾乎再也沒有人使用壁爐取暖，而一般人家裡的壁爐也和這些煙囪一樣，變成純裝飾性了。

海報架

在巴黎隨處都可看到這種賞心悅目的海報架，它已成為巴黎的風景之一。海報的更換率很快，一星期更換一次，而且廣告內容大都隨著季節變化，例如，看到鵝肝醬的廣告表示節慶快到了。

Vélib'自行車提供觀光客另一種更自由觀光巴黎的方式。

在巴黎騎自行車的人越來越多,主要是因為油價與大眾運輸的票價年年上漲,許多人捨地鐵(Métro)、汽車,而以自行車代步,不但省錢減碳,還順便運動健身、欣賞不同的風景呢!

黎市政府的Vélib',每一家的計費方式都不同,都有其特色與優缺點,有些出租公司也提供電動自行車與自行車行程導覽的服務,在規畫行程時不妨將計費方式與使用的自由度列為考量,再決定如何租自行車。

租車費用通常以小時、半天、全天或以週計算,費用包含出租費、保險費。租自行車除了Vélib'之外,都需出示證件(遊客是出示護照)及交付押金。

租用自行車

巴黎有許多家自行車出租公司,最方便的為巴

租自行車店家	說明	費用	聯絡資訊
Paris bike tour	提供自行車租借與自行車城市導覽	■ **一般**:半天(4小時)€15,1天(8小時)€20,全天(24小時)€25,多一天多€15 ■ **電動**:半天(4小時)€35,1天(8小時)€45,整天(24小時)€55,多一天多€35 ■ **城市導覽**:€42起(價格視路線而定)	http parisbiketour.net ✉ 13 rue Brantôme
ALLOVELO	提供各種類型自行車	■ **一般**:2天€35,1週€100 ■ **電動或其他特殊用途**:2天€100,1週€180	http www.allovelo.com ✉ 2 rue Beauregard
PARIS Vélo	提供各種類型自行車	■ **一般**:半天(4小時)€17,1天(8小時)€20,全天(24小時)€26,多一天多€15 ■ **電動**:半天(4小時)€35,1天(8小時)€42,全天(24小時)€52,多一天多€31	http arisavelo.fr ✉ 22 rue Alphonse Baudin
vélos vagabonds	提供自行車至其他城市旅遊	■ **電動**:1天€22,一週€120	http www.velosvagabonds.com/ take-action ✉ 62 bis rue de Mouzaïa
Welgo	提供附有兒童座位的親子自行車	■ 1天€65,2天€89,3天€109,1週€190	http welgo-ride.com ✉ 預約後到指示地點取車
DolceVia	單車旅遊團	■ 巴黎到聖米歇爾山5天遊€449	http dolcevia.eu ✉ 29 rue des Batignolles ✉ 44 rue Laffitte

Vélib' 自行車

Vélib'是Vélo(自行車)加上(libre)自由的法文創意字,是「自行車自由使用服務系統」,與台灣UBike系統一樣。巴黎的Vélib'自2007年開始營運,是目前世界上最大的自行車出租服務。2018年更換負責廠商,不僅操作系統更簡便,自行車也全面換新,還新增了30%的藍色電動自行車。

http www.velib-metropole.fr/offers/pass

▲ 巴黎公共租借自行車,藍色是電動自行車,電動車後輪蓋上印有電動標誌。綠色的則為一般自行車

Vélib' 操作說明

■**操作面版**:操作系統全部都設置在自行車把手中間的電子面板,使用Navigo卡、Vélib'卡或是手機APP都可以操作自行車系統。也可以直接在電子面板輸入帳號密碼,就可以順利取車。

■**中途暫停**:如果使用中途想暫停休息,不用到自行車停放點,只要操作電子面板,啟動「暫停」功能,就可以將自行車停放在任何方便的地方(記得將右邊把手裡的腳踏車防盜鎖拉出來鎖上);休息結束之後再啟動計時計費功能即可。

■**自行車的防盜鎖**:Vélib'均是變速自行車,可調整座椅高度,備有置物籃。租車之前記得先檢查輪胎是否洩氣,調整速率的把手與煞車是否正常。

用APP租車步驟 Step by Step

用手機APP「Île-de-France Mobilités」或「Bonjour RATP」都可以查看附近有沒有共享自行車,也可以直接預約取車,不需要分別下載各家的APP。地圖上除了顯示Vélib(黃點)自行車之外,也會顯示Tier、Dott、LIME等其他品牌共享自行車,以及Zity共享電動汽車。

1 Step　第一次使用必須先註冊帳號,並輸入信用卡付款資訊。

2 Step　用APP上的地圖搜索最近的自行車。

3 Step　找到自行車後,用手機掃描車子上的QR Code即可開鎖。

4 Step　在手機畫面上同意接受APP的一般銷售條款和條件。

5 Step　手機確認付款(開鎖費€1,之後每分鐘€0.25,還車時才扣款)。

6 Step　取車。

騎乘自行車須知

■須年滿18歲。

■每輛車不得超過1人。

■切勿酒後騎車。

■保持注意力集中。切勿戴耳機、看手機或其他任何可能分散注意力的行為。

■遵守當地交通規則和《公路法規》的要求，並注意其他車輛和行人。

■切勿在人行道上騎車或停車，確保行人安全。

■盡量騎在自行車道或綠道（Les Voies Vertes）上，以及限速50公里或以下的道路上。

■在夜間或能見度較低的情況下（如霧天）騎車時，佩戴反光設備。

■不要忘記戴安全帽。如果不戴，將無法獲得頭部傷害保險理賠。

■按照城市停車規定停車。

■不遵守交通規則將會被強制罰款作為懲戒。

觀光遊船

搭遊船遊塞納河，體驗浪漫風情。

塞納河遊船

以遊船遊巴黎塞納河，一直是觀光客必遊的行程。其實就連法國當地人也會三不五時就坐上一回，感受平常在陸地上看不到的沿河美麗風光，或是預約遊船上的燭光晚餐。

在巴黎有好幾個遊船的停靠站，主要集中在艾菲爾鐵塔的岸邊及新橋中間的西堤島，整個行程從艾菲爾鐵塔到聖路易島繞一圈，時間約1小時，夏天平均約每30分鐘一班，可選擇單次票或全日票，遊船通常提供多國語言導覽。

▲搭乘塞納河遊船能遠眺巴黎重要景點

貼心 小提醒

搭遊船注意事項

■即使是炎熱的夏日，坐在船上欣賞美景時，也要小心不要著涼，尤其是夏日早晚溫差大，黃昏過後氣溫就會下降許多，搭船時最好多帶件防風或保暖的衣物。

■黃昏時搭船的風景是最迷人的。

遊船行程一覽表 ＊製表／謝珮琪

遊船公司	遊程說明與票價	聯絡資訊
巴黎船 BATEAUX PARISIENS	■14國語言導覽，每艘均以法國知名影星命名 ■4～10月增開聖母院停靠站 ■成人€19，兒童€7，另有午餐(€59～89)及晚餐遊船(€99～205)	http www.bateauxparisiens.com/english.html ✉ Port de la Bourdonnais 75007 Paris 🕐 4～9月10:00～22:30，10～3月10:30～22:00。船班間隔半小時
公車船 BATOBUS	■9個停靠站，可隨意上下船。是往來巴黎東西邊的交通方式之一 ■9個停靠站均有售票處 ■1日€20，3～15歲€10；2日€24，3～15歲€14	http www.batobus.com/fr ✉ Port de la Bourdonnais 75007 Paris 🕐 4～9月10:00～21:30，10～3月10:00～19:00
蒼蠅船 Bateaux Mouches	■暱稱蒼蠅船，1900年萬國博覽會紀念品 ■成人€15，4～12歲€6。Open Tour觀光巴士組合票1日€40。另提供LUNCHBOX(€25)、早午餐(€59)、晚餐(€75～325)遊船	http www.bateaux-mouches.fr/zh ✉ Port de la Conférence 75008 Paris 🕐 4～9月10:15～23:00，10～3月10:30～22:00。船班間隔半小時
新橋快艇 Vedette de Pont Neuf	■位於西堤島上的新橋，交通最便利，不同節日會舉辦不同主題的遊船派對 ■成人€15，4～12歲€9，另提供午餐(€66)與晚餐(€85)遊船	http www.vedettesdupontneuf.com/croisieres ✉ Square du Vert Galant 75001 Paris 🕐 10:30～21:45
巴黎快艇 Vedette de Paris	■與Flyview合作推出模擬飛行航程，翱翔巴黎天際 ■成人€20，兒童€9	http www.vedettesdeparis.fr ✉ Port de Suffren 75007 Paris 🕐 10～4月11:30～17:30，5～9月11:30～19:30
巴黎瑪莉娜 Marina De Paris	■成人€59起，兒童€40。以午餐(€41)與晚餐(€64)遊船為主，也提供素食餐點	http www.marina-de-paris.com/fr ✉ Port Solferino 75007 Paris 🕐 12:30、18:45、21:15
巴黎水手 Les Marins de Paris	■小型單桅縱帆船(Sloop)，最多容納12人，從Arsenal碼頭出發 ■6人(至少)€510，每增1人€85，費用含飲料	http marinsdeparis.com/cruising
巴黎鴨子船 Les Canards de Paris	■水陸兩棲鴨子船，從Place Jacques Rueff出發，行經巴黎鐵塔、亞歷山大三世橋、羅浮宮等景點，在凱旋門附近下水，全程約1小時45分鐘 ■成人€39，2～11歲€23。2歲以下禁止登船	http www.canardsdeparis.com/en ✉ Place Jacques Rueff 75007 Paris
巴黎鴨航程 Paris Duck Tour	■鴨子船水陸遊覽及私人導覽解說，包含巴黎、凡爾賽、楓丹白露。最多12人 ■成人€39，約40分鐘；從凡爾賽宮到巴黎藝術橋(Pont des Arts)成人€49，約100分鐘	http parisducktour.fr ✉ Le Batobar, Port de l'Hotel de Ville 33 Voie Georges Pompidou 75004 Paris
運河綜覽 Canauxrama	■從維萊特公園(Parc de la Villette)到Arsenal碼頭，徜徉聖馬丁運河(Canal Saint-Martin)，途經數座會移動的橋，其中一段在地底划行，全程約2.5小時 ■成人€20，4～12歲€10	http www.canauxrama.com/fr ✉ 13 Quai de la Loire 75019 Paris
綠川遊船 Green River Cruises	■量身定製船之旅，最少需6人 ■1小時羅浮宮遊船，每人€50起；6小時(含餐點)，每人€200	http www.greenriver-paris.fr ✉ 66 quai d'Austerlitz 75013 Paris
巴黎遊艇 俱樂部 Paris Boat Club	■私人遊艇，船頭和船尾的兩大空間最多可容納9人(含兒童) ■遊覽時間依需求而定，1.5～2小時以上不等，可配合觀光、午餐、早午餐、開胃酒或晚餐主題 ■1～7人包船€490，1～9人包船€590	http zh-tw.parisboatclub.fr(繁中) ✉ Escale de Beaugrenelle 75015 Paris

巴黎其他交通工具

搭乘人力車、馬車、骨董車漫遊巴黎風光。

輕軌電車 (tramway)

巴黎共有10條輕軌路線：T1、T2、T3a、T3b、4、5、6、7、8、11。大多在巴黎周邊與郊區。其中T3a、T3b環繞巴黎西南，經東邊往西北邊延伸，補足放射狀巴黎交通網的不足。往來巴黎西南與東南地區不需要再到市中心換車，可搭乘T3a一線到底。

請注意 使用單張地鐵票的時候，90分鐘內可無限次數轉乘輕軌與公車，但不能與地鐵及RER共用。

▲ 輕軌電車(Tramway)負責小巴黎的環城公共運輸

人力車 (vélos-taxis)

近幾年在巴黎興起的觀光生意，以三輪自行車為計程車，搭載旅客至各觀光景點遊覽。不僅有人力車伕的即時導覽，也是比較環保的交通方式。不趕時間的觀光客可以悠哉漫遊巴黎風光。

有些公司提供半小時訓練課程，結束後能自行騎乘三輪自行車，並搭載兩位家人朋友領略城市風景，也是另類的趣味旅遊。

在各熱門景點附近都有人力計程車，直接上前詢問即可搭乘，各家價格不一。

Tuktuk in Paris

搭乘時間從2～8小時不等，價格€230～560，最多搭載4人，100%電動人力車。

🌐 www.tuktukinparis.com/fr

Tuktuk So' French

提供以小時、半天或全天計費的巴黎導遊服務。1～4人€80，30分鐘。

🌐 tuktuksofrench.com

Turtle

最多搭載2人。可按距離計費，也提供3條1小時的導覽路線。每條路線都有十多個代表性景點。

🌐 goturtle.fr

馬車

王子與公主的夢幻旅程，駿馬與馬車絕對令少女心尖叫。

巴黎馬車 Paris Calèche

🌐 www.pariscaleches.com/zh/circuits.php(中文)

✉ 搭乘地點：艾菲爾鐵塔前。有固定路線，客製化路線，婚禮包車等服務

💲 30分鐘€95 (價格視時間早晚與長短不同)

骨董車

法國2CV骨董車帶你穿越巴黎的大街小巷，探索歷史，猶如回到浪漫過去。

Paris Authentic

2小時€99.5起。夜巴黎1小時€119(至少2人)。

http www.parisauthentic.com

2CV PARIS TOUR

1小時€80。

http 2cvparistour.fr

4 roues sous 1parapluie

自行租車駕駛，24小時€299。附司機導覽，1小時每人€36。

http www.4roues-sous-1parapluie.com/fr

▲ 2CV復古車是1948年雪鐵龍汽車的產物　▲ 2CV復古車於1990年已經停產

行家祕技

巴黎趴趴走護照 Paris Passlib'

使用巴黎趴趴走護照能省下排隊買票的寶貴時間。分成4種類別(迷你、城市、探索、尊貴)，自首次使用起1年內有效，可參觀古蹟和博物館、騎自行車遊覽、品葡萄酒、看表演。在巴黎旅遊局官網可以購買，購買後可下載APP「Paris Passlib」，掃描在確認購買時收到的QR code即可使用。若只想參觀文化活動，也可以購買Paris Passlib' Culture 3或是Paris Passlib' Culture 5這兩種套票，在精選的19座博物館與文化景點中可自選3或5間前往參觀，價格分別為€45及€75。

http parisjetaime.com/billets/paris-passlib-m9001081

	Passlib mini	Passlib city	Passlib explore	Passlib explore+
活動	33項裡自選3項	53項裡自選5項	72項裡自選6項	72項裡自選7項
價格	€45	€99	€169	€249
凱旋門	∨	∨	∨	∨
塞納河遊船	∨	∨	∨	∨
萬神殿	∨	∨	∨	∨
聖禮拜堂	∨	∨	∨	∨
巴黎鐵塔		∨	∨	∨
羅浮宮		∨	∨	∨
隨上隨下巴士		∨	∨	∨
骨董車遊巴黎			∨	∨
品酒			∨	∨
美食漫遊			∨	∨
自行車租借	半天	1天	1天	1天
		電動自行車半天	電動自行車半天	電動自行車半天

住宿篇
Accommodations

旅行法國，有哪些住宿選擇？

本篇介紹法國的特色住宿、青年旅舍、飯店、短租公寓等類型，還提供住房省錢小撇步，並教你挑選合適住宿、認識住客權益及各項提醒，讓你輕鬆搞定住房，不吃悶虧。

選擇合適的住宿地點

出發前先將飯店位置與前往方式列印或輸入手機存檔。

法國每年吸引上千萬遊客及商務人士，住宿的需求量非常大。在大城市不需擔心找不到旅館，但是市中心的旅館多半比較古老而窄小；市郊旅館空間較大，只是需多花點交通時間。如果碰到旅遊旺季(寒暑假或聖誕節)或國際大型展覽，就很有可能臨時訂不到旅館。建議提早找資料預訂旅館。

▲ 巴黎市中心的旅館有些藏在巷弄庭院中

地點&交通

如果會在多個城市旅遊，建議找火車站附近的住宿，一來節省交通時間，二來不需舟車勞頓搬運行李。選擇旅館時，可先利用Google Maps觀看旅館環境的照片，計算與火車站或主要景點間的距離。

選擇大城市公寓的民宿時，最好問清楚是否有電梯，以免無力搬運沉重行李上樓。若是大城市以外的鄉間民宿，交通通常不是很便利，會需要以車代步，因此可以考慮先到附近大城市租車前往。

▲ AIX鄉間民宿

價格&預算

淡季與旺季的住房價會有差距，離觀光景點越近的住宿也越貴，建議選擇交通便利，但離觀光景點稍遠的住宿。較便宜的住宿是青年旅館，以床位計價，若超過兩人同行，則不會比一般兩星旅館或AirBnb民宿便宜。住青年旅館可以結交來自世界各地的朋友，但較沒有隱私，住宿規則比較多，行李保管也相對不安全。

▲ 巴黎北站附近的旅館

住宿篇

人數&天數

如果旅遊天數僅有3
～5天，不妨選擇市中
心的商務旅館或較高級
舒適的住宿，省去交通
往返的時間。若是3人
以上同行，則可以考慮
短租型公寓或民宿，通
常備有廚房，可與當地
人一樣到市場買菜回來
料理，享受「居遊」的
樂趣。

▲ IBIS是連鎖旅館，各地
都有

路上觀察 法國的1樓是台灣的2樓

1樓在台灣是指地面層，但在法國則稱為
「地面樓」(Rez-de-chaussée)或是「Niveau
0」，而台灣稱的2樓則是「Niveau 1」，以
此類推。在法國搭電梯如果要到1樓，記得按
「0」或「R」就對了。

法國	台灣
4e étage 或 Niveau 4	5樓
3e étage 或 Niveau 3	4樓
2e étage 或 Niveau 2	3樓
1er étage 或 Niveau 1	2樓
Rez-de-chaussée 或 Niveau 0	1樓
Sous-sol	地下室

行家祕技 看懂法國的地址

看懂法國的地址並不難，法國地址沒有
段、巷、弄的麻煩，但是同一個名字卻有可
能是路名、大道名或街名，所以只要搞懂各
種道路的型態，找路就不是問題。法國地址
不寫出樓層，沒有省分名，而由郵遞區號來
看出省分。

常見的街道型態

■**Avenue**：簡寫成「Av.」是指大道，通常
是指至少有4車道的道路，而且大都為可直
通城外的大街道。

■**Boulevard**：簡寫成「Bd.」或「Bld.」，
大街或大道。指主要幹道或較寬的道路。

■**Rue**：街，是最常見的。通常為大道的支
線，或彎曲的小巷。

■**Place**：簡寫成「Pl.」，廣場。只要有這
個字順著廣場走一圈一定找得到。

■**Square**：指小公園，順著公園就可找到。

■**Allée**：指小路或小徑，因此也比較難找。

■**Impasse**：指沒有通路的死巷。

■**Bis**：指第2號，如22 bis 表示如22-2號。

68, Rue de Colombes

號碼　　　　　　　　街道名

75012 Paris

郵遞區號　市或鎮名

法國的門牌號碼 ▶
都在大門上方

如何預訂住宿

網路訂房很方便，也多了比價的空間。

雖然法國已是免簽證國家，但海關仍可能要求出示訂房證明。行程決定後，最好先在網路上直接訂房，或請在法國的友人代訂。一般連鎖的旅館都接受直接在網路上預訂；小型旅館則需用E-mail確認，還需要提供信用卡號，費用將在住宿當天從信用卡支付。另外，每家旅館規定不同，最好先詢問取消訂房的規則。

選擇訂房管道

全球訂房系統

各大訂房網站（Agoda、Booking.com、Hotels.com、Expedia、Airbnb、Dayuse、abritel）都很方便，有些設有多國語言的介面，可預訂世界各地的旅館，適合做多國或多城旅行計畫，缺點是價格也偏高，但是可以看到完整的住宿條件。

當地的觀光資訊網站

法國每個省分都有觀光資訊中心網站，大多會提供當地旅館的情報，可以找到具有地方特色的旅館或家庭式旅館，也比較不會遇到黑心旅店。

旅行社配套方案

如果買機票或火車票一起搭配旅館，通常會有不錯的優惠，且皆是二～四星的旅館，但需注意旅館的位置，有些會離市中心很遠。缺點是和火車或機票綁在一起，計畫的變動彈性較少。

各省觀光資訊中心網站看這裡

巴黎(Paris)
http parisjetaime.com

大巴黎地區(Ile de France)
http www.visitparisregion.com/fr

阿爾薩斯地區(Alsace)
http www.visit.alsace

盧瓦爾河谷(Val de Loire)
http www.valdeloire-tourisme.fr

布列塔尼省(Bretagne)
http www.tourismebretagne.com

諾曼第省(Normandie)
http www.normandie-tourisme.fr

庇里牛斯山省(Midi-Pyrénées)
http www.tourisme-occitanie.com

普羅旺斯(Provence-Alpes-Côte d'Azur)
http provence-alpes-cotedazur.com

蔚藍海岸(Riviera Côte d'Azur)
http cotedazurfrance.fr

中央高地奧維暴(Auvergne)
http www.auvergne-destination.com

連鎖旅館或一般旅館官網

有較多的即時優惠，並提供當地的旅遊資訊，對旅館的設備與周邊也有詳細介紹。連鎖商務旅館的設備較現代化，地理位置與交通相對方便，週末的住房價格會比較便宜。另外，也可留意最後訂房特價（Dernière Minute Promotion），會將最後一週還沒被預約的房間促銷出清。

法國連一般旅館的用餐 ▶ 空間也都很別致
（圖片提供／鄧鈺澐）

當地台灣人社群網站

若是人在異地語言又不通，可找當地台灣人經營的民宿或短租，通常價格較實惠，只是住宿條件良莠不齊。各家有不同的入住規則，通常只有一個房間，且需先付押金，為避免產生糾紛，訂房前務必先詳細確認入住的注意事項。

在當地找旅館

當地找旅館最保險的方式是直接到旅遊服務中心（Office de Tourisme）詢問，說明預算、區域，以及想找的類型，資訊中心會提供空房資訊、代訂並解說如何前往。旅遊旺季時所剩的空房通常

▲ 巴黎越來越多設計風格旅店

是價位較高的房間，當然也較舒適。

親自到旅館詢問也是不錯的方法，還可以要求先看房間及設備，才決定是否入住。飯店門口通常會貼出價目表，其實價格彈性很大，只要看到外面貼的公定價在可接受範圍之內，不妨進去問問看。但如果門口掛著「客滿」（Complet或Plein）的牌子，就不用進去問了。

法國有許多歷史悠久的老 ▶ 旅館，設備大都很老舊，隔音也不是很好；但古色古香且具有歷史價值的旅館卻是亞洲少見的

豆知識
巴黎門牌號碼與塞納河有關

在巴黎，門牌號碼是單號雙號不同邊。若是東西向的街道，也就是與塞納河平行的街道，門牌號碼隨著塞納河的水流量而增大，是由東至西起算。若是與塞納河垂直（也就是南北向）的街道，門牌號碼則從塞納河開始算；所以每條南北向道路的門牌1號都在塞納河邊。只是塞納河以北跟以南的門號排列方向是完全相反的。

▲ 巴黎的路名牌子都標在街門1樓高的位置

網路訂房看這裡

訂房平台

France hôtel Guide
短租公寓，房租價格稍貴但品質很好。
http www.france-hotel-guide.com/fr/index.php

Dayuse
法國旅館搜尋平台，可免費取消訂房。
http www.dayuse.fr

Lodgis
短租公寓，房租價格稍貴但品質很好。
http www.lodgis.com/zh-hant

airBnB
全球最大的網路共享民宿平台。
http www.abritel.fr

Gite de France
法國整棟民宿出租網站通常以星期計價。
http www.gites-de-france.com

Booking.com
房源很多，各級旅館與民宿應有盡有。
http www.booking.com

Lodgis
短租公寓，房租價格稍貴但品質很好。
http www.lodgis.com/zh-hant

Trivago
飯店比價網。
http www.trivago.fr

Hotels.com
可累積點數換免費旅館。
http fr.hotels.com

Kayak
旅館比價網。
http www.tw.kayak.com

Hostel.com
青年旅館網站。
http www.hostelworld.com

連鎖旅館

Mercure
雅高酒店集團旗下的美居酒店。
http mercure.accor.com/fr/france/index.shtml

Kyriad
羅浮酒店集團的三星旅館。
http www.kyriad.com/zh-cn

Hotel F1
雅高酒店集團旗下的一級方程式酒店。
http otelf1.accor.com/home/index.fr.shtml

Campanile
羅浮酒店集團的經濟型旅館。
http www.campanile.com/fr-fr

Ibis
宜必斯連鎖酒店，有3種等級。
http ibis.accor.com/asia/index.en.shtml

Première classe
羅浮酒店集團的廉價旅館。
http www.premiereclasse.com/fr-fr

B&B
發跡於法國布列塔尼的連鎖旅館，主打附早餐的住宿。
http www.hotel-bb.com/fr

住宿省錢小撇步

多利用最後訂房系統

如果比較習慣現代化旅館，建議在國內就選擇機+酒的自由行行程，因為這些旅行社大多與大型的連鎖商務旅館合作，價格較優惠，但需問清楚所在地及前往方式，若在較偏遠處，交通費與時間就會增加許多。最後訂房特價系統折扣可達50%，平時多注意旅館網站的消息，對節省旅費有很大的幫助。

最後訂房特價系統
http www.fr.lastminute.com/derniere-minute

避開旺季

旺季與淡季的機票有時會差1萬多元台幣，住宿在淡旺季的價格也會有所落差。淡季通常是4～6月及9～11月，這時法國的天氣也不至於太寒冷，當然旅館也較便宜。

找附有廚房設備的旅館或民宿

法國民生消費偏高，尤其是每日必需的三餐常讓旅行者大嘆吃不消，如果有廚房設備，能自己買食物回來烹煮，可大大節省荷包。

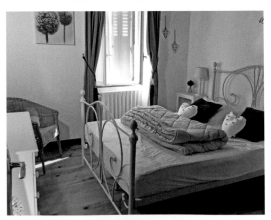

▲ 住民宿能更貼近法國在地生活

交換住宅

在國外已風行多年的交換住宅的房式現在也漸漸在法國盛行，尤其是一家人一起旅行時，交換住宅提供的條件相對比較便利，且因為交換，還可省下大筆開支，也更能深入了解當地住家型態。雖然必須註冊帳號與繳年費，比起支付旅館費用仍然節省很多，規畫時間越早越好，才能配合雙方的假期。

Troc maison
http www.trocmaison.com

Home exchange
http www.homeexchange.fr

豆知識

皇宮級酒店標誌

在眾多頂級旅館當中，法國旅遊部門特別建立皇宮級酒店標誌(Distinction Palace)，將地理位置特殊、擁有深厚歷史、卓越美學或特殊文化遺產，並能提供客製服務的旅館獨立出來自成一格。經過兩階段嚴格檢驗，才授予皇宮級酒店標誌，目前有25家，完整名單：www.france.fr/zh-Hant/行前須知/法國皇宮級酒店。

http www.atout-france.fr/services/la-distinction-palace

貼心 小提醒

自助洗衣店普遍又方便

法國氣候乾燥，貼身衣物洗滌後，通常晾一晚就乾了。如果旅行多日，衣服不夠換，有些青年旅館或民宿備有洗衣機，自助洗衣店(la laverie)也相當普遍，可以向櫃檯人員詢問哪裡有。操作方式跟在台灣大同小異。

查詢巴黎自助洗衣店
http laverie24.fr/75/paris

行家祕技 小旅館聯盟利多，可優先考慮

法國有許多小旅館自組聯盟以控制品質，並防止被大型旅館集團壟斷，這些聯盟的旅館大都集中在較熱鬧的區域。如Hip Hop Hostels旅館聯盟，可直接查詢各家價格及其地理位置，也可直接在網路上預訂。

Hip Hop Hostels由許多小型旅館與青年旅館組成，旅館大多位於市中心或巴黎熱鬧的地帶，房間的裝潢與氣氛也不會像其他的連鎖飯店一板一眼、毫無生氣。客群大都是年輕人或喜歡自助旅行的旅客，常有旅客互相討論或交流旅遊資訊。

http www.hiphophostels.com

行家祕技 法國的飯店星級怎麼區分？

只要是法國觀光局核准通過的旅館飯店，都會有「H」字樣與星數的牌子掛在門口。法國依設備、歷史、服務與軟硬體而分為6個等級，分為無星、一～四星及四星以上，所以在法國幾乎看不到五星。有許多水準夠的飯店不願意升級至四星級，因為四星要繳的稅比三星多，為了節稅還是留級比較聰明。

住宿類型介紹

從特色住宿、旅館飯店、民宿、到露營，住宿種類十分多元。

特色住宿

法國制式旅館的房間都不是很大，越來越流行的民宿反而比較舒適。4人以下同遊不妨選擇民宿，更能體會在地生活。還有各種特色住宿，讓旅行更添趣味。

主宮醫院旅館 Hôtel Hospitel

位於巴黎聖母院旁邊的巴黎主宮醫院（Hô-tel-Dieu de Paris），是巴黎最古老的醫院；很多人都不知道其實醫院7樓藏有一個旅館，共有14間客房。設備裝潢雖非豪華，但是一應俱全，價格平易近人，位於巴黎的歷史起點西堤島上，視野非凡。通常提供給住院患者家屬。

http www.hotel-hospitel.fr
✉ Aile B2, 6e étage, 1 place du Parvis Notre Dame 75004 Paris

聖心堂朝聖旅店 Hôtellerie Ephrem

巴黎蒙馬特的聖心堂提供巴黎最便宜的住宿，位置緊鄰聖心堂，單人房€30、團體房一個床位€10。但有交換條件，每個人夜裡須在教堂大殿裡至少晚禱1小時，形成不間斷的接力禱告。隔天早上，06:30大教堂開門後即可退房，或享用07:30～08:30的早餐（€4）再離開。必須在入住前48小時上網填寫申請表。

http www.sacre-coeur-montmartre.com
@ adoration@sacrecoeurdemontmartre.fr
✉ 35 rue Du Chevalier-De-La-Barre 75018 Paris

銀行的客房 Hôtel Banke

這裡是拿破崙三世的出生地，也是昔日CCF銀行的總部，一共有94個房間，其中拉法耶特套房是前銀行行長的圓形辦公室。還可以租下金庫舉辦派對。

http www.hotelbanke.com/fr
✉ 20 rue La Fayette 75009 Paris

大學城宿舍

巴黎南邊的Cité Universitaire由四十多棟學生宿舍組成，每一棟宿舍都由不同國家管理，專門提供各國碩士研究以上的學生住宿。每棟建築各有不同國家的風采特色，宿舍區內環境優美，平時也是散步的好去處。7、8月暑假期間，因為學生也回家度假，因此各宿舍會出租房間給遊客。根據不同館別，提供雙人房、附衛浴套房或兩房公寓，可直接寫信洽詢各宿舍。

http www.ciup.fr/accueil-groupes
@ groupes@ciup.fr.
✉ 17 boulevard Jourdan, 75014 Paris

巴黎礦業高等學院宿舍
Maison Des Mines

位於盧森堡公園旁的大學校區，交通方便。5～8月期間接待巴黎礦業高等學院以外的學生、口試期間的預科班學生、實習生和外國青年，需至少住宿3晚，住宿時間1週～3個月不等，共有224個房間（432床）。雙人房一人€30～50、單人房€42～60、附淋浴設備的雙人房€60～120。提供簡單的早餐。

http www.maisondesmines.com
@ administration@maisondesmines.com
✉ 270 rue Saint Jacques 75005 Paris
📞 01-43-54-77-25

搜尋特色住宿

Hebergement insolite
http www.hebergement-insolite.com

Step 1 打開網頁

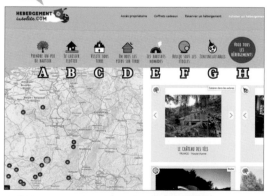

A.樹屋 / B.水上住宿 / C.地底住宿 / D.小木屋 / E.牧式住宿 / F.觀星住宿 / G.無法歸類 / H.以地圖搜尋

Step 2 以地圖搜尋

點選「以地圖搜尋」之後，即可查詢各地特色住宿。

Step 3 查看民宿資料

點擊所選的民宿之後，會出現民宿的資料與設備介紹。

Step 4 預約民宿

點選「RESERVER」（預約），會出現民宿的聯絡資訊，點選民宿官網即可前往預約住宿。

A.電話 / B.地址 / C.民宿官網

Hotels insolites

http www.hotels-insolites.com/france.html

Step 1 打開網頁

A.入住日期 / B.退房日期 / C.搜尋 / D.以地區搜尋

Step 2 以地圖搜尋

這個網站也有提供以地圖搜尋的功能。

Step 3 查看民宿資料

點選民宿之後會出現民宿聯絡資訊,可致電預約。

旅館與飯店

自2009年起,法國的旅館(Hôtel)每5年就要接受一次非常嚴格的審核,由「法國認證委員會」(COFRAC)根據241項符合國際連鎖酒店指標的標準,將旅館分為一～五星的等級,共有3類:設施的舒適程度、為顧客提供的服務,以及在環保和接待殘疾顧客方面的作法。

星等的數量在每個國家的定義並不相同,在法國,必須至少符合195項標準才能取得一星,五星旅館則需符合397項。法國一星級旅館相當於經濟型住宿(客房面積至少9平方公尺)。

二星級或三星級旅館相當於中級服務(客房面積至少9或13.5平方公尺),房間更寬敞,衛生設施也需有一定品質。三星以上級別的旅館備有至少50平方公尺的公共區域和休息室。入住四或五星級旅館則有寬敞的客房(四星級客房最小面積為16平方公尺,五星級客房最小面積為24平方公尺)。

旅館費用通常不包含早餐

一般法國的旅館早餐是另外付費的,較高級昂貴的飯店才會包含早餐,早餐內容相當簡單,如咖啡、牛奶、果汁;奶油、果醬,還有麵包、可頌等,價格約€5～15不等,若是價格較高的多為

▲ 旅館提供的早餐多為簡式早餐

自助式（à volonté或Buffet），內容就會較豐富，但需前一天預訂。如果習慣晚起，也可到附近咖啡館吃早餐，不但比旅館的便宜，還可享受咖啡館的風情。

旅館服務設備大不同

旅館的價格會因淡、旺季及房間設備而有差異，例如夏季比冬季貴；有浴缸的房間比淋浴的房間貴；有衛浴的套房比共用衛浴貴，所以在訂房時一定要看清楚包含的設備，此外，每一家旅館的設備和服務不盡相同，如有特殊需求最好在訂房前先詢問清楚，以免影響旅遊的心情。

■**電梯：**許多旅館沒有電梯設備，訂房時最好先詢問房間樓層，以及是否有電梯（Y a-t-il un ascenseur?）。如不確定旅館是否具有現代化設備，商務旅館會是不錯的選擇，一般來說，交通也會比較方便。

■**上網：**大城市的飯店大多備有免費無線上網服務，可向櫃檯詢問密碼。

■**早餐：**無論是飯店或旅館，在門口及房間內都會標示已含稅的房間價格，以及其他服務的價格，如早餐、停車費用等。四星級以上的飯店通常會附早餐，其餘旅館則需另外付費。

■**飲用水：**法國旅館不提供熱水，如果需要熱開水泡麵或泡茶，需要到旅館的附設吧檯或餐廳索取。

■**保險箱：**如果有重要物品，可詢問櫃檯如何寄放，有些旅館會在房間裡附保險箱，有些則有統一的保險箱，經櫃檯簽收存放。

青年旅館

青年旅館（Auberge de jeunesse）通常由非營利機構經營，提供簡單住宿和有限的餐飲服務，且通常設有公用自助廚房。不一定有年齡或身分的限制，但大多數要求辦一張入會卡，有些青年旅館組織遍布全世界，有些則以宗教或私營的方式經營，而每一家青年旅館的住宿規定也不盡相同，包括住宿天數、進退房與門禁時間、男女分房等等，需仔細看清楚各家規定。

住宿費一般是以床位計算，房型有4、6、8人或大通鋪，有的也會提供單人房和雙人房，但價格比較高，住宿費用通常包含早餐與清潔費用。

住青年旅館的好處是，可以結交到來自各國的朋友，同時也可以交換旅遊資訊，但缺點是需注意行李保管、且沒有隱私，因為通常不能選擇房間與床的位置，有時遇到很吵鬧或會打呼的室友，就有可能一整晚都不用睡了。

▲ 在巴黎有許多歷史悠久的飯店，這些飯店設備都不是很新穎，但絕對有歷史，以及參考法式皇家裝飾風格

▲ 盡量避免靠近大馬路的房間，若太過吵鬧可立即要求換房間

▲ 巴黎的MIJE青年旅館就在市中心的瑪黑區，一部分建築曾是修道院所在地

青年旅館哪裡找

青年旅舍聯合總會 FUAJ

國際青年旅舍(Hostelling International)在法國的分支機構。由全世界3千多家青年旅舍組成，法國有80家。

http www.hifrance.org

青年旅遊局 BVJ

24小時開放，位於巴黎市中心，離觀光景點非常近。共4間旅館分別坐落於羅浮宮、拉丁區、蒙馬特及香榭大道。

http www.bvjhostelparis.com/en

道德宿營 éthic étapes

非營利協會提供的客房，歡迎各種不同背景的旅客前來住宿並交流文化，也提供夏令營、校外教學與研討會等活動。巴黎有兩間，全法國共41間。

http www.ethic-etapes.fr

法國青年旅舍聯盟 LFAJ

須申辦會員卡，提供單人房或2、4、6張床的共住房。可按地理位置搜尋。不定時舉辦體育或文化活動。

http www.auberges-de-jeunesse.com/en/home

巴黎國際住宿中心 CISP

由巴黎市政府設立，除了住宿，也提供巴黎旅遊行程導覽。有2間旅館，分別為12區的RAVEL和13區的Kellermann，有半自助式早餐。

http www.cisp.fr

RAVEL：www.hotel-cis-paris-ravel.com/fr

Kellermann：www.hotel-cis-paris-kellermann.com/fr

國際青年和學生之家 MIJE

位於巴黎市中心瑪黑區，共有3棟，歷史悠久、古色古香，提供4百多個床位，有單人房或雙人房，附附早餐。可直接在官網預訂並以信用卡支付。

http www.mije.com

巴黎青年旅舍 AJI

位於巴士底廣場附近，交通便利，24小時開放，另有姊妹廉價旅館Bastille Hostel。

http www.aijparis.com/fr

巴黎國際接待中心 FIAP Paris

於二次世界大戰結束時成立，旨在促進年輕人之間的相遇和交流，並打擊各種形式的歧視。含早餐，24小時均可辦理入住與退房。不定期舉辦文化交流活動。

http www.fiap.paris

巴黎國際宿舍 RIP

共有102間客房，每間可容納1～6人，除了一般住宿，也提供主題活動住宿。附設餐廳與咖啡館，不定期舉辦藝文活動。

http hee-rip.com

拉丁區年輕快樂青年旅舍 Young and happy hostel Quartier Latin

巴黎第一家獨立青年旅舍，位於18世紀的建築內，鄰近巴黎市中心最古老的街區，以及年輕活力的大學區，餐館很多。

http www.youngandhappy.fr

民宿

民宿是深入體驗法國文化最好的選擇，可租下整棟或單一房間。需要特別注意的是退房時要將房間收拾整齊，不要亂丟垃圾，有些民宿會另外收清潔費。

▲ Gîte是法國的民宿代表

Gîte鄉村民宿

需經觀光局認證的民宿才可掛上Gîte的綠色招牌。通常是私有房屋，位於遠離城市的地方，在特定的時間內提供整棟出租。Gîte的好處是比旅館便宜，且有廚房可使用，能省下不少伙食費。

▲ Gîte有時以房間或整棟房子出租

Chambre d'hôte客房出租

多半是出租家中的空房，房東與客人共用客廳與廚房。價格其實並沒有比飯店便宜多少，但服務卻很好。有些屋主會準備很豐盛的早餐，或是可向屋主預約午、晚餐，由女主人烹煮最富當地口味的菜肴，家裡的裝飾也充滿當地文化特色。屋主大都願意提供一些當地人才知道的旅遊資訊，例如哪一家餐廳好吃、哪一條路風景比較美，這可是旅遊書也不見得知道的口袋名單。

▲ 想知道法國人怎麼布置家裡或庭院，找Chambre d'hôte就對了

台灣人在法國的民宿

只要在搜尋網站鍵入關鍵字「巴黎民宿」或「法國民宿」即可找到，好處是可用中文溝通。如小磨坊公寓(Le Petit Moulin)、散步巴黎民宿。也可以參考臉書社團「法國房屋出租/找屋/轉租資訊站」、「法國房屋出租資訊交流平臺」的租房資訊，有些是專業房東，有些是留學生或上班族。

這些通常是以私人名義出租，非營業性質，採取互信原則，沒有法律保障，所以下訂前務必多比較，有任何問題都要事前問清

楚，入住時也要注意房屋與家具狀況，免得平白被扣押金。

▲ 鄉間民宿有些備有泳池

法國鄉村民宿這裡查

Gîtes de France
加入綠色標誌Gîtes的旅店聯合網站，以設備豐富程度分等級(1～5麥穗)。
http www.gites-de-france.com/fr

Chambres d'hôtes
依據地理位置挑選民宿。
http www.chambres-hotes.fr、www.chambresdhotes.org

Maison hôte招待所
可搜尋西歐國家的整棟出租民宿。
http www.maison-hote.fr

Charme traditions
可根據旅遊主題搜尋民宿。
http www.charme-traditions.com

chambres d'hotes de charme
除了一般民宿，還有城堡與豪宅出租。
http www.chambresdhotesdecharme.com

Fleurs de soleil
可根據旅遊愛好挑選地點與民宿。
http www.fleursdesoleil.fr

Clévacances
加入Clévacances標誌的民宿，以1～5根鑰匙區分民宿舒適等級。
http www.clevacances.com/en

露營

▲ 只要見到這個標誌，就表示附近有露營地

如果有計畫在法國租車旅行，又喜愛大自然，就不要錯過受法國人喜愛的露營住宿方式。只要自備帳蓬和烹煮工具，就可以更親近法國大自然的美景。法國共有數千個露營營地，有些營地的設備完善，不輸給高級旅館，四星級的露營地大都有附屬的游泳池與兒童遊樂場，星級越高表示設備越好，當然價格也會比較高。露營地須透過網站或E-mail預訂，計費方式為基本清潔費（依車種大小而定），加上人頭數（成人與兒童票）來算。

▲ 光是法國全國就有數千個露營地，是最受全家旅行歡迎的方式

露營資訊這裡查

CAMPIMG.FR
3,500個露營地，包括四星級設備的露營場所。
http www.camping.fr

Camping de France
有多國語言的介面，並定期推出促銷價。
http www.campingdefrance.com

CampingFrance
以高級的露營地為主，也包括風景最優美，如靠近沙灘或湖邊的露營地。
http www.campingfrance.com

短租公寓 Appartment

短租公寓是三五好友或家人一起旅遊的最佳選擇。公寓設備通常一應俱全，有廚房可下廚大展身手，有洗衣機可洗滌，不用帶太多換洗衣物。短租公寓可以透過airBnB搜尋，事前多參考民宿

▲ 利用公寓出租的方式住宿，最能了解當地人的生活型態

短租公寓網站這裡查

Cobble stone paris
在巴黎管理多間公寓民宿，均位於相當方便的市中心區域，大部分都在瑪黑區。共同點是生活機能良好，公寓設施也都現代而完善，猶如為你在巴黎準備了一個舒適而方便的家。
http cobblestoneparis.com

Paris Attitude
在巴黎共有6千多個公寓，地點遍布全巴黎，是目前巴黎最大的公寓出租系統。通常以月租為主。
http www.parisattitude.com

Citadines
旅館管理式公寓，在世界各地與法國各地都有設點。提供舒適與便利的住宿環境，有專人管理，又能享受居家氛圍。
http www.discoverasr.com.cn/citadines

Lodgis
留學生也很常用的租房網站，可短租幾天或幾週，也可長租1年以上。設定好搜尋條件（地區、價格、人數、房間數），就能篩選適合自己的公寓，然後向網站預約即可。通常必須付一筆押金，退房後1、2個月才會退還。
http www.lodgis.com

公寓的評價，詢問各項服務與規定，才能避免糾紛。也可透過有管家服務的租房網站。

沙發衝浪

近年興起以睡沙發自助旅行的方式，免費借住在別人家。屋主將沙發借給旅客睡，所以無法如旅館般舒適，好處是能深入當地文化與家庭，但須注意安全。只要夠膽量，不在意睡眠舒適度，且有外語能力溝通，都可睡沙發遊世界。缺點是需要花較多的時間溝通和等待回應。雖然不需付住宿費，但也別忘了做好國民外交，記得帶些台灣的紀念品。

要成為沙發客需先上網站註冊並登記詳細的自我介紹，屋主會以這些資料決定是否給你借住，若自己的家可以接待沙發客，也別忘了回饋喔！

http www.couchsurfing.org

▲ 若是在鄉村城鎮，空間會比巴黎大些，與當地家庭同住會是不錯的選擇 (圖片提供／鄧鈺澐)

貼心 小提醒

需要留意法國居住習慣

☐ 浴室內沒有排水孔，所以洗澡時不要把地板濺濕。

☐ 如廁後衛生紙應丟入馬桶一起沖掉。

☐ 自來水可以生飲，不需再煮沸，除非要泡茶或泡麵。

☐ 晚上10點之後盡量輕聲細語。

行家祕技　農場打工換宿

WWOOF是法國的新興運動，旨在讓遊客與有機農民之間產生連結，促進文化交流，並建立一個關注生態農業實踐的全球運動。透過此機會，可以在法國的有機農場和農民一起生活。

http wwoof.fr/fr

路上觀察　旅館餐廳的美食評鑑

找旅館也要找好餐廳。在法國，旅館有沒有附屬餐廳是非常重要的，尤其是在人煙較稀少的小鎮上，好餐館一向難找，而旅館也會以開餐廳的方式，來平衡淡季的收支。在飯店的外牆上，有多種不同的小招牌同時貼在牆上，那是來自法國各個美食評鑑會的招牌，或導覽書好評價的代表，也表示此家旅館的附屬餐廳廚藝備受肯定。

飲食篇
Gourmet

在法國，吃什麼風味美食？

法國美食世界知名，如何找尋美味？如何依照法國禮儀用餐？怎麼樣看菜單點菜？在此篇都有詳細的介紹。羅列各式餐廳：法式與異國料理餐廳、簡餐熟食店、餐館、酒館、甜點店、素食餐廳，多樣的飲食選擇，不怕吃不慣。

法國人的一日三餐

晚餐有時吃到半夜，因此法國人少吃宵夜。

法國人的飲食習慣分為早餐(Petit Déjeuner)、午餐(Déjeuner)、晚餐(Dîner)，學童放學後會吃點心(Goûter)，上班族下班後也許會跟同事去喝一杯(Boire un verre)，週末則與親朋鄰里喝開胃酒(Apéro)。但是吃宵夜(Souper)對法國人而言是很難得的，因為法國晚餐時段大部分都是在8點才開始，吃完往往都是晚上9點或10點，若是正式宴席或耶誕家族聚餐，吃到半夜是很平常的事情。所以實在沒時間也沒「肚量」吃宵夜了。

早餐

法國以美食聞名，早餐卻出奇地簡單，往往只有甜食：咖啡、牛奶咖啡(café au lait)或果汁，再加上幾片麵包塗上奶油、果醬就能打發了。「豪華版」就配可頌或巧克力夾心麵包。旅館早餐通常需另外付費，並需在前一晚預訂，但不一定會讓你覺得很豐盛，除非是自助式或是四星以上飯店的早餐。

法國的大都市人，在週末的早晨會較晚起床，再到有提供早午餐「Brunch」的餐廳或咖啡廳用餐，早午餐的內容豐富，包括豐盛的早餐以及輕食餐點或沙拉，一路從早上11點吃到下午是常有的事，而且這樣的用餐方式還頗受年輕人歡迎。

法式作風：建議可到住宿附近的咖啡廳吃早餐，價錢與旅館的早餐差不多，但選擇較多，還可享受法國咖啡廳的悠閒氣氛。

▲ **法國旅館提供的傳統早餐**

午餐

法國的午餐也以簡單快速為主，一個三明治或一盒生菜沙拉就能解決，到餐廳通常會點能快速上桌的當日特餐。大部分餐廳都會提供中午的簡餐(Menu de Midi)，可選前菜加主菜，或是主菜加甜點。用餐時間12:30～14:30，這段時間點菜與等待的時間也會比較漫長。

法式作風：天氣好的時候，買個三明治或輕食餐盒，到公園裡坐在草地野餐，是法國常見的景象；冬天則可到咖啡廳點份輕食，配熱咖啡。

晚餐

法國人視晚餐為一天中最豐盛的一餐,當然得慢慢享用。一路從開胃酒、前菜、主菜、乳酪盤、甜點到消化酒,可以吃上3個小時以上,甚至到午夜!

法式作風:晚餐通常晚上7點半才開始,太早去,餐廳也還沒開始營業!如果晚餐時間不到就肚子餓,可到連鎖餐廳,或是餐酒館、咖啡廳,一般都有提供輕食或三明治,法國人如果嘴饞或小餓,會去咖啡廳或是買可麗餅、中東三明治解決。

▲ 晚餐通常較為豐盛

行家祕技

Brunch早午餐哪裡吃?

法國年輕人經常相約吃早午餐。與午餐相比,早午餐不那麼正式,又比早餐更精緻,親朋好友可以歡聚一堂,品嘗甜點和鹹食,各取所好。週末不吃早午餐就落伍囉!可參考網站Où bruncher和Brunch Paris,搜尋早午餐餐廳的資訊。

http **Où bruncher**:www.oubruncher.com
http **Brunch Paris**:www.brunch-paris.com

▲ 法國早午餐相當有特色

Le Pain Quotidien
全天候供應有機早午餐,巴黎有多家分店。
http www.lepainquotidien.fr
✉ 97 rue Rambuteau 75001 Paris

Spoon
大廚Alain Ducasse系列餐廳,平日提供午餐與晚餐。
http www.spoon-restaurant.com
✉ 25 place de la Bourse 75002 Paris

Alimento
位於拉丁區,義大利風格。
http alimento.fr
✉ 9 rue de Pontoise 75005 Paris

Gabylou
提供Prosecco氣泡酒喝到飽。
http www.gabylou.com
✉ 15 rue d'Armaillé 75001 Paris

Café Joséphine
法式餐酒館風格。
http www.cafe-josephine.fr
✉ 3 place des Deux-Écus 75001 Paris

Afendi
黎巴嫩家常菜吃到飽。
http afendi-paris.com
✉ 84 rue du Faubourg Saint-Denis 75010 Paris

Hardware Société
蒙馬特山丘上的澳洲早午餐。
http www.hardwaresociete.com/paris
✉ 10 rue Lamarck 75018 Paris

Terrass' Hotel
可俯瞰巴黎屋頂與欣賞鐵塔。
http www.terrass-hotel.com/restaurant
✉ 12-14 rue Joseph de Maistre 75018 Paris

用餐須知

法國人的餐桌禮儀其實不複雜。

法國人的用餐禮儀

Step 1 等候帶位

進入餐廳時，不要逕自找位子直接一屁股坐下！要先在入口處等服務生來帶位，告知服務生用餐人數後，再由服務生帶領至座位，如果有想坐的位置，可開口詢問服務生。

Step 2 品餐前酒

法國人有喝開胃酒（Apéritif）的習慣，服務生送上菜單的時候，通常會問是否要喝餐前酒。若想點菜可直接要菜單（Carte）。

▲ 餐前酒也可以選調酒

▲ 法國人在開胃酒聚會時喜歡搭配一盤火腿乳酪

Step 3 研究菜單

看菜單其實並不難，許多觀光大城市的餐廳都已經將菜單附上英文、甚至日文或西班牙文。只要掌握看菜單的要點，就可以輕鬆點菜。

套餐（Menu）通常價格比較高，包含前菜＋甜點＋主菜，不太餓時可選簡餐（Menu du jour）比較便宜，包含前菜或甜點＋主菜。今日特餐（Plat du Jour）是最快速的選擇，價格也更實惠，只是沒有什麼菜色可以選擇。若是都不合口味，就從菜單中選擇單點（à la carte）的菜色吧。

飲料需另外點，可向服務生索取酒單（Carte des vins）。如果點整瓶的紅白酒或香檳，服務生會在餐桌邊開瓶，並倒一些在杯中請客人試飲，以確定酒的品質符合客人的口味。如果不喝酒，可以點瓶裝礦泉水，或是一壺免費的水（Une carafe d'eau, s'il vous plaît.）。

▲ 可以只點沙拉當主菜

▲ 餐廳的乳酪盤，挑選之後由服務生切好再放到顧客的餐盤中

Step 4 同桌同步上菜

　　法國人的用餐習慣是同桌同步、有階段性的，也就是說，如果大家都有點前菜、主菜與甜點，服務生會同時上前菜，等同桌的都用完前菜之後再同時將主菜端上桌；同樣道理，等大家都吃完主菜，服務生才會接著送甜點上來。

　　如果其中只有一位點前菜，那服務生只會先送前菜，等吃完後才會送其他人的主菜上來，這也是為什麼法國人點菜時，都會詢問一下同伴點些什麼，不然只有一個人有點前菜，其他的人看著你「一個人」吃，那可是有些尷尬。

Step 5 結帳買單

　　用完餐要買單時，只要跟服務生說「L'addition, s'il vous plaît!」，或比一下寫字的手勢（表示簽名刷卡的意思），服務生會自動將帳單送上桌。如果選擇信用卡付費，只要將信用卡放在帳單盤上，服務生會拿刷卡機來幫你刷卡。在法國不像在美國，小費可隨意給，並沒有強制要給多少小費。

🎱 豆知識

法國餐桌禮儀

■ 提前在官網或者電話預訂餐廳。

■ 男士開門讓女士先進入餐廳，並等候侍者帶位，勿擅自入座。

■ 看完菜單之後，將菜單闔起來或放在一旁，侍者才會過來點餐。可舉手示意，切勿大喊催促侍者。

■ 左手拿刀，右手拿叉。

■ 麵包撕成適口大小再放入口中，勿以牙齒直接咬食。麵包吃完可再向侍者索取。

■ 較大的沙拉葉，以刀叉將其摺成小塊再吃，餐刀除了用來切肉類，在餐桌上通常只是用來將食物推到叉子上而已。

■ 若有一個以上的杯子。比較大的杯子為水杯。酒杯放在水杯右方。

■ 餐巾對半折放在腿上，開口朝向自己，擦拭嘴巴時將嘴藏入開口中。勿將餐巾塞入領口。

■ 用餐完畢，將刀叉以同一方向置放於盤上，侍者就會過來收盤。若還要繼續食用，則將刀叉分開呈「八」字形放置。

▲ 將刀叉分開置放，表示繼續食用

▲ 法國餐廳菜單時常為手寫黑板

法國餐廳類型

法國餐廳種類眾多，稱呼都不同，Restaurant、Bistrot、Brasserie、Café等，他們的區別在哪裡呢？

■ **Le Bistrot**：指鄰里的小餐館。Bistrot這個字出現在19世紀末，來源眾說紛紜，一說是來自俄文的bystro（快一點）。

■ **La Brasserie**：從1860年開始即是釀啤酒與喝啤酒的地方，brasser是指攪拌啤酒桶的動作。裝潢通常相當古典。

■ **Le Café**：17世紀時稱為咖啡廳（Salle de café）或咖啡沙龍（Salon de café），經常是政治人物或文人聚會高談闊論的地方。現在則主要提供咖啡與飲料，也供應簡餐。

■ **Le Bar**：原本是英美人士的bar-room，1857年之後法國人簡稱為bar。但其實bar這個字來自法文的barre（槓），典故來自吧檯。通常是站著喝一杯酒的地方。

■ **Le Bouillon**：1855年開始興起的平價食堂，原意為「清湯」。現在則是帶點懷舊氛圍的餐廳，餐點大多是家常菜。

■ **La Cave à manger**：2004年後才流行起來的餐廳，原本通常是賣酒的酒窖，提供搭酒的輕食，如火腿乳酪拼盤。

▲ 在法國，咖啡館(Café)也是餐廳

套餐
前菜+主菜+甜點

Menu 24 euros
Entrée & Plat & Dessert

前菜：選一道
L'Entrée au choix
Salade Crétoise
à la menthe fraîche
Tarama et ses toasts grillés
Tartare de tomates aux crevettes

主餐：選一道
Le Plat au choix
garnitures à volonté
...-Filet (190gr)
Salade de poulet "Tandoori"
Poulet Nouvelle-Orléans

甜點：選一道
Le Dessert au choix
...e brûlée Hippo
...au chocolat noir
Crumble aux pommes
Camembert au lait cru

簡餐
前菜+主菜 或 主菜+甜點

Menu 13.5 euros
Entrée & Plat ou Plat & Dessert

前菜：選一道
L'Entrée au choix
...à la ciboulette
...alade crétoise
Tartare de tomates au thon
Gratinée à l'oignon

主餐：選一道
Le Plat au choix
...illette de Troyes
...e poulet au grill
Pièce du boucher (190gr)
Filet de Tilapia à la plancha

甜點：選一道
Le Dessert au choix
...au chocolat noir
...oupe délice
Crème renversée
Camembert au lait cru

RESTAURANT
Les Gobelins

前菜
Entrées / Hors d'Oeuvre

Nems frits à la menthe fraîche	6,80€
Panier Grignotage	8,90€
Bloc de foie gras de canard	7,90€
Oeufs pochés à la ciboulette	4,90€
Chèvre chaud à la provençale	7,10€
Tarama et ses toasts grillés	5,90€
Tartare de tomates au thon	6,80€
Tartare de tomates aux crevettes	7,20€

Soupe 湯品

Gratinée à l'oignon	4,50€
Soupe de panais au curry	3,80€
Soupe de dhal	4,20€
Soupe au chou-fleur	3,50€

Salade / Crudité 沙拉

Salade crétoise	5,50€
Salade de saumon au vinaigre	6,90€
Grande salade de saumon	14,50€
Grande salade Crétoise	11,90€
Salade poulet "Teriyaki"	10,90€

Légumes 蔬菜

Pommes Frites	5,50€
Pommes Anglaise avec Beurre	6,90€
Pates au Fromage	14,50€
Pates Sauce Tomate	11,90€
Choucroute Legume	10,90€
Petis Pois à La Française	6,90€

Plat 主菜
Poissons 魚類料理

Filet de tilapia à la plancha	13,90€
Aile de raie aux piments doux rôtie	30,20€
Saint-pierre épais légèrement blondi	25,50€

Viandes 肉類料理

Andouillette de Troyes	10,50€
Blanc de Poulet au Grill	13,20€
Côtes d'agneau grillées	16,90€
Cœur de Rumsteck 250 gr	21,90€
Entrecôte 350 gr	22,50€

Rôtisserie 燒烤類料理

Roti de veau Petits Pois	10,50€

Nos Classique／Nos Spécialités 招牌菜

Côte de Porc Charcutiere	13,50€
Choucroute Saucisses Frites	11,80€
Tête d'Agneau Grillèes Frites	14,50€

Fromages 乳酪

Brie de Meaux	6,50€
Camembert	6,50€
Emmental	6,50€
Saint Nectaire	6,50€

Desserts 甜點

Compote de Pêche	5,50€
Framboises au Sucre	6,00€
Ananas Frais	6,20€
Crème de Marron	5,50€

Boisson 飲料

Cafe Express	2,20€	
Coca Cola	2,80€	
Cidre	3,20€	
Thé	3,20€	

Apéritif 開胃酒

Martini	4,20€
Cinzano	4,40€
Porto	3,20€
Ambassadeur	3,80€

Digestif 消化酒

Kirsch pur	4,20€
Rhum	4,50€
Calvados	3,90€
Mirabelle	4,90€
Quetsche	3,90€

Eaux Minérales 礦泉水

Dadoit	3,20€
Vittel	3,20€
Evian	3,20€
Vichy St-Yorr	2,70€

Les Champagnes 香檳
Chanoine Grande Réserve

La bouteille (75 cl)	28,90 €	一瓶
La coupe (11 cl)	5,90€	一杯

Tsarine Tête de cuvée

La bouteille (75 cl)	35,00€	
La coupe (11 cl)	6,80€	

Le Vin au verre (12,5 cl) 單杯裝

Chardonnay - blanc	2,80€	白酒
Château Meric A.O.C. - rouge	5,00€	
Saumur A.O.C. - rouge	2,90€	
Côtes du Lubéron A.O.C. - rosé	2,50€	粉紅酒

Les Vins en bouteille 瓶裝酒
Chassagne Montrachet - rouge

La bouteille (75 cl)	32,50€	

Château Magnan La Gaffelière - rouge

La bouteille (75 cl)	29,50€	

Château Meric - Cru Bourgeois - rouge

La bouteille (37,5 cl)	14,90€	紅酒

餐廳選擇與推薦

多元文化的美食，豐富你味蕾。

法式傳統餐廳

法國傳統菜的法文為「Cuisine Traditionnelle」，如果招牌有這個字，那吃到的絕對是正統法國菜。這些法國傳統餐廳會以法國省分來區分其料理的不同，如阿爾薩斯省（Alsace）賣的是酸白菜豬腳（Choucroute）、諾曼地或不列塔尼通常是薄餅（Crêpe）等等，但即使是省分不同、料理不同，傳統餐廳一定有好酒、好肉、好乳酪，這點是不會錯的。

▲ 法國傳統菜肴油封鴨腿

▲ 來法國不可不試試生蠔

異國料理餐廳

近幾年法國的異國餐廳增長迅速，當然在巴黎的選擇最多元，不只有道地的日本菜、義大利菜、西班牙菜、北非菜、印度菜、中南美洲料理，甚至也越來越多台灣人經營的餐廳。

日本料理

法國各地都有一些溫州人經營的日式壽司餐廳，並非正統的日本料理。但是近幾年由日本人經營的道地拉麵店、便當、壽司店也逐漸增多，有些在用餐時間都大排長龍。

▲ 巴黎歌劇院區常見的日本道地拉麵

▲ 道地日本生魚片蓋飯

▲ 超市也買得到壽司

台灣料理

除了越來越多的珍珠奶茶店，還有台灣小吃：鹽酥雞、刈包、蔥油餅、涼麵、滷肉飯。家常與精緻路線都各有擁護者。

▲ 台灣餐廳ZAOKA的精緻刈包

▲ 台灣餐廳37M2的鹹酥雞便當

Le 37M2 Opéra

http www.le37m2.fr / ✉ 64 rue Sainte-Anne 75002 Paris / ➡ 地鐵3號至Quatre-Septembre站或7號線至Pyramide站

鹹酥雞便當與珍珠奶茶非常受附近上班族的歡迎。

B-ZAOKA

http zaokaparis / ✉ 3 rue des Patriarches 75005 Paris / ➡ 地鐵7號線至Censier-Daubenton站

台語「灶咖」之意，將刈包與法式廚藝結合，精緻美味。主廚甜點也是一絕。

台北廚房 *Taipei Gourmet*

http taipeigourmetparis / ✉ 5 Boulevard Saint Marcel 75013 Paris / ➡ 地鐵5號線至Saint-Marcel站或Gare d'Austerlitz站

台灣媽媽味，主打火車排骨便當與刈包。

Bopome ㄅㄆㄇ

http bopome.business.site / ✉ 48 rue de Lancry 75010 Paris / ➡ 地鐵5號至Jacques Bonsergent或République站

蔥油餅捲餅、台式涼麵與炸雞非常道地。

Foodi Jia-Ba-Buay

http foodi-jia-ba-buay.fr / ✉ 2 rue du Nil 75002 Paris / ➡ 地鐵3號線至Sentier站

台語「吃飽沒」，由料理教室晉身為台灣料理餐廳，不定期更換菜色。

台灣味 *Le goût de Taïwan*

http legoutdetaiwan / ✉ 21 rue des Grands Augustins 75006 Paris / ➡ 地鐵4、10號線至Odéon站

台灣媽媽經營的台灣小吃，貢丸湯與滷肉飯很道地。

來座 *Laïzé*

http www.laizeparis.com / ✉ 19 rue de Montmorency 75003 Paris / ➡ 地鐵11號線至Rambuteau站

台灣手搖飲專賣店，茶葉品質優良，果茶或花茶都好喝。

Chez Ajia

http ajia.fr/fr / ✉ 4 rue du Roi de Sicile 75004 Paris / ➡ 地鐵1號線至Saint-Paul站

　　道地台灣料理，滷肉飯跟刈包、黑糖糕大受好評。

Ciao Roue

http ciaoroue.fr / ✉ 3 rue de Montmorency 75003 Paris / ➡ 地鐵11號線至Rambuteau或Arts et Métiers站

　　巴黎道地的台灣車輪餅，逐漸攻占法國人的味蕾。

Graines du Jour

http www.grainesdujour.fr / ✉ 110 rue Mouffetard 75005 Paris / ➡ 地鐵7號線至Censier-Daubenton站

　　台灣人開的濃純有機豆漿店。

Taiwan Connection

http www.taiwanconnection.fr / ✉ 32 rue des Remparts 33000 Bordeaux

　　位於酒鄉波爾多（Bordeaux）的台灣小館，滷肉飯與雞蛋糕是特色。

BEN's Bowl

http bensbowl.fr / ✉ 9 rue Claudia 69002 Lyon

　　位於里昂（Lyon）的台灣小館，鹹酥雞飯、牛腩飯、豬腳飯都很道地。

BAO BAO

http www.baodao.fr / ✉ 5 rue de la Clavurerie 44000 Nantes

　　位於布列塔尼（Bretagne）的台灣美食，麻醬麵、刈包撫慰遊子思鄉之情。

越南料理

越南是法國以前的殖民地，越戰之後法國接收

不少中南半島移民，也帶來豐富的飲食文化。最常見的是越南湯河粉PHO以及乾河粉BOBUN，還有生春捲與炸春捲。

▲ 巴黎人也很愛越南的涼拌河粉bobun

▲ 炸春捲是越南餐廳必點菜色

黎巴嫩料理

　　1975年黎巴嫩內戰後有不少人移民到法國，帶來當地特色餐飲。有各式簡餐與正規餐廳。比較

常見的是mezzé拼盤，會有一些肉類、炸丸子與幾樣前菜，搭配軟薄餅一起吃。

◀ 黎巴嫩美食多樣而精緻

中國料理

隨著中國移民增多，中國餐館也開始出現地區特色料理：雲南、四川、西安、南昌、溫州等等，還有不少現代裝潢的火鍋店。而各個城市幾乎都有華人的簡餐店（traiteur），十多樣菜色任君挑選，營業時間從早到晚不休息。巴黎的13區與19區有很多傳統華人餐廳，9區與10區則較多新一代的地方料理與火鍋店。

▲ 到處可見的華人熟食店，提供多樣菜色，可以外帶

▲ 道地鴛鴦火鍋

北非料理

阿爾及利亞突尼西亞摩洛哥等地區料理，以couscous最為普遍，鮮甜蔬菜高湯淋在小麥粗麵粉上，再搭配羊肉香料香腸或烤羊肉。

▲ 北非料理couscous的蔬菜湯頭非常重要

印度與斯里蘭卡料理

▲ 印度餐廳的素食拼盤

在巴黎也相當普遍，屬於平價餐廳，多集中在巴黎北站（Gare du Nord）與10區的Passage Brady附近。有一些是全素食餐廳。

餐酒館

啤酒館（Brasserie）以前是釀製與提供啤酒的地方，現在雖不再釀啤酒，但仍提供眾多酒類飲料。也提供簡易料理：如法式烤火腿吐司（croque monsieur）、歐姆蛋、牛排與薯條等。

小餐館（Bistrot或bistro）原是提供家常菜色的平價餐館，現在則衍生出自成一格的美食「bistronomie」，眾多法國大廚紛紛選擇小餐館bistro為舞台，推出創意美味料理。

▲ 餐酒館也供應調酒

▲ 餐酒館不乏拿手料理

▲ 法國人喜歡在餐酒館喝飲料聊天

咖啡館

咖啡館(Café)在法國人的日常生活當中占有重要地位,點一杯咖啡就能坐上1、2個小時,看書聊天或看風景。一般傳統的法國咖啡館通常只有濃縮咖啡(Expresso)與奶泡咖啡(Café crème),不像新式的北歐風格咖啡館提供多種咖啡豆及不同的烹煮法。法國傳統咖啡館除了咖啡,還有其他飲料,也供應簡餐。

法國人很喜歡點饕客咖啡(Café gourmand),一小杯黑咖啡配上兩三樣小巧的甜點,能滿足口腹之欲又不會太放縱。

▲ Café gourmand很受歡迎

▲ 在咖啡館也能點杯葡萄酒

▲ 懷舊氛圍的小咖啡館是法國歷史的一部分

 豆知識

在咖啡館喝什麼咖啡?

巴黎的咖啡館不只賣咖啡,也是重要的文藝或交流場所,可以坐一整個下午也不會被趕。Un café,一杯咖啡,是法國人最常點的,通常是指一小杯濃縮咖啡。如果覺得太小杯,可以點Double expresso(雙份濃縮)。不喜歡咖啡太濃烈,那就點Café allongé,是摻熱水的咖啡,與Café americano(美式咖啡)相近。

如果想喝加牛奶的咖啡,要點Café crème,通常說「Un crème」就行了。我們熟知的Café au lait(歐蕾咖啡)一般是在家裡喝的。也有Cappuccino(卡布奇諾)。另外還有Café noisette,也是加了奶的咖啡,字義是榛果咖啡,但是跟榛果沒有什麼關係,只是因為咖啡裡加了一球榛果大小的牛奶才得此名。

喝咖啡怕晚上睡不著?那就來杯Décaféiné(無咖啡因咖啡),法國人通常說「Un déca」。天氣熱可以試試Café frappé(冰鎮咖啡),想吃甜食的時候就來杯Café viennois(維也納咖啡),咖啡上擠滿濃郁的鮮奶油花,讓人看了就心情大好!

不喝咖啡可以嗎?當然可以!那就喝可樂、果汁,或者來杯經典的Menthe a l'eau(薄荷糖漿加水),或是Diabolo(惡魔),其實就是薄荷糖漿加氣泡水。

◀ Café crème是加了牛奶的咖啡,有些會將牛奶用小壺另外盛裝

◀ 清涼的Diabolo

葡萄 / 啤酒酒窖

喜歡品酒的人不妨到酒窖（cave à vin / bière）小酌，越來越多的專門酒窖不僅提供品酒教學，還供應精緻的輕食：乳酪與火腿拼盤、各式蔬菜肉片三明治、新鮮豐富的沙拉。大部分酒窖並不禁止未成年兒童進入，但是當然只能點果汁等無酒精飲料。

▲ 大杯啤酒法文稱為une pinte，小杯250CC是demi

▲ 酒窖大多提供輕食

▲ 巴黎越來越多啤酒專業酒窖

連鎖餐廳

連鎖餐廳是最討觀光客喜歡的，在熱鬧的區域都找得到他們的蹤跡。除了服務時間長之外，菜單通常是圖文並茂，看圖點菜絕對錯不了！除此之外價格也比一般餐廳優惠，如果擔心不會點菜，先上網研究菜單吧！

▲ 海鮮連鎖餐廳

Hippopotamus

http www.hippopotamus.fr

以可愛的大河馬為商標，主賣法式牛排，菜肴種類豐富選擇多，時常更換菜色。很適合胃口大的人。也提供可愛的兒童餐，很適合全家聚餐，如有小朋友可索取小蠟筆和畫紙，讓小朋友在等上菜時畫畫打發時間。

▲ 只要看到滿是紅色的餐廳，就是這隻大河馬的家

Pizza del Arte

http www.delarte.fr

　吃膩了台灣的厚皮披薩，就試試這家道地的義式披薩吧！此家的披薩皮脆料多，還有多樣的義式麵類供選擇，口味、用料、作法都是道地的義大利式，店內也提供素食披薩，但記得要提醒服務生，不要加大蒜(Ail)和洋蔥(Oignon)才符合東方素的要求。

▲ 店內也有提供素食披薩，素食者也可考慮在此用餐

Léon de Bruxelles

http www.restaurantleon.fr

　賣的是比利時食物，卻非常受法國人歡迎，想吃淡菜及比利時好吃的薯條，Léon是不二之選。各式烹調淡菜的方法及海鮮類的料理，配上無限量供應的香脆薯條，會讓人回味無窮，尤其炎熱夏天配上比利時的特產啤酒，解渴消暑，滋味真是讚！

▲ 便宜好吃的海鮮連鎖餐廳

Buffalo Grill

http www.buffalo-grill.fr

　在全法國各地共有95家分店，以美國牛仔為靈感的法國連鎖餐廳。裝潢充滿美國鄉村風格，炭烤牛排最受喜愛，價格與氣氛皆平易近人。

連鎖牛排餐廳，炭烤▶
牛排是店內招牌菜

行家祕技 Les Grands Buffets 全世界最豪華的自助餐

　現在流行的Buffet自助餐廳，事實上是傳統的法式用餐服務。位於法國南部Narbonne的Les Grands Buffets餐廳，提供各項法國美食，包括超過50種燒烤、各式鵝肝醬、海鮮、龍蝦、生蠔、甜點，以及七十多種葡萄酒。甚至匯集了111種乳酪任君享用，數量之多，以致名列世界金氏紀錄。餐廳裝潢猶如走進法國宮廷，極其奢華氣派。一人的費用為€57.9。通常需提前3～4個月上網訂位。

http www.lesgrandsbuffets.com/en

麵包店

法國人一天都不能少的就是麵包和甜點。法國麵包店到處都有，街頭巷尾皆可見，滿足法國人一日所需，店內提供麵包、甜點、自家製的三明治、鹹派和披薩。不過依照「法國人」專業的說法，好吃的甜點可不會出現在麵包店裡，一定要去專賣甜點的店才可以。

▲ 麵包店的各式甜麵包、甜點

 豆知識

巴黎最佳長棍麵包

法國每年生產多達60億條長棍麵包，被聯合國教科文組織列為非物質文化遺產，無疑是法國的象徵之一。30年來，巴黎每年都會舉辦長棍麵包比賽，優勝者可獲得獎金€4,000，並成為巴黎市政廳及法國總統府的官方供應商，為期1年。

每位參賽者必須製作40條麵包。長棍麵包的評判標準主要是外觀、外殼的顏色和鬆脆度、香味、氣孔、麵包芯的柔白度、以及咀嚼感。

長棍麵包的長度必須在50～55公分之間，重量介於250～270克，每公斤麵粉的含鹽量不得超過18克。

關於法棍的起源眾說紛紜，事實上是20世紀的產物。城市裡的有錢人三餐都需要新鮮麵包，而且喜歡麵包酥脆外皮更甚於麵包芯。1919年的一項法律禁止麵包師上夜班。為了能在短時間製作麵包，麵包師用酵母代替發酵粉，並將麵團揉成長棍型，只需20分鐘就能烤好。

巴黎歷屆最佳長棍麵包(店名／地址)：
- **2024年：Boulangerie Utopie**
  20, rue Jean-Pierre-Timbaud 75011
- **2023年：Au Levain des Pyrénées**
  44, rue des Pyrénées 75020
- **2022年：Boulangerie-Pâtisserie Frédéric Comyn**
  88, rue Cambronne 75015
- **2021年：Les Boulangers de Reuilly**
  54, boulevard de Reuilly 75012

甜點專賣店

法國的甜點大師與甜點店多如過江之鯽,尤其在巴黎更是遍地開花,讓人如入寶山,怎可空腹而歸?很多甜點店都附有沙龍,可以坐下來細細品味。

Ladurée

http www.laduree.fr

創立於1862年,目前全法國有40家分店,1930年時改良了傳統甜點馬卡龍,自此銷售一路長紅。

Pierre Hermé

http www.pierreherme.com

被譽為「甜點界的畢卡索」,以Ispahan(混合玫瑰、荔枝和覆盆子)口味的甜點名聞遐邇,在法國有37間分店。

Cedric Grolet

http cedric-grolet.com

全球最有才華也是鋒頭最健的甜點師之一,以逼真的水果造型甜點享譽國際。必須事先預訂。

Jacques Genin

http jacquesgenin.fr

巧克力天才大師,蛋糕與甜點相當有創意。

Stohrer

http stohrer.fr

成立於1730年,是巴黎最早的甜點店之一,傳統法式甜點Baba au rhum(蘭姆巴巴)就是在這裡誕生的。

Angelina

http www.angelina-paris.fr

1903年開幕至今,已有30家分店。以蒙布朗栗子泥(Mont-blanc)蛋糕著稱。

路上觀察 好吃甜點+麵包怎麼找?

法國人對於麵包和甜點這兩樣東西可是非常挑剔的,而可以讓法國人排隊等上半天,當然也是為了麵包好吃、甜點口味道地這件事囉!法國人對排隊一向沒耐心,但為了買到好吃的麵包,不管天氣多冷,隊排多久都甘願,真是讓人匪夷所思。若在路上看到有許多人排隊買麵包,表示這家的麵包或甜點肯定好吃!

簡餐與熟食店

除了速食連鎖店，法國街上也常見簡餐店，如法國的Paul連鎖麵包甜點，可以外帶也可以內用。中式簡餐店營業時間都很長，提供便當外帶，有炒飯、炒麵與各式熱炒。另外法國傳統的traiteur熟食店，則提供精緻的前菜冷盤、各類香腸熟肉、油漬蔬菜等，價位較高，但能嘗到美味的法式創意料理。

▲ 法式熟食店的傳統料理：酥皮肉凍

▲ 中式簡餐店營業時間都很長

▲ 一杯咖啡配上小麵包就能打發一餐

簡餐與熟食店推薦

Pomme du Pain
http pommedepain.fr

Paul
http www.paul.fr/fr

Brioche Dorée
http www.briochedoree.fr

La Mie Câline
http www.lamiecaline.com/fr

▲ **Pomme du Pain**速食店

24小時營業的餐廳

在法國，晚上10點以後想吃東西，只能用「慘」字形容。沒有夜市路邊攤、沒有24小時超商，就算有外送平台，也沒有什麼餐廳開著。如果住的旅館偏僻些，那可能連一隻貓都看不到！還好巴黎還是有些餐廳半夜營業，也是巴黎人晚上看秀看電影之後喜歡去吃點東西的地方。

Au Pied de Cochon

http www.pieddecochon.com / ✉ 6 rue Coquillière 75001 Paris / ➡ 地鐵4號線或RER A、B、D線至 Châtelet-Les Halles站

在中央市場附近的豬腳料理，地鐵出口要找「rue Coquillière」才不會迷路，因為此站有好幾個出口。

La Maison d'Alsace

http www.restaurantalsace.com / ✉ 39, av. des Champs-Élysées75008 / ➡ 地鐵1、9號線至Franklin D. Roosevelt站

在香榭麗舍大街上，非常好找。專賣阿爾薩斯區的傳統菜：酸白菜豬腳（Choucroute），也有好喝的啤酒和暖身的熱紅酒。

Le Grand Café Capucines

http www.legrandcafe.com / ✉ 4 boulevard des Capucines 75009 Paris / ➡ 地鐵3、7、8號線至Opéra站

　美好年代風格的裝潢，古色古香，離巴黎歌劇院走路不用1分鐘，附近也有許多營業到很晚的酒吧和餐廳。半夜可以來吃海鮮盤或生蠔，也提供早餐。

Le Babylone bis

http babylone-bis.business.site / ✉ 34 rue Tiquetonne 75002 Paris / ➡ 地鐵4號線至Étienne Marcel站

　非洲與加勒比海混搭風格。提供道地的花生醬燉煮菜肴（Maffé）、煎鯛魚與炸鱈魚球（Acras de morue）。在這裡用餐可能會遇到不少明星喔！

Le Bienvenu

http www.thefork.fr / ✉ 42 rue d'Argout 75002 Paris / ➡ 地鐵4號線至Étienne Marcel站或3號線至Sentier站

　摩洛哥傳統菜肴，提供Couscous跟Tajing，經常有大夜班工人來此用餐。

Le Mabillon

http www.lemabillon-paris.com / ✉ 164 Boulevard Saint-Germain 75006 Paris / ➡ 地鐵10號線至Mabillon站

　傳統法式餐酒館菜肴，調酒也很有名。也有早午餐。

Le Dalou

http wiicmenu-qrcode.com/app/offre.php?resto=678 / ✉ 30 place de la Nation 75012 Paris / ➡ 地鐵1、2、6號線至Nation站

　傳統海鮮料理，以巴黎餐廳的價位來說，相對平價而且美味。也提供傳統早餐。

行家祕技 口碑餐廳這樣找

　網路世界日益發達，旅遊與美食網站也越來越多。跟著他們的推薦找美食，踩雷機率會少很多。

　只要在餐廳門口看到這麼多花花綠綠的貼紙，表示很多媒體都推薦過，千萬不要錯過！

素食餐廳

　法國吃素的族群越來越多，在巴黎甚至出現素食餐廳金三角區。素食在法國大致可以區分為蔬食（végétarien）或純素（végan，避免所有動物製品），很多餐廳都供應至少一兩道蔬食料理（菜單上會標明végétarien或véggi），當然也出現了不少全素餐廳。不過法國的蔬食與素食料理，與台灣嚴謹的宗教素食仍然有差別：即使蛋奶素也通常不會避免辛香料（蔥、蒜、洋蔥）。如果是吃乾淨素的人，最好事先向餐廳詢問或注意菜單說明。

素食餐廳這裡找

Super Nature 輕食小館
http www.super-nature.fr
✉ 12 rue de Trévise 75009 Paris

Végébowl 中式素食
http www.vegebowl.com
✉ 22-24 rue du Faubourg Saint-Martin 75010 Paris

Chez Eating 台灣人開的餐廳
IG chez_eating
✉ 45 rue Volta 75003 Paris

Krishna Bhavan 印度素食料理
✉ 21/24 rue Cail 75010 Paris
✉ 25 rue Galande 75005 Paris

Le Grenier de Notre-Dame 法式素食
http www.legrenierdenotredame.fr
✉ 18 rue de la Bûcherie 75005 Paris

Le Potager du Marais 法式蔬食
IG Le-Potager-du-Marais
✉ 26 rue Saint Paul 75004 Paris

Tien Hiang 中式素食
http www.tien-hiang.fr
✉ 14 rue Bichat 75010 Paris

Elsa et Justin 有機小農
http elsa-justin.com
✉ 202 rue du Faubourg St Martin 75010 Paris

Sapid 有機小農
http www.sapid.fr
✉ 54 rue de Paradis 75010 Paris

SEZONO
http sezono.fr
✉ 13 rue Jacques Louvel Tessier 75010 Paris

Soya 法式簡餐
http www.soya-cantine-bio.fr
✉ 20 rue de la pierre levée 75011 Paris

Wild & The Moon 無麩質料理 (8間分店)
http www.wildandthemoon.fr/fr
✉ 92 avenue des Champs-Elysées 75008 Paris

So Nat 健康料理
http www.sonatparis.com
✉ 5 rue Bourdaloue 75009 Paris

美食餐廳網站 / APP推薦

尋味巴黎
http www.newsavour.com/restaurants

餐廳指南：中文網站，有APP。提供巴黎亞洲餐廳資訊與食評，更新快速。分門別類，可按關鍵字搜尋，非常方便。

Michelin Restaurants
http guide.michelin.com/fr/fr/restaurants

米其林指南：有APP。世界知名的餐廳指南聖經，有了它在法國要吃星星級的餐廳就方便多了，即使無星餐廳的品質也很值得信賴。

Tripadvisor
http www.tripadvisor.fr

餐廳指南：家喻戶曉的商家評鑑，有APP。不僅資訊完整，通常還附有照片來證明評價。

Yelp
http www.yelp.fr

城市指南：有APP。最受年輕人歡迎的餐廳、酒吧、咖啡廳都在這裡，要找最近流行的潮店也不難，決定前先看看評語才不會踩雷。

La Fourchette
http www.lafourchette.com

餐廳指南：有APP。特殊功能是可與商家合作，提供高達50%的折扣。且每次預訂都可賺取Yums點數，用來兌換會員折扣。

Paris Time Out
http www.timeout.com/paris/en/restaurants

餐廳指南：英國網站，有APP。由記者不定時推薦各類料理的餐廳排行前10名。

Le Bonbon
http lebonbon.fr/paris/food-et-drink

餐廳指南：免費的娛樂雜誌，不時提供最新的流行飲食時尚。

Sortir Paris
http www.sortiraparis.com/zh

城市指南：大巴黎法蘭西島旅遊指南，提供各類旅遊活動與美食介紹。有中文版。

超市、雜貨店、傳統市場

自己準備餐點，省時省錢又方便。

超市

　　旅行中能自己下廚是最省錢的方式了，如果住宿的地方有廚房，不妨到超市或市集採買三餐所需。廚藝不精或道具不齊全也無所謂，法國超市備有現成的沙拉、熟食或三明治，市集上也可以買烤雞、乳酪或是麵包。午餐自己做三明治或便當，找個風景優美的地方野餐，也是法國人喜歡的放鬆方式。

▲ 法國超市很好逛

▲ 法國的亞洲超市

▲ 超市火腿買了就可以吃

　　法國較常見的超市是Lidl、Franprix、Monoprix、Monoprix、Carrefour。還有一些有機超市如Naturalia、Bio c'est Bon、Biocoop。

在超市挑選葡萄酒

　　法國葡萄酒赫赫有名，面對超市酒架上琳瑯滿目的選項，大多數的人都會出現選擇困難，提供幾個選酒的方向。

■**產區：**阿爾薩斯（Alsace）、薄酒萊（Beaujolais）、波爾多（Bordeaux）、勃根地（Bourgogne）、香檳（Champagne）、朗格多克（Languedoc）、普羅旺斯（Provence）、魯西雍（Roussillon）、薩瓦（Savoie）、西南區（Sud-Ouest）、盧瓦爾河谷（Vallée de la Loire）、隆河谷地（Vallée du Rhône）。

■**裝瓶(Mis en bouteille)：**指葡萄酒在哪裡裝

▲ 可以在酒窖請店主推薦好酒

瓶。可能是酒莊（château）或產區（domaine）。

■**酒精度**：表示瓶中的酒精含量。一般來說，酒精含量越高，葡萄酒越濃烈。

■**年分**：表示葡萄採摘的年分。這是一個重要的指標，因為每一年每一區釀造的葡萄酒品質也有優劣之分。2020、2019、2018、2016、2015、2010和2009等年的葡萄酒幾乎在所有產區都算是好年分。

■**佐餐**：通常白酒適合搭配魚類和白肉（家禽與豬肉），而紅酒則適合搭配紅肉（牛羊與野味）。至於乳酪，氣味濃厚的乳酪適合搭配紅酒，而其他乳酪搭配白酒。另外，藍紋乳酪與甜葡萄酒（如Sauterne）是天作之合，而老孔泰（comté）乳酪與黃酒（Vin Jaune，產自汝拉山區）的搭配也相當神奇。

令人又愛又怕的乳酪

法國美食家Brillat-Savarin（也是一種乳酪的名字）曾說：「一頓飯少了乳酪，就像一位獨眼的美女」。由此可見乳酪在法國的重要性。戴高樂將軍也說過「要如何治理一個有258種乳酪的國家？」事實上法國每年製作200萬公噸的乳酪，

種類應該超過1,200種！而其中獲得AOC國家認證標章的乳酪有45種。介紹幾種深受法國人喜愛的乳酪。

■**Camembert**：產自諾曼第，軟皮白色乳酪，可以整盒放烤箱焗烤，然後用麵包沾著吃。

■**Comté**：為開胃酒或食譜中的配菜都非常美味，與紅葡萄酒或白葡萄酒都能完美搭配。

■**Emmental**：可加入沙拉或夾入漢堡。

■**Roquefort**：塗抹在麵包上非常美味。藍紋黴菌是一大特色。

■**Bûche de chèvre**：山羊乳酪，口感細膩，可與鹹味和甜味菜肴完美搭配，直接沾蜂蜜或果醬也很棒。

■**Reblochon**：奶油狀質地，滑膩而柔軟。

■**Brie**：產地在巴黎附近的布里（Brie de Meaux）和梅隆（Brie de Melun），奶油味濃厚溫和，沒有什麼特殊的刺激性氣味，很適合入門者。

■**Gruyère**：焗烤料理最常用到的乳酪。

■**Saint-Nectaire**：帶著特殊堅果風味而備受青睞。適合搭配白葡萄酒食用。

■**Le petit Basque**：因甜美的果味而深受喜愛。

▲ 法國葡萄酒

▲ 法國飯後常備的乳酪盤

▲ 法國麵包種類也很多

超市美食推薦

格子鬆餅
可當早餐與點心。

可麗煎餅捲
酥脆的可麗煎餅捲是法國人的最愛。

巧克力脆餅
巧克力與餅乾的結合，是法國人兒時零食。

米香
法國米香，沒有調味，屬於麵包的替代品。

濃縮果汁糖漿
可加入飲水中。

速煮米飯
將米連同小袋子一起放入滾水，5分鐘即可食用。

保久乳
保久乳也很好喝。

亞洲泡麵
法國超市的亞洲泡麵比較貴一些。

豆漿飲品
超市也有豆漿、米漿、燕麥漿。

香檳
法國有名的香檳不可錯過。

油封鴨肉罐頭
以烤箱加熱即可食用。

優格
優格口味眾多，任君挑選。

現成三明治
現成的三明治，止飢的最快速選擇。

盒裝沙拉
盒裝沙拉很適合不想吃太多的人。

火腿
各類風乾或醃火腿都能直接食用。

蟹肉棒
打開即可食用。

雜貨店

　　開店時間最長的「個體戶」，有時甚至到晚上12點才會關門，星期日超市不營業，這就是唯一的選擇。方便性高且幾乎什麼都有賣，當然價格也偏高囉！

▲ 小型雜貨店通常也賣簡單蔬果

傳統市場

　　逛市場能深入了解一個國家的在地文化！而且新鮮道地食材都在這裡！早晨剛做的熟食或鹹派、現烤的香噴噴烤雞，在傳統市場都找得到，還有一些超市找不到的農產品，可以趁機嘗嘗。購買時不可自己動手拿，請由商販拿取並秤重，且需要排隊，價格都寫在產品上面的小黑板，有時論斤有時以數量計價。走趟傳統市場，大概就可以知道法國人都吃些什麼了。

▲ 購買蔬果切勿自行動手挑選

巴黎傳統市場這裡找

　　法國的傳統市場大多是搭建在社區較熱鬧的主要街道，或是人行道較寬敞的室外街道上。找傳統市場最快的方式是詢問下榻旅館的櫃檯：旅館附近是否有傳統市場？是星期幾才有？每地區的傳統市場都各有特色，最能反映出當地生活的風情。傳統市場因為只是每週固定幾天，所以市集都是在前一天以鐵架搭建遮棚，隔天結束後，再將鐵架與帳棚拆下並清潔街道，恢復原狀。

Les jours de marché en France
　　輸入郵遞區號即可查詢該地的市集地址與日期。
http www.jours-de-marche.fr

Marché Raspail
✉ 從boulevard Raspail到rue de Rennes 75006 Paris
🕐 週二、五07:00～14:30
➡ 地鐵12號線至Rennes站

Marché d'Aligre
✉ rue d'Aligre 75012 Paris
🕐 週二～日07:00～14:00
➡ 地鐵8號線至Ledru-Rollin站

Marché Auguste-Blanqui
✉ 從place d'Italie到boulevard Auguste Blanqui 75013 Paris
🕐 週二、五、日07:00～13:30
➡ 地鐵5、6、7號線至Place d'Italie站或6號線至Corvisart站

Marché Bastille
✉ boulevard Richard Lenoir 75011 Paris
🕐 週四、日07:00～13:30
➡ 地鐵1、5、8號線至Bastille站

▲ 菜市場的香料攤

▲ 市場裡也販售各類海鮮

行家祕技 如何挑選香檳

所謂年分香檳，在過去20年當中，僅有2002、2008，尤其2012年榮登輝煌年分寶座。然而現在因為行銷策略，幾乎每一年都會釀製一些年分香檳。若是不想喝完發胖太多，需要注意下列標註。

■ 絕乾(nature)、未添加(pas dosé)、無添加(non dosé)、零添加(dosage zéro)：代表沒有額外添加任何糖分的香檳。

■ 特乾(extra-brut)：每公升含糖量0～6公克。

■ 自然乾(brut nature)：每公升含糖量少於3公克。

■ 乾(brut)：每公升含糖量12公克。

■ 略甜(extra-dry)：每公升含糖量12～17公克。

■ 微甜(sec或dry)：每公升含糖量17～32公克。

■ 甜(demi-sec)：每公升含糖量32～50公克。

■ 特甜(doux)：每公升含糖量超過50公克。

如果覺得香檳價格太高，也可以試試價格比較親民的其他氣泡酒。例如Le Crémants，依產區不同，又分為：Le Crémant d'Alsace、Le Crémant de Bourgogne、Le Crémant de Bordeaux、Le Crémant de Die、Le Crémant du Jura、Le Crémant de Limoux、Le Crémant de Savoie，以及Le Crémant de Loire。

另外還有羅亞爾河地區的Le Montlouis及Le Vouvray。義大利的prosecco 或是西班牙的cava，在法國也是很受歡迎的氣泡酒，法國人時常拿來做成調酒。

豆知識 數字比法大不同

法國人數字的比法和我們大不同，快來看看他們是怎麼比，免得多點了好幾盤菜。

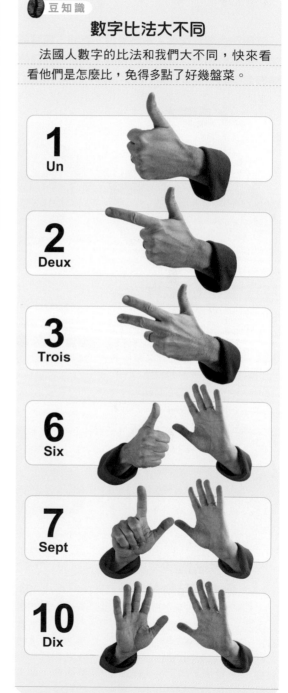

1 Un
2 Deux
3 Trois
6 Six
7 Sept
10 Dix

經典法國菜推薦

法國美食舉世聞名，不僅甜點、乳酪、葡萄酒都各擅勝場，法式料理更是令人為之傾倒。法國廚師也不斷推陳出新，搭配各類食材，創意料理與傳統料理並駕齊驅，都很值得一試。這裡要介紹幾道餐廳較常見到的傳統料理，也是法國人百吃不厭的菜色。

韃靼生牛絞肉
Tartare

新鮮的生牛肉絞碎捏成圓餅狀，搭配特製油醋汁、酸黃瓜、洋蔥與香料，鮮甜的口感類似鮪魚生魚片，也是法國人喜愛的料理。

小羊排
Souris ou gigot d'agneau

法國餐廳的羊肉多是羔羊肉，無腥羶味也非常柔嫩。通常整塊烤熟之後再切片盛盤。

勃根地烤蝸牛
Escargots à la Bourguignonne

蝸牛連殼放在有凹洞的鐵盤上，配以奶油、大蒜、九層塔磨碎調製的青醬一起食用，是法國的前菜代表。

豬肉製品拼盤
Planche de charcuterie

法國人喝酒時喜歡搭配一盤，有3、4種不同的豬肉製品：臘腸、火腿、肉絲油鬆（rillette），有些餐廳會搭配幾種不同的乳酪。加上麵包與奶油，就是很飽足的一餐。

油封鴨肉
Confit de Canard

被稱為美食極品的油封鴨，用鴨油以中溫慢火的方式燜煮，因為油脂讓肉質變得柔軟滑Q、外酥內軟，是道百年經典的法國傳統料理。

海鮮盤
Plateau de fruit de mer

華麗的海鮮盤一上桌總能引起眾人驚呼。肥美的生蠔、甜脆的明蝦、蟹黃飽滿的螃蟹，擺在鋪碎冰的盤上，搭配清爽的白酒，就是法國人最愛的海鮮吃法。

飲食篇

白豆燜肉鍋
Cassoulet

以白豆或扁豆和肉類或油封鴨腿的組合，長時間慢火燜煮而成，過程費時複雜，口味濃郁且口感特殊，是法國中南部的傳統名菜。

紅酒燉牛肉
Bœuf Bourguigon

以帶筋牛腱和洋蔥炒香後，加入蔬菜與紅酒細火慢燉而成，以麵包沾醬汁食用，法國傳統家鄉菜，味道醇厚很適合冬季享用。

酸白菜肉腸
Choucroute

亞爾薩斯的名菜，以醃漬過且發酵的白菜絲和丁香調味烹煮，搭配豬胸肉、香腸及水煮馬鈴薯更具風味。

香煎鴨胸肉
Magret de Canard

把整塊鴨胸肉煎到外表酥脆、內在7分熟後，再切片沾醬搭配蔬菜或者是煎過的水果，如蘋果或芒果一起食用。

鵝肝醬
Foie Gras

法國人聖誕節聚餐的頂級美食。通常當作前菜，搭配香脆烤吐司一同入口；切一塊適口大小的鵝肝醬直接放在麵包上即可，不要壓扁再抹平喔！

法式吐司
Brioche Perdu

很多餐廳將這道家庭小吃變身為華麗的甜點，吐司浸泡牛奶與蛋液後以奶油香煎，起鍋後淋上些許焦糖，再加上一球冰淇淋，享受一口冷暖的甜蜜滋味。

普羅旺斯燉菜
Ratatouille

以番茄、青椒、茄子、櫛瓜和洋蔥切塊，加上大量的蒜頭與普羅旺斯香料燉煮，冷熱皆可食用，且常被拿來搭配肉類的主菜，也可成為義式三明治或鹹派的口味。

行家祕技　這樣點餐廳拿手菜

在法國的餐廳門外，常常會看見立著的黑板招牌，黑板上寫著通常是當日的特餐或主廚推薦，以吸引路上的行人。走進餐廳，牆上以手寫方式寫上、或服務生直接拿著黑板過來的，也都是當日的主菜或廚師推薦菜色，這些菜色多半依季節時令不同而推出，吃到的當然也是最新鮮道地的佳肴。

常見的法國街邊小食

法國雖然沒有7-11可隨時買個零食吃著，但也有屬於法國自己的街頭小吃喔！尤其是冬天，多吃點也不怕胖，反正寒冷的天，熱量更容易消耗！

法式鹹派
Quiche

底部是派皮，加入蛋、鮮奶油、牛奶、乳酪，以及火腿片或蔬菜，再倒入模內烤熟而成，吃起來奶香十足，很適合冷冷的冬天補充熱量用。有時是切塊販售。

漢堡
Burger

簡單又美味的漢堡在法國越來越普遍，而且更發揚光大。漢堡排可以選熟度，還有各類乳酪搭配，加上法國人本就拿手的醬汁調味，確實讓人欲罷不能。

熱乳酪吐司三明治
Croque Monsieur

兩片吐司中間放入番茄片及火腿，上面灑滿起士後送進烤箱，就成了這道非常經典的三明治，如果加上一顆蛋，則叫Croque Madame。

法式三明治
Sandwich

比起美式吐司三明治，法式的可要美味多了！香香脆脆的棍子麵包，中間夾火腿、生菜、乳酪或鮪魚，抹上芥末醬或美乃滋，難怪法國人百吃不厭。蛋奶素的朋友可選擇只有乳酪和番茄生菜的口味，也一樣清爽可口。

中東三明治
Kebab

Kebab在法國四處可見，麵粟和麵包夾入生菜和從一大串肉切下來的烤肉，再加上炸得金黃的薯條包在一起吃，擠上中東口味的辣醬，是很實惠又吃得很飽的三明治。

中東袋餅
Falafel

在拉丁區或瑪黑區都可以看到這種可口的中東袋餅，一塊圓餅略烤之後從側邊割開，打開成袋狀後抹上特殊醬料，填入炸過的蔬菜球及生菜、炸茄子和許多種醃製的青菜即成，邊走邊吃特別有滿足感。

布列塔尼薄餅
Crêpe

薄餅算是法國街頭小吃的老祖宗吧！台灣雖然稱薄餅為可麗餅，但滋味可大不相同！正宗的法國薄餅是軟的，麵皮由牛奶、麵粉和雞蛋調製而成。口味分甜、鹹2種：鹹的通常有火腿、鮪魚、乳酪或加蛋；甜的則有檸檬、巧克力、果醬或香蕉。建議嘗嘗包著榛果巧克力(Nutella)的口味，濃濃的巧克力香，是會讓人看了流口水的。

義式燒烤三明治
Panini

將義大利白麵包夾入各種口味如火腿、鮪魚、乳酪或油漬蔬菜等，抹上橄欖油，再放入一種兩面有鐵夾板的機器上，夾烤成酥脆的三明治就成了好吃的Panini。如果不喜歡吃冷冷的三明治(尤其是冬天)，這樣熱騰騰的三明治很符合國人胃口。不過現在已不太多見了，通常會出現在學校附近。

比利時方塊鬆餅
Gaufre

原本是比利時不起眼的家常甜點，來到法國卻大受歡迎。以大量牛奶和奶油、糖拌成，倒入烤模裡烤成四方形的餅，再撒上糖粉、巧克力醬，甚至整坨的鮮奶油一起吃。雖然熱量嚇人，但烤時散發出來的香味還是會讓人忍不住買一塊來吃。很適合當下午茶的點心，搭配黑咖啡非常棒。

刈包
Gua Bao

近年來，台灣的美食刈包也在巴黎嶄露頭角，因為方便食用，且食材可以自由變換，在巴黎也越來越多見。不過還沒有出現街頭小吃攤，除非是美食市集，通常還是必須在餐廳點購外帶。

甜點
Desserts

巴黎街頭麵包與甜點店林立，隨手買一個小甜點也能滿足口腹之欲，閃電泡芙、檸檬塔、千層酥，或是巧克力可頌都很普遍。

路上觀察 瓦萊斯飲水台
Fontaines Wallace

法國水龍頭的水可以直接飲用，因此巴黎街頭也設了不少飲水台。飲水台款式大約有10種，照片中的這一款稱為Wallace，設立於1870年，目前巴黎共有119個。

購物篇
Shopping

在法國，買什麼紀念品？

本篇列出在法國購物時最省錢的折扣季日期、退稅方式與不能不逛的知名購物
區，以及巴黎購物點與撇步。收錄：名牌哪裡買、美妝保養品、人氣藥妝店、
跳蚤市場與閣樓清倉拍賣、最具代表又平價的伴手禮。

法國購物須知

消費一定要記得退稅！

退稅

消費稅很高，一定要退稅！法國的消費稅高達20%（內含），退稅絕對是購物重點，也是觀光客獨享的權利。只要在1～3天裡於同一家商店內的購物金額達到€100（含消費稅價格），就可享10～12%的退稅金額。所以集中在同一家買齊物品，或找同行夥伴一起買東西，是退稅要訣。

折扣季

在法國購物是不接受殺價的，但善用拍賣期間（Solde）加上退稅卻可省一大筆費用。法國一年有兩次折扣季，折扣期間約持續一個半月左右，冬季折扣季通常是1月10日～2月中左右，也就是新年過後；夏季折扣季則是6月下旬～7月中。法國的折扣季期間大多固定，但日期會依省分而有所不同。折扣季人潮較多，購物最好安排在平日上班時間。

營業時間

大多數商店的營業時間為週一～六09:00～19:00，中午不休息。一些小商店可能會在12:00～14:00間休息，甚至週一也不營業。百貨公司一週裡會有一天比較晚打烊，即「nocturne」，營業到21:00。超市多數營業到22:00，具體時間視各地區而定。

聖誕節之前，大大小小的商店會特別在週日營業。巴黎以外的地區，也有越來越多商店在週日和假日營業。7月中旬～8月底許多商店則會關門度假去。

▲ 有些超市會在週日早上開門營業

購物禮儀

進入商店時店員通常會主動以Bonjour（日安）向顧客問好，客人也以Bonjour回應即可；離開時無論有無消費都可說Merci, Au revoir（謝謝，再見！）表示禮貌。放在櫥窗的物品盡量請店員拿取，詢問時也要注意是否有其他顧客在先，法國人很注重先後次序。

付款方式

疫情之後，法國以感應式信用卡付款的效率大大提升，不超過€50的金額都能直接刷卡，不需簽名也無需密碼。若使用現金付款，請避免在小商店使用百元面額以上的紙鈔，有些店家會拒收。法國商店大都接受信用卡付款，但須超過店家規定的金額，通常約€15，一般超市則約€10。使用信用卡付費會有兩張單據，一張是信用卡的收據（Carte Bancaire），另一張則是購物收據，收據最好先留著，因為如果事後需要更換或退回商品，必須以購物收據為憑。

在法國，有許多自動販賣機只接受晶片金融信用卡4位數字密碼，如地鐵、加油站或火車自動售票機，建議在國內先將信用卡更換成有晶片的信用卡，在歐洲消費使用會更方便。

▲ 法國通常只給收據

▲ 有這個標示表示可以收信用卡

行家祕技　**購物省錢小撇步**

- **挑打折季：**如果要省錢絕對要挑打折季。法國的折扣法令相當嚴格，禁止商家提高價錢再打折，也不准將過季商品拿出來充當拍賣品，所以折扣與品質非常實在。

- **過季商品：**4號線上的Alesia站，附近有許多倉庫（Stock），也就是過季的暢貨中心，雖然貨品沒有太多的整理，但品質都還是完整的喔！

- **明信片和紀念品要多比較：**千萬別貪快，這兩樣到處都買得到，但價格卻差很大，多比較幾家絕不會吃虧！

- **超市購物省荷包：**價格較低廉的超市品牌為Aldi、Lidl、Leader price，這幾家皆以直營直銷的方式經營，日常用品和食物都比一般超市便宜許多。露天菜市場在下午2點打烊之前通常會便宜拋售蔬果，不妨中午過後再去逛逛撿便宜。

- **下載家樂福（Carrefour）的購物APP：**可了解法國超市食物及民生用品的物價。

▲ 博物館的紀念品區常可看到當地製作的特殊紀念品（圖片提供／鄧鈺澐）

▲ 打烊前的露天菜市場很好逛（圖片提供／鄧鈺澐）

▲ 巴黎書報亭也賣紀念品

巴黎必逛的商圈

熱門的巴黎購物地點，滿足你的購物需求。

巴黎長久以來一直是購物者的血拼天堂，每年吸引赴歐旅遊的各國遊客不計其數，尤其對於亞洲旅客來說，排隊買名牌已是必要行程之一。

歌劇院區
Opéra

春天百貨（Printemps）、拉法葉百貨公司（Galeries Lafayette）及許多名牌服飾店的集中地，購物的人潮自然從未停歇。對觀光客而言，在這裡買東西也很方便，除了法國有名的品牌一個都不會少以外，還有華人櫃檯專門幫你辦理退稅手續。不遠處的Place de la Madeleine有提供給王公貴族和名商巨賈消費的高級食品店Fauchon。這一處的消費是巴黎最貴的，平常百姓還真是消費不起。

➡ 地鐵3、7、8號線至Opéra站；或RER A線至Auber站

▲羅浮宮地下商場

瑪黑區（週日有營業）
Marais

想找設計感強又獨特的商品，瑪黑區的店絕不會讓你失望。造型特殊的眼鏡、奇形怪狀又別致的飾品，以及前衛有個性的擺飾、文具，讓人很難空手離開這裡。加上許多裝潢新穎的酒吧、餐廳，還有好吃的猶太餐廳，週日此區的商店也營業，就連挑剔的巴黎人也喜歡來此血拼。

➡ 地鐵1號線至Saint Paul站

聖傑曼德佩區
Saint Germain des Prés

時髦、高雅的精品店、獨立品牌的活躍之地。許多新設計師或新品牌都會在此開設第一家店。附近都是小餐館、酒吧、咖啡店，包括花神、力普、雙叟都在此區，終日人潮不散，是非常活絡的一區。

➡ 地鐵4號線至Saint-Germain-des-Prés站

拉德芳斯區
La Défense

除了是高樓林立的辦公大樓外,這裡也是商業區。在高樓裡有幾個大型的購物商場,因為地緣關係,郊區的人都來此採買生活必需品,而大商場內的商店眾多,選擇性高、價格也很公道。

➡ 地鐵1號線至La Défense站

磊阿勒區
Quartier des Halles

此區匯集多間購物中心,2017年重新開幕的Forum des Halles的建築更是氣派開闊,吸引眾多熱門品牌進駐,除了服飾潮牌,也有有機餐廳與時尚咖啡館。周邊酒館與小吃店林立,週日也非常熱鬧。

➡ 地鐵1、4、7號線;或RER A、B、D至Châtelet-Les-Halles站

▲ Forum des Halles商場

蒙馬特區
Monmartre

位於巴黎制高點的蒙馬特,原先是藝術家喜愛群集之地,後來也有不少獨具特色的小店進駐。旅人通常漫步於高低起伏的彎曲巷弄,隨意瀏覽迷人櫥窗,在充滿古意的咖啡館喝杯咖啡。

➡ 地鐵12號線至Abbesse站,或2號線至Pigalle站

圖片提供/鄧鈺澐

香榭麗舍
Champs-Élysées

世界知名的香榭麗舍大街上有許多代表法國品牌的商店,也有許多法國汽車品牌的概念店,可以看到最新型的概念車與周邊商品。與它交錯的蒙田大街(Av. Montaigne)也是名牌匯集地段。

➡ 地鐵1號線至George V站;或1、9號線至Champs Elysées Clemenceau站

貝西購物村 (週日有營業)
Bercy Village

巴黎的新興休閒區,原本是巴黎的紅酒集散地,後來將酒窖規畫成精緻的商店與餐廳。有許多富有特色的大型生活家飾店或是藝術精品店,且週日不打烊,餐廳、電影院又都在附近,很適合全家出遊。

http www.bercyvillage.com / ✉ 28 rue François Truffaut 75012 Paris / ➡ 地鐵14號線至Cour Saint-Émilion站

百貨公司與購物中心

要一次買齊，到百貨公司與購物中心最快，還可直接退稅。

春天百貨公司
Printemps

擁有44,000平方公尺的購物空間，提供量身訂製服務（私人導購、免提購物、私人休息室）和餐廳，是挑剔購物者的必訪之地。

http www.printemps.com/fr/fr/ ✉ 64 boulevard Haussmann 75009 Paris / ➡ 地鐵3、9號線至Havre Caumartin站；或RER A線至Auber站

莎瑪麗丹百貨公司
La Samaritaine

經過16年的整修，莎瑪麗丹在2021年重新開幕。不只有精品，也有獨家品牌，還有引領未來時尚的年輕設計師。甚至還有一方概念店，與其說是追隨時尚，不如說是引領時尚的人的天堂。

http www.dfs.com/cn/samaritaine / ✉ 9 rue de la Monnaie 75001 Paris / ➡ 地鐵1號線至Louvre-Rivoli站，或地鐵7號線至Pont Neuf站

拉法葉百貨公司
Galeries Lafayette Paris Haussmann

與春天百貨相鄰，也是會逛到腳痠的大型百貨公司，每年聖誕節都吸引無數的人來看活動櫥窗展示。另有美食館，集結各地知名甜點與美食。

http haussmann.galerieslafayette.com / ✉ 64 boulevard Haussmann 75009 Paris / ➡ 地鐵3、9號線至Havre Caumartin站；或RER A線至Auber站

樂蓬馬歇百貨公司
Le Bon Marché

雖然名稱由法文直譯是平價的意思，但價格可一點都不平價，甚至偏高，因為這裡只賣頂級商品。值得一看的是1樓的食品百貨「La Grande Épicerie」，巧克力、鵝肝醬、紅酒等法國高級食品琳瑯滿目，包裝精美，買回去送人絕對討喜。

▲ 1樓食品百貨是購買伴手禮的好地方

http www.lebonmarche.com / ✉ 4 rue de Sèvres 75007 Paris / ➡ 地鐵12號線至Sèvres-Babylones站

BHV瑪黑百貨公司
Le BHV Marais

除了一般百貨公司的貨色外，一切「自己動手做」的DIY商品齊備，大從窗戶、小至特殊螺絲

▲ BHV百貨公司是購買手工藝材料的好去處

釘；窗簾、沙發布或手工藝品的材料，只要想得到的，這裡一定都找得到。

http www.bhv.fr / ✉ 52 rue de Rivoli 75004 Paris / ➡ 地鐵1、11號線至Hôtel de ville站

Beaugrenelle商場

位於巴黎15區的寬廣商場中心，兩棟對街的建築以天橋相連，從艾菲爾鐵塔步行前往只需15分鐘。地處住宅區，商場人潮不會太擁擠，但法國知名品牌應有盡有，美食街的選擇也很多，而且週日也有營業，是一處舒服閒適的逛街好去處。

http www.beaugrenelle-paris.com / ✉ 12 rue Linois 75015 Paris / ➡ 地鐵10號線至Charles Michels或Javel-André Citroën站

▲ Beaugrenelle商場寬敞舒適

聖拉扎爾車站購物中心
Centre Commercial Saint Lazare

巴黎市區的火車站，為因應旅人需求，火車站設置了明亮的商業區，共3層樓，占地1萬平方公尺。是相當熱鬧的逛街去處。其他5個火車站（Gare du Nord、Gare de l'Est、Gare de Lyon、

Gare de Bercy Gare Montparnasse) 也有商業購物區與超市，但是規模較小。

---

http st-lazare-paris.klepierre.fr / ✉ 1 cour de Rome 75008 Paris / ➡ 地鐵10號線至Charles Michels或Javel-André Citroën站

▲ 聖拉扎爾火車站商場的新奇玩意商品店

羅浮宮地下商場
Carrousel du Louvre

位於羅浮宮廣場前的地下室，腹地不大，卻有34間精選商家以及11間餐廳組成的美食廣場。

http www.carrouseldulouvre.com / ✉ 99 rue de Rivoli 75001 Paris / ➡ 地鐵1、7號線至Palais Royal-Musée du Louvre站(1號線月台可直通商場)

▲ 羅浮宮地下商場

義大利二號Italie Deux

位於巴黎5區與13區交界，鄰近中國城。裡面有電影院、130多家商店與10多家餐廳。

http www.italiedeux.com / ✉ 30 avenue d'Italie 75013 Paris / ➡ 地鐵5、6、7號至Place d'Italie站

行家 | 名牌大搜索
祕技 |

名牌大多集中在香榭麗舍大街與蒙田大街(Avenue Montaigne)，及瑪德蓮教堂旁的聖多諾黑街(Rue du Faubour Saint Honoré)。許多品牌為了避免店內過於擁擠，會控制人數，也會管制購買數量。有些需要在門口排隊等候，愛馬仕(Hermès)總店則採取線上預約制度(www.hermesfaubourg.com/client/register)，若有購買需求，記得事先預約以免無法順利進入店內。

務必拒絕中國買手

因為有數量管制，有些中國買手會在店外請遊客幫忙購買，並酬以10%商品價值的現金。請務必拒絕此類「外快」，以免蒙上幫忙洗錢的罪名。

▲ 拉法葉百貨公司

購物篇

必逛購物村、跳蚤市場

巴黎是國際時尚大都市，要找名牌就要找對地方。

萬娜打折村
One Nation Paris Outlet

距離巴黎約30分鐘、凡爾賽宮約10分鐘車程，有400多家品牌，全年提供3～7折的商品。屬於中高價位的品牌，如Armani、Agnès B、Sandro、Levis、Courrèges、Zadig & Voltaire、Diesel或IKKS等。還有一層拉法葉百貨的過季商品特區。

http www.onenation.fr/zh-hans / ✉1 Avenue du Président Kennedy 78340 Les Clayes-sous-Bois / ➡從Montparnasse火車站搭乘N線火車，往Plaisir Grignon方向，在Les Clayes-villepreux站下車

聖徒安跳蚤市場
Marché aux Puces de Paris Saint-Ouen

法國著名觀光景點，一年約有500萬的觀光客來這裡挖寶，是電影喜歡取景的地方，也是全世界第一個骨董市場。現今占地7公頃，大大小小一共14個市集，將近2,000個攤位，訪客還可以規畫不同的主題路線：裝飾藝術（Art Déco）、電影主題（Cinéma）、玩具（Jouets）、古書（Livres anciens）、音樂（Musique，黑膠唱片）、懷舊風格（Vintage）、旅行與異國風（Voyage et exotisme）、餐桌藝術（Arts de la table）。

若沒特別喜好，不妨隨意閒晃，置身古今各類藝術品與骨董之間，甚至比逛歷史博物館還有趣呢！偶爾挖到心儀的古物，就更添趣味了！

▲ 聖徒安跳蚤市場由好幾個市場組成

http www.pucesdeparissaintouen.com / ✉110 rue des Rosiers 93400 Saint-Ouen-sur-Seine / ➡地鐵13號線至Garibaldi站，或4號線至Porte de Clignancourt站 / ℹ從Porte de Clignancourt站前往需經過外環道路下方，有許多兜售香水、手機的攤販，務必小心扒手

▲ 跳蚤市場什麼稀奇古怪的東西都有

山谷購物村
La Vallée Village

喜歡買名牌又下不了手的人，來到這裡簡直是置身天堂，因平常絕對不打折的名牌，過季後

就會在此販售，價格至少有33%的折扣，甚至更低！即使是折扣季，價格還會再打折。世界知名品牌這裡幾乎都找得到，如果有特定品牌想買可先上網查詢。雖然從巴黎出發要花約35分鐘的車程來到山谷購物村，但這裡鄰近迪士尼樂園，順道來一趟絕對值得。在接待櫃檯出示護照，還可以享受部分商家的9折卡，購物更超值。

🌐www.lavalleevillage.com／✉3 cours de la Garonne 77700 Serris／➡**1.**從巴黎：地鐵RER A4線至Val d'Europe站(往Parc-Disney方向)，車程約35分鐘。**2.**從外省：搭火車至Marne-la-Vallée-Chessy-Parcs Disney 站，再步行約10～15分鐘

▲ 世界知名品牌在山谷購物村皆可找到

村莊購物村
Le Village

靠近Lyon的暢貨中心，大約是市價的5～8折。在法國中部旅遊的朋友不妨前往逛逛，暢貨中心猶如小公園，也有不少餐廳，如Bocuse，還有知名甜點Angelina及Pierre Hermé。

🌐thevillageoutlet.com／✉Parc du couvent 38090 Villefontaine／➡**1.**從Lyon或Villefontaine搭接駁車Express 5至The Village站，或搭2990線至The Village-Villefontaine站。**2.**從Lyon搭火車至Verpillière站下車，再步行12分鐘

望甫跳蚤市場
Marché aux puces de la porte de Vanves

以骨董書與二手書為主，也是骨董小玩意愛好者的天堂。

🌐www.pucesdevanves.fr／✉avenue Georges Lafenestre et avenue Marc Sangnier 75014 Paris／➡地鐵13號線至Porte de Vanves 站

蒙特依跳蚤市場
Marché aux puces de Montreuil

適合喜愛二手衣的民眾。也有不少復古懷舊物，如黑膠唱片與自行車零件。

✉avenue du Professeur André Lemierre 75020 Paris／➡地鐵9號線至Porte de Montreuil 站

閣樓清倉市集
Vide-greniers

巴黎各區以及法國各地都有不定期舉辦的閣樓清倉，不只以舊貨商為主，而是各地居民清理不需要的舊物，隨意販賣，氣氛較為平易近人。官網可尋找法國各地的閣樓清倉日期。

🌐vide-greniers.org

▲ 閣樓清倉商品應有盡有　　▲ 閣樓清倉也能挖到骨董寶物

熱門又平價的伴手禮

購物篇

想帶點法國的回憶回家，卻又擔心行李超重或荷包不深嗎？想送親朋好友伴手禮，卻怕被嫌棄沒有代表性嗎？其實不需要把錢花在大同小異的紀念品店裡，各地的超市或手工小店都能找到討喜又不花大錢的禮物喔！

片裝巧克力
Tablette de Chocolat

lait指牛奶巧克力，noir是黑巧克力。

 各大超市

法國卡瑪格與給宏德鹽之花
Fleur de sel Guérande ou Camargue

鹹味細緻，通常放在餐桌上供個人調味用。

 各大超市

第戎芥末醬
Moutarde de Dijon

第戎芥末醬香而不嗆，是法國人冰箱的必備醬料。

哪裡買 各大超市

水果茶
Thé Fruité

法國的水果茶風味濃郁，花香優雅，也相當有名。

哪裡買 馬黑兄弟Mariage Frères
蓬蔓兄弟dammann

海軍條紋衫
Marinière

海軍條紋衫是法國時尚的不敗款式，幾乎每個法國人都有一件。

 Saint James、Armor Lux

磁鐵紀念品
Magnet Souvenir

造型可愛又輕巧，一定讓人愛不釋手。

 各大書店、紀念品店

馬卡龍
Macaron

少女酥胸的美譽，是遊客到法國必嘗的甜點。五彩繽紛、口味也不斷創新。

哪裡買 La Durée、Piere Hermes 或各甜點店

杯子
Une tasse

寫著有趣法文的杯子，讓人每天使用時都能心情愉快。

哪裡買 Shamann 或 La chaire longue禮品店

法國蜜棗乾
Pruneaux d'Agen

法國產的果乾，可以直接當零嘴吃，也能用來做甜點。

哪裡買 各大超市

健康花草茶
Tisane

不同種類可分別助消化、減脂或幫助睡眠。

哪裡買 各大超市

巧克力沖泡粉
Poudre de Chocolat

可單獨沖泡或加入牛奶一起喝，早餐或宵夜的良伴。

哪裡買 各大超市

松露油與松露鹽
Sel et huile de truffe

買不起松露，買松露油或松露鹽當調味料，也能享用松露獨特的香氣。

哪裡買 松露專賣店 Maison de la truffe

薇姿礦泉水薄荷糖
Pastille de Vichy

薄荷糖是用礦泉水製成的，可以幫助消化。

哪裡買 各大超市(袋裝)或Maison Moinet (45 Rue Saint-Louis en l'Île, 75004 Paris)

乳酪
Fromage

法國的乳酪超過6百種，若想帶回台灣，盡量放在託運行李，小心包裹，而且最好買硬質乳酪。

哪裡買 各大超市或乳酪專賣店fromagerie

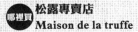
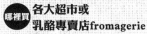

購物篇

LU巧克力餅乾
Biscuits au Chocolat LU

香脆餅乾結合濃郁巧克力,是法國人從小吃到大的零食。

哪裡買 **各大超市**

美妝保養小物
Produits soin du corps

護手霜或護唇膏都是非常實惠的伴手禮。

哪裡買 **歐舒丹等美妝連鎖店或超市**

鴨肝醬
Bloc de fois gras de canard

鴨肝醬比鵝肝醬便宜,但一樣好吃。搭配烤吐司,就是法國人最愛的吃法。

哪裡買 **各大超市**

果醬
Confiture

以新鮮水果製成的果醬,風味極為豐富,是早餐的好搭檔。

哪裡買 **各大超市**

栗子泥
Crème de Marrons

濃郁香甜,可抹麵包或用來做甜點。

哪裡買 **巧克力店或甜點店**

手工巧克力
Chocolat Artisanal

手工巧克力精緻美味,巧克力大師的專賣店也非常多。

哪裡買 **巧克力店或甜點店**

蜂蜜
Miel

法國蜂蜜的口味相當多,還有薰衣草風味。考慮玻璃瓶易碎的話,也可選擇塑膠瓶裝。

哪裡買 **各大超市**

法式風味調理包
Sauces déshydratées

只要加水調理,就可在家輕鬆做出美味醬汁,讓簡單的料理更好吃。

哪裡買 **各大超市**

必買美妝保養品

法國是時尚大國,更是許多知名美容保養品牌的大本營。

在百貨公司或大型超市都有美容用品專區,在藥房也都可以買到標榜醫用的保養品。

法國知名的美妝連鎖店

L'OCCITANE

個人護理產品製造與銷售的專賣店。以植物成分為主的保養品相當受歡迎。備有隨身攜帶化妝包組,送禮自用兩相宜。每年聖誕節前推出的聖誕降曆,內含二十多組小包裝產品,也非常搶手。

http fr.loccitane.com

Mademoiselle Bio

以有機與天然為訴求,推出適合全家人的保養品與化妝品。全巴黎有11家店面。

http www.mademoiselle-bio.com

Mademoiselle bio ▶ 的保養療程也很受歡迎

SEPHORA

法國最大的美妝連鎖店,以中高價位的美妝保養品為主,也有自家品牌的沐浴乳、彩妝系列,色彩豔麗精美的包裝很討喜,有許多旅行用小巧的保養品且選擇多樣,男性保養品也為數不少。

http www.sephora.com

Marionnaud

法國連鎖美妝店,主打知名品牌的保養品、香水、彩妝與護髮用品,常常會有購物促銷送的手提包禮物,在法國各城鎮都有分店,是法國人習慣買香水的店家。

http www.marionnaud.fr

Yves Rocher

法國本土的國民美容店,標榜以百分百自然成分生產,且包裝精緻小巧價格也很公道,常會推出特價禮盒。其淡香水頗受法國女生歡迎,且在法國大大小小的城鎮都可以找得到Yves Rocher的專賣店。

http www.yves-rocher.com

超人氣的便宜藥妝店

City Pharma

巴黎最老字號的人氣藥妝店，共兩層樓，一進店裡會有身在超市的錯覺，因為人手一個購物籃，很像超級市場，而這裡也因為價格超值，一罐十幾歐元的保養乳液，比市價便宜€3～5，台灣常見的品牌如碧兒泉（Biotherm）、泰奧菲（Caudalie）、雅漾（Avene）、艾芙美（A-Derma）、貝德瑪（Bioderma）、薇姿（Vichy）、妮傲絲翠（NeoStrata）、優麗雅（Uriage）都找得到。且常有雙包裝特價組，品牌齊全又可退稅，是巴黎人最愛的藥妝店，結帳時別忘了選退稅櫃檯結帳，可較快速辦理退稅結帳。

http pharmacie-citypharma.fr / ✉ 26 rue du Four 75006 Paris / ➡ 地鐵4號線至Saint Germain des Prés站，或10號線至Mabillon站

Monge Pharma

同樣是超值藥妝店，客群以亞洲觀光客為主，店內貼心地準備了熱門品牌保養品說明與價格表的中文翻譯。除了保養品，也有許多法國的保健藥食品供選擇，也有專門辦理退稅的結帳櫃檯，時常會贈送試用品。

http www.pharmaciemonge.pharminfo.fr / ✉ 74 place Monge 75005 Paris / ➡ 搭地鐵7、10號線至Place Monge站

行家祕技 巴黎Fragonard香水博物館

Fragonard獨家專利金屬香水瓶▼

法國最大香水製造商，博物館內陳列百年來的香水歷史，館內購買香水亦有優惠。Fragonard在南法Grasse也有博物館。香水門市則在全法國各地都有。

http www.fragonard.com/fr / ✉ 9 rue Scribe 75009 Paris / ➡ 地鐵3、7、8號線至Opéra站 / ℹ 若單獨前往參觀，需等候湊足導覽人數才能開始參觀，免費參觀，有中文導覽

♥ 貼心 小提醒

選購香水小知識

圖片提供／許志忠

法國香水品牌眾多，購買香水最好到開架式專櫃試聞，才能選對適合的味道。法國香水依香精比例可分為香水parfum(20～40%香精)、淡香精eau de parfum(15%)香精、淡香水eau de toilets(10%香精)、古龍水eau de cologne(5%香精)。

香水有三大敵人：熱、光、濕。所以香水絕對不可以擺在浴室，也不要放超過一年以上。因為香水分子會隨時間與溫度改變，可能會導致皮膚過敏。

指指點點美容保養品

許多愛美的女生來法國想買些美容保養品回去用，卻礙於語言不通的困境，只能望著琳瑯滿目的美容保養品失望而歸，有了以下的單字，一一對照保養品上的說明，相信一定可以幫助你買到心中的美容聖品。

Texture riche
質地豐盈

Eau florale de Bleuet
矢車菊化妝水

Contour des yeux
眼周

Apaisante
舒緩

Eau thermale
礦泉水

Haute protection
高度防曬

Eau micellaire
潔膚水

Démaquillante
卸妝

Brumisateur
噴霧

Crème
乳霜

Hydradante
保濕

Sèches
乾性

Peaux sensibles
敏感肌

Eau de Cologne
古龍水

Crème apaisante
舒緩乳液

Nourrissante
滋潤

Sérum
菁華液

Renaissance cellulaire
修護肌膚分子

Régénération
再生

Fleur de tilleul
椴樹花

Tous type de cheveux
所有髮質

Argile blanche
白嶺土

Aloe vera
蘆薈

Cheveux a tendance grasse
偏油髮質

Douche
沐浴

3 en 1
三合一

Agrumes
柑橘

購物篇

Hydrate 保濕

Démaquille 卸妝

Nettoie 清潔

Aqua Magnifica 淨化爽膚水

Essence Botanique 植物精華

Peau fragile 脆弱肌膚

Enfant 兒童

Lait Solaire 防曬乳

Masque 面膜

Purifiant 清潔

Anti-brillance 反油光

Désincrustant 除垢

Démaquillante 卸妝

Peaux sensibles déshydratées 敏感 & 缺水肌膚

Solution micellaire 潔膚化妝水

hydratante 保濕

Crème Gourmande 滋養霜

Mains et Ongles 手與指甲

Crème visage 面霜

Huile d'amande douce 甜杏仁油

Pour toute la famille 全家人適用

huile prodigieuse 全效護理油

Huile de bourrache 琉璃苣油

Huile d'onagre 月見草油

Assainissant 淨化

Antibactérien 除塵蟎的

visage / corps / cheveux 臉 / 身體 / 頭髮

美容保養品關鍵字教學

商品品項

lait nettoyant 洗面乳	**gel nettoyant** 洗臉凝膠	**démaquillant yeux et lèvres** 眼唇卸妝水
lait démaquillant 卸妝乳	**eau démaquillant** 卸妝水	**lingettes démaquillantes** 卸妝紙巾
lotion astringent 收斂化妝水	**tonique douceur** 軟膚水	**lotion faciale / lotion visage** 化妝水
lotion purifiante 淨膚化妝水	**tonique clarté** 潔淨化妝水	**eau tonifiante / tonique** 緊膚化妝水
cosmétique 彩妝	**correcteur** 遮瑕蓋斑膏	**lotion d`hydratation tonique** 保濕化妝水
fond de teint 粉底	**crayon à sourcil** 眉筆	**lotion blanchissant** 美白化妝水
contour des yeux 眼線筆	**le rimmel / mascara** 睫毛膏	**équilibrant tonique** 抑油 / 平衡油脂化妝水
rouge à lèvres 唇膏	**le gloss** 唇彩	**Crème pour les mains** 護手霜
crayon à lèvres 唇線筆	**le vernis à ongles** 指甲油	**crème de jour / crème du matin** 日霜
savon 香皂	**gel yeux** 眼部凝膠	**crème de nuit / crème du soir** 晚霜 / 夜霜
Masque visage 面膜	**facial scrub** 磨砂膏	**crème contour des yeux** 眼霜

sérum 精華液	**essence** 美容液	**parfum** 香水	**lait solaire** 防曬乳

商品適用

anti-poche 消除眼袋	**eau thermale** 礦泉的	**naturel** 天然的	**sans alcool** 不含酒精
nourissant 滋潤的	**soin** 保養	**démaquillant** 卸妝	**type de peau** 膚質

peau sèche 乾性肌膚	**peau grasse** 油性肌膚	**peau mixte** 混合性肌膚	**peau réactive** 易過敏性肌膚
peau sensible 敏感性肌膚	**peau ridée** 易有皺紋肌膚	**fatigue** 疲憊的	**bouton** 青春痘
point noir 黑頭粉刺	**anti-cernes** 抗黑眼圈	**ride** 皺紋	**rougeur** 發紅
tache 黑斑	**Irritation** 抓癢性紅斑	**anti-âge** 防老化	**anti-rides** 防皺紋

effaceur rides 去皺紋	**SPF / PA** 防曬係數	**peau à problèmes** 問題肌膚
baume 膏狀	**gel** 凝膠狀	**peau hyperpigmentée** 膚色暗沉肌膚
émulsion 乳液狀	**crème** 霜狀	**peau en perte d'élasticité** 鬆弛肌膚
mousse 泡沫狀	**lait** 乳狀物	**soins pour la peau** 護膚
liquide 液狀	**givre** 粉霜狀的	**gommage exfoliant** 去角質

身體部位、 使用方法

visage 臉	**cou** 脖子	**peau** 肌膚	**yeux** 眼睛
nez 鼻	**cils** 睫毛	**lèvres** 唇	**sourcil** 眉毛
dent 牙齒	**cheveux** 頭髮	**corps** 身體	**main** 手
pied 腳	**jambe** 腿	**utilisation** 使用方式	**matin / jour** 早上用 / 白天用
après le nettoyage 洗完臉後	**après le tonique** 化妝水後	**matin et soir** 早晚用	**soir / nuit** 晚上用 / 夜晚用

deux fois par semaine 每星期二次	**une fois par semaine** 每星期一次

如何辦理退稅

Détaxe
Tax Refund
退稅
Tax Refund

同一家商店購物滿€100可退稅，但食品與書籍則不在此限。

退稅條件

- 非歐盟居民且年滿16歲才能申請退稅，持歐盟6個月以上簽證者也無法退稅。
- 同一天在同一家店購物消費滿€100。一般退稅額度約為10～12%，菸草製品、武器彈藥、文化用品、石油產品和私家車無法退稅。
- 消費後的90天之內必須退稅並離境。
- 在貼有Global Blue（全球回報集團的退稅購物）退稅標誌的商店購物，才能享有退稅優惠。
- 相同商品的購買上限為15件。且須為個人使用，非商業採購。
- 若選擇現金退稅，上限為€1,000。

退稅方式

大部分的商店都使用電子退稅系統，簡稱PABLO。只要拿到機場退稅機器掃描，再將退稅單郵寄回退稅機關即可。巴黎戴高樂機場、巴黎奧利機場、馬賽機場、尼斯機場與里昂機場都有PABLO退稅系統。但若是從其他國家離開歐盟領土，則必須請當地海關在退稅單上蓋退稅章。取款方式有3種：

- **商店領現金：**在購物商店當場退稅，領取或扣除現金。僅有部分商店如拉法葉百貨（Les Galeries Lafayette）、春天百貨（Printemps）或免稅購物中心提供此項服務。拿到現金之後，仍需將稅單拿到機場掃描再郵寄。
- **機場領現金：**將稅單拿到機場掃描後，再到Cash Paris櫃檯領取現金。

▲ PABLO退稅機　　▲ 百貨公司退稅機

▲ 百貨公司退稅部

■**稅金退到信用卡裡**：將稅單拿到機場掃描再郵寄回退稅機關，2個月後會在信用卡帳戶中收到退稅金額，會有一些匯差。退稅狀況可登入網頁查詢：www.globalrefund.com。

行家祕技 退稅機與退稅櫃檯在哪裡？

戴高樂機場
■**PABLO退稅機：**
第一航廈：hall 6，CDGVAL樓層。
第二航廈2D：4號出口(Porte 4，出境樓層Niveau Départs)。
第二航廈2E：4號出口(Porte 4，出境樓層Niveau Départs)。
第二航廈2F入境樓層(Niveau Arrivées)。
第三航廈入境樓層(Niveau Arrivées)。
■**現金櫃檯：**
第一航廈：hall 6，CDGVAL樓層。
第二航廈2E：1號出口(Porte 1，出境樓層Niveau Départs)。

奧利機場
■**PABLO退稅機：**
Orly 4：Départs 4。
Orly 1-2：Arrivées 2。
■**現金櫃檯：**
Orly 4：Départs 4。

貼心 小提醒

退稅疑難查詢
上Global Blue網站，可下載SHOP TAX FREE手機應用程式，協助有效管理退稅步驟，並可預估退稅金額。
http www.globalblue.cn

出境退稅步驟

Step 1 到機場退稅櫃檯
到航空公司櫃檯check in之前必須完成退稅手續。先找到PABLO退稅機器，循序掃描電子退稅單。若掃描時機器亮紅燈，可至一旁的海關櫃檯辦理人工退稅。

▲電子退稅區

Step 2 海關查驗
退稅物品最好放在可方便拿取的地方，以備海關抽查。

Step 3 退稅
信用卡退稅者，將退稅單放入專用信封，投入機場退稅專用的郵筒即可。現金退稅者，拿掃描過的退稅單至Cash Paris櫃檯領取現金。

玩樂篇
Sightseeing

法國，哪裡最好玩？

提供藝術、節慶、美食、運動等主題規畫建議，以及最不能錯過的觀光景點、
歷史古蹟與世界知名的博物館、美術館；還有巴黎近郊必玩景點，以及各具魅
力巴黎秀場推薦，讓你的法國行絕對不虛此行。

法國主題之旅

法國地大物博，上山下海各類主題行程應有盡有。

藝術之旅

法國的藝術活動相當蓬勃，不僅可以在各大美術館欣賞名畫，還可以追尋藝術大師的足跡，親眼感受經典名畫的真實場景。巴黎蒙馬特地區是莫內（Claude Monet）、馬內（Édouard Manet）、畢沙羅（Camille Pissarro）、竇加（Edgar Degas）、雷諾瓦（Auguste Renoir）、梵谷（Vincent Willem van Gogh）等人昔日流連之地。

巴黎近郊的巴比容（Barbizon）及其周邊則以翁鬱森林與質樸小鎮等田園風光，吸引米勒（Jean- Françoi-is Millet）與希思萊

▲ 加尼葉歌劇院的夏卡爾傑作

（Alfred Sisley）來此安居。喜愛梵谷與塞尚（Paul - Cézanne）的旅客不可錯過瓦茲河畔歐韋（Auvers- sur-Oise）的凜冽北國風情。

靠海的諾曼第地區，陰晴不定的氣候讓大自然的光線變化莫測，不少印象派畫家在此畫出不朽傑作，尤以翁夫勒（Honfleur）、勒阿弗爾（Le Havre）、盧昂（Rouen）、費康（Fécamp）、多維勒（Deauville）、象鼻海岸（Étretat）以及康城（Caen）為主。

普羅旺斯也深受藝術家青睞，梵谷在阿爾勒（Arles）、塞尚在艾克斯（Aix）、畢卡索在昂蒂布（Antibes），以及馬蒂斯在尼斯（Nice）都有精采創作。普羅旺斯-阿爾卑斯-蔚藍海岸地區的自然光線始終是大師們的靈感源泉，不妨從Saint-Rémy出發，經Aix-en-Provence、Vence、Antibes到Biot，沿途陽光普照，讓人心情舒暢。

▲ 蒙馬特的狡兔之家是19世紀藝術家群聚之地

▲ 奧賽美術館

在印象派和點彩派的薰陶下,梵谷在Saint-Paul de Mausole安養院居住期間繪製了近150幅油畫。Aix-en-Provence是塞尚的城市,參觀他的畫室後,再到他在Jas de Bouffan的故居緬懷大師風采。Vence宏偉的玫瑰教堂(Chapelle du Rosaire)由馬蒂斯設計,花窗與壁畫令人嘆爲觀止。昂蒂布(Antibes)的畢卡索博物館俯瞰大海,視野絕佳,收藏了畢卡索獨一無二作品。最後是Biot的費爾南・雷捷國立博物館(Musée National Fernand Léger),以原始色彩和幾何形狀爲特色,充滿童趣。Biot的傳統玻璃業也享譽世界。

■**巴黎**:奧賽美術館(Musée d'Orsay)、瑪摩丹美術館(Musée Marmottan Monet)、橘園美術館(Musée de l'Orangerie)

■**吉維尼(Giverny)**:莫內花園(Maison et jardins de Claude Monet)、吉維尼印象派博物館(Musée des Impressionnismes Giverny)

■**盧昂(Rouen)**:盧昂美術館(Musée des Beaux-Arts de Rouen)

■**Le Havre**:安德烈・馬爾羅現代藝術館(Musée d'art moderne André Malraux)

■**Auvers-sur-Oise**:哈霧旅店-梵谷之家(Auberge Ravoux)

■**Yerres**:卡伊波特之家(Maison Caillebotte)

▲ 橘園美術館的莫內睡蓮畫作

節慶之旅

玩樂篇

法國各地區按照時令節氣,舉辦著大大小小的節慶與活動,光是音樂節就有近4,000個,文化節慶約有6,000個!例如每年2、3月的敦克爾克嘉年華(Le Carnaval de Dunkerque)與尼斯嘉年華(Carnaval de Nice);以檸檬爲主題(Fête du Citron)的蒙頓(Menton)花車遊行;7月國慶日閱兵大典;10月巴黎蒙馬特葡萄豐收節等(詳見P.30)。

如果旅行時間湊不上,也別懊惱,各地的夜間光雕也很值得觀賞,有些在夏天,有些在聖誕節,通常爲期至少1個月,在Amien、Chartres、Reims、Rouen、Le Puy-en-Velay、Strasbourg、Mont Saint-Michel等都是常年舉辦。

▲ 巴黎蒙馬特葡萄豐收節遊行

▲ 巴黎蒙馬特葡萄豐收節盛況

▲ 光雕秀

美食之旅

2010年，法國美食被聯合國教科文組織列爲人類非物質遺產，除了頂尖的米其林星級餐廳，甜點與葡萄酒也令全世界垂涎，還有各地的新鮮特產或傳統料理，非常值得前往產地直接領略當地風土。

阿爾薩斯地區(Alsace)

醃酸菜(choucroute)與豬肉香腸(saucisse)、火焰烤餅(Flammakueche)、阿爾薩斯乾白葡萄酒。

■ **醃酸菜美食節(Fête de la choucroute à Geispolsheim)**：法國每年生產5萬公噸酸菜，其中三分之二產自阿爾薩斯！種植和製作酸菜的主要地區就在Geispolsheim。

f fetedelachoucroutegeispolsheim / 🕐9月

■ **美酒之路(Route des Vins d'Alsace)**：從Marlenheim到坦恩(Thann)，沿著阿爾薩斯平緩的山坡蜿蜒前行，全長超過170公里，沿途有葡萄園、城堡和秀麗村莊。

http www.routedesvins.alsace

阿基坦地區(Aquitaine)

肥鴨肝(foie gras)、油封鴨肉(confit de canard)、可麗露(cannelé)、波爾多葡萄酒、生蠔(huitre)、魚子醬(caviar)、松露(truffe)。

■ **波爾多葡萄酒美食節(Bordeaux Fête le Vin)**：透過品酒會、研討會、展覽等活動，認識波爾多及周邊80個法定產區葡萄酒。

http www.bordeaux-fete-le-vin.com

■ **梅多克馬拉松(Marathon des Châteaux du Médoc)**：世上知名度第三高的馬拉松賽事。全長42.195公里，穿越超有名的葡萄酒莊，如Mouton-Rothschild、Latour、Lafite-Rothschild

等，每年不同主題，參賽者必須化裝，賽程中可享用葡萄酒、牛排或生蠔。

http www.marathondumedoc.com/programme

奧維涅地區(Auvergne)

綠扁豆(lentille)、焗烤乳酪與馬鈴薯(Truffade)、薄荷糖(Pastilles de Vichy)、Saint-Pourçain葡萄酒、馬鞭草利口酒(Verveine du Velay)、牛肚包(Tripou)。

■ **乳酪之路(Route des Fromages)**：奧弗涅以乳酪聞名，有5種AOC認證乳酪：康塔爾(Cantal)、昂貝爾(Fourme d'Ambert)、聖奈克戴爾(Saint-Nectaire)、沙爾乳酪(Salers)和奧弗涅藍乳酪(Bleu d'Auvergne)。乳酪之路共33個站點，可自由選擇行程。

http www.fromages-aop-auvergne.com/route-fromages

■ **野菇市集(La foire aux champignons)**：各處都有，最盛大的在Saint-Bonnet-Le-Froid。

🕐11月初

牛肚包 ▶

▲ **法國乳酪多達1,200種**

勃艮第地區(Bourgogne)

蝸牛（escargot）、勃艮第紅酒燉牛肉（boeuf bourguignon）、勃艮第牛肉火鍋、芥末醬、勃艮第葡萄酒。

■ **勃艮第名莊之路(Route des Grands Crus de Bourgogne)**：1937年創建，被譽為葡萄酒界的香榭麗舍大道。以第戎（Dijon）為起點，穿過勃艮第葡萄園，經Beaune到達Santenay，全長60公里，途經39個葡萄酒村鎮。沿途都有指示牌，駕車、騎車或徒步旅行都很不錯。

http www.bourgogne-tourisme.com

■ **勃艮第風土與葡萄酒城(Cité des Climats et vins de Bourgogne)**：勃艮第風土於2015年被聯合國教科文組織認定為具有「卓越的全球價值」，也提供酒莊品酒導覽。

http www.citeclimatsvins-bourgogne.com

▲ 博恩濟貧院

▲ 博恩葡萄園

布列塔尼地區(Bretagne)

可麗餅（crêpe）、海鮮、奶油烘餅（Kouign Amann）、蘋果酒（cidre）。

■ **生蠔之路(Route de l'Huître)**：每年7、8月的星期三和星期四，根據潮汐，可乘船至牡蠣養殖場現場品嘗生蠔或炸貽貝。

http www.passeurdesiles.com

■ **草莓之路與草莓博物館(Route de la Fraise et Musée de la Fraise)**：草莓在18世紀從智利引入法國，介紹其對風俗、建築和傳統服飾產生的影響，相當不可思議。

▲ 鹹可麗餅稱為galette

http www.museefraisepatrimoine.bzh

▲ 法國一年四季都能品嘗生蠔

香檳-亞登地區(Champagne-Ardenne)

特魯瓦內臟香腸（andouillette de Troyes）、亞登火腿（jambon d'Ardennes）、香檳。

■ **香檳觀光之路(Route Touristique du Champagne)**：6條路線，總計約600公里。若從Epernay出發可選擇3條不同的路線：馬恩河谷路線（Vallée de la Marne），享有壯麗河景；蘭斯山路線（Montagne de Reims），穿過山脈和森林直達加晃之城；白色山丘路線（Côte des Blancs），領略田園和葡萄園的迷人魅力。

http www.epernay-tourisme.com

奧克西塔尼地區(Occitanie)

乳酪馬鈴薯泥（Aligot）、豬肉扁豆什錦砂鍋
（cassoulet）、尼姆奶油焗鱈魚（brandade de Nîmes）
、紅酒煨公牛肉（Gardiane）、亞文邑（Armagnac）。

■**鵝肝日(Foire au gras à Castelnaudary)**：該省
最大的鵝肝集市。

http www.castelnaudary-tourisme.com / ⊙12月第一
個週日

普羅旺斯-阿爾卑斯-蔚藍海岸地區
(Provence-Alpes-Côte d'Azur)

馬賽魚湯（Bouillabaisse）、鯷魚醬（anchoïade）
、大蒜蛋黃醬（aioli）、艾克斯杏仁糖（calisson、
calisson）、茴香酒（pastis）。

■**普羅旺斯艾克斯葡萄酒之路(Route de vin en
Aix-en-Provence)**：追隨塞尚足跡，穿梭酒
莊、城堡與修道院之間的美食藝術之路。沿途
可欣賞聖維克多山（Mont Sainte-Victoire）周圍
的壯麗葡萄園，品嘗艾克斯的卡利松杏仁糖，
參觀橄欖園，見識豐富的普羅旺斯風土。

http www.coteauxaixenprovence.com

運動之旅

法國的運動風氣相當普遍，多元的地理環境也
造就天然運動場所。自行車、健行、攀岩、泛舟
等都非常盛行。

■**高爾夫球**：法國擁有500個高爾夫球場，位於
海灘與山脈之間，風景美不勝收。在高爾夫協
會網站上可搜尋法國各地的高爾夫球場資訊。

http www.ffgolf.org

■**自行車**：自行車是最簡易的運動，不僅環法自
行車賽（Tour de France）是法國一年一度的大
事，各大小自行
車協會也推薦難
易度不等的騎車
路線。法國自行
車旅遊網站，提
供以自行車在法
國旅遊的相關資
訊，也可以搜尋
各地區的自行車
路線與團體旅遊
行程。

▲ 自行車是法國常見的運動

http www.francevelotourisme.com

■**攀岩**：一般室內攀岩活動都需要出具保險證
明，戶外山區的運動則視各地規定。攀岩與山
岳協會網站可搜尋室內或戶外的攀岩場地。

http www.ffme.fr

■**健行**：法國有世界上最美的健行步道之一。健
行步道長度超過18萬公里。無論是半天、一天
或數日、數星期，法國每個地區都能找到適合
每個人行程的健行步道。不管城市或鄉村，山
區或海濱，隨時可以出發。可以查詢「法國健
行旅遊網站」搜尋各地的健行路線。

http www.france-randonnee.fr

■**泛舟**：法國河川較少湍急地帶，但更能悠閒欣
賞沿岸山明水秀。法國人在夏天時常順流而
下，時而在岸邊野餐休息，度過美好一天。詳
細可參考法國輕舟協會提供的各地泛舟資訊。

http www.canoe-france.com/en

▲ 法國人喜愛戲水

玩樂篇

■**滑雪**：法國大約有350個滑雪站，是多季相當盛行的運動，大致分布在阿爾卑斯山、中央高地、佛日山脈、汝拉山脈與科西嘉島。詳細住宿與滑雪場開放時間可參考法國山岳網站。

http www.france-montagnes.com

綠色大道(La Voie Verte)

綠色大道通常建在運河和河流的牽引道、廢棄的鐵路線或森林道路上，專供非機動交通使用，機車、汽車止步，是非常好的自行車旅行路線。打開連結網址後，點擊地圖上紅色的線條，就可以看到該地區自行車綠道更多的介紹和相關資訊。推薦5條路線。

http www.voiesvertes.com

■**Le canal de Nantes à Brest**：沿南特至布列斯特的運河騎行，這條宏偉的運河長400公里，擁有238個船閘，被認為是19世紀最偉大的工程成就，自然景觀對比鮮明，非常適合首次挑戰騎車旅行的人。

■**Voie verte du Haut-Languedoc Passa Païs**：沿著米迪運河(Midi)到達埃羅(Hérault)的葡萄種植平原，再到濱海的貝濟耶(Béziers)，長237公里，途經各種自然和文化遺產。

■**La Vélodyssée de Nantes à la Rochelle**：從布列塔尼出發，經南特沿大西洋的自行車道到達巴斯克海岸，長1,300公里。以大海為背景，游泳、品嘗海鮮和觀光。路線簡單易行，是家庭或首次騎車者的理想路線。

■**La vallée de la Mayenne**：沿著馬耶訥河谷(Mayenne Valley)騎行到昂傑(Angers)，全長95公里。

■**Le canal de Bourgogne**：從歐塞爾(Auxerre)到第戎(Dijon)，沿著勃艮第運河騎行，全長215公里，可安排4～5天。

國家公園

法國有11個國家公園，其中8個在法國本土，包含海洋和陸地景觀。在這些受保護的壯麗環境中可以從事各種運動，包含健行、游泳、潛水、滑翔傘及多季運動！

■**瓦諾茲國家公園(Parc national de la Vanoise)**：法國第一個國家公園。有海拔3千多公尺的山脈和開闊的河谷，地質資源豐富，且有許多稀有動植物。

http www.vanoise-parcnational.fr/fr / ✉ 135 rue du Dr Julliand 73000 Chambery / ➡ 搭火車至Bourg Saint Maurice、Modane或Moûtiers，再轉搭公車前往

■**克羅港國家公園(Parc national de Port-Cros)**：歐洲最早海陸合一的國家公園，有古羅馬遺跡、沉船、和大約20個軍事要塞的特殊歷史遺產。

http www.portcros-parcnational.fr/fr / ✉ 181 Allée du Castel Sainte Claire 83406 Hyers / ➡ 搭火車到Hyères，再轉接駁車前往Saint Pierre港或La Tour Fondue

■**庇里牛斯國家公園(Parc national des Pyrénées)**：有大量的湖泊與瀑布，還有曾經消失一個世紀的伊比利亞羱羊(Capra pyrenaica)，於2014年重新引入。

http www.pyrenees-parcnational.fr/fr / ✉ 2 rue du IV septembre 65007 Tarbes / ➡ 搭火車到Pau、Oloron、Tarbes或Lannemezan，再轉搭公車前往

■**塞文國家公園(Parc national des Cévennes)**：1985年聯合國教科文組織將其指定為生物圈保護區(Réserve de biosphère)。2011年，「喀斯和塞文－地中海農牧文化景觀」入選世界遺產。

http www.cevennes-parcnational.fr/fr / ✉ 6 bis, place du Palais 48400 Florac / ➡ 火車到Alès或Mende，再轉搭公車前往Florac

■ **埃克蘭國家公園**(Parc national des Ecrins)：位
於北阿爾卑斯山和南阿爾卑斯山之間，被歐洲
委員會授予「歐洲高山公園」的稱號。有150
座海拔3,000公尺以上的山峰，以及約1萬公頃
的冰川。

http www.ecrins-parcnational.fr / ✉ Domaine de Cha-
rance 05000 Gap / ➡ 搭火車到Grenoble、Gap、
Embrun、Mont-Dauphin、L'Argentière-la-Bessée或
Briançon

■ **梅康圖爾國家公園**(**Parc national du Mercan-
tour**)：從阿爾卑斯山延伸到地中海沿岸，綿
延的山峰、山間湖泊、峽谷，山上種植著橄欖
樹，襯托各種不同的自然環境。

http www.mercantour-parcnational.fr/fr / ✉ 23 rue
d'Italie 06006 Nice / ➡ 搭火車到Nice、Monaco或
Menton，再轉搭公車前往

■ **卡朗格峽灣國家公園**(**Parc national des Calan-
ques**)：歐洲唯一集陸、海、城郊一體的國家公
園。有被峽灣刻蝕的峭壁及生物多樣性最豐富
的地中海海底峽谷。

http www.calanques-parcnational.fr/fr / ✉ Bâtiment
A 141 Avenue du Prado 13008 Marseille / ➡ 搭火
車到Marseille、Cassis或La Ciotat，再轉搭公車前往

■ **森林國家公園**(**Parc national de forêts**)：2019
年規畫的國家公園，擁有法國東北部石灰岩高
原的平原落葉林，園中80%的森林在法國大革
命時期已經存在。

http www.forets-parcnational.fr/fr / ✉ 20 rue Anatole
Gabeur 52210 Arc en Barrois / ➡ 搭火車到Dijon、
Montbard、Langres或Chaumont，再轉搭公車前往

▲ 法國最長的吊橋

行家祕技　法國最美徒步朝聖小徑

史蒂文生朝聖之路(Chemin de Stevenson)
以及孔波斯特拉朝聖之路(Chemins de
Compostelle)。史蒂文生是著名小說金銀島
的作者，1879年出版了《騎驢漫遊記》
(Travels with a Donkey in the Cévennes)，
描述了以雙腳踏遍Cévennes 山區的12天旅
程，一共252公里。1978年，小說出版的百
周年紀念日，法國規畫了這樣一條史蒂文生
之路，讓大家可以循著當年作家的足跡，重
新認識這個美麗的山區。

史蒂文生之路還可結合10世紀即存在的孔
波斯特拉朝聖之路。一路前往西班牙聖地亞
哥-德孔波斯特拉(Saint-Jacques-de-
Compostelle)。此城與羅馬、耶路撒冷並列
天主教三大朝聖之地。

▲ 法國朝聖之路的標示

▲ 勒皮主教座堂是法國朝聖之路的起點

玩樂篇

全法各地熱門景點

法國不只有巴黎好玩，東西南北中，都各有特色。

法國熱門景點位置圖

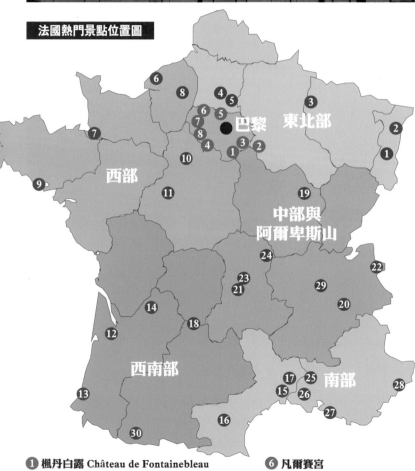

❶ 科爾瑪 Colmar
❷ 史特拉斯堡 Strasbourg
❸ 蘭斯 Reims
❹ 康比涅 Compiègne
❺ 皮耶楓堡 Pierrefonds
❻ 埃特雷塔(象鼻海岸) Étretat
❼ 聖米歇爾山 Mont Saint-Michel
❽ 盧昂 Rouen
❾ 卡爾納克 Carnac
❿ 香波爾堡 Chambord
⓫ 雪儂梭堡 Chenonceau
⓬ 波爾多 Bordeaux
⓭ 比亞希茲 Biarritz
⓮ 佩里格 Perigueux
⓯ 尼姆 Nîme
⓰ 卡爾卡松 Carcassonne
⓱ 加爾橋 Pont du Gard
⓲ 羅卡馬杜 Rocam adour
⓳ 第戎 Dijon
⓴ 里昂 Lyon
㉑ 多姆山 Puy de Dôme
㉒ 霞慕尼 Chamonix
㉓ 克萊蒙費朗 Clermont-Ferrand
㉔ 薇姿 Vichy
㉕ 亞維儂 Avignon
㉖ 亞爾 Arles
㉗ 馬賽 Marseilles
㉘ 尼斯 Nice
㉙ 安錫 Annecy
㉚ 庇里牛斯山國家公園
　　Parc national des Pyrénées

❶ 楓丹白露 Château de Fontainebleau
❷ 奧維小鎮 Auvers-sur-Oise
❸ 吉維尼 Giverny
❹ 桑利斯 Senlis
❺ 聖傑爾曼歐雷鎮城堡 Saint-Germain-en-Laye
❻ 凡爾賽宮
　　Château de Versailles
❼ 普羅萬 Provins
❽ 子爵堡 Vaux le Vicomte

大東部大區
Grand Est

位於歐洲中心地帶，藝術和歷史之城，擁有迷人的外露木骨架建築、中世紀堡壘、哥德式大教堂，以及著名的水晶和陶瓷產業。美食以香檳酒、阿爾薩斯白酒、阿爾薩斯火焰烤餅、酸菜、阿爾薩斯燉肉(Baeckeoffe)，以及黃香李(Mirabelle)聞名。

曾為第一次世界大戰的主要戰場，至今仍有不少紀念墓園與戰壕遺跡。佛日山脈(Vosges)以東的洛林與阿爾薩斯曾為德國領土，保有德法兩國的風土民情。阿爾薩斯的酒莊路線(Alsace Route des Vins)亦是非常熱門的旅遊景點。

http www.grandest.fr

科爾馬
Colmar

http www.tourisme-colmar.com/fr / ➡️ 從巴黎搭TGV，車程約2小時；或從史特拉斯堡搭TER，車程約30分鐘 / ⧗ 1天

舊城區有許多顏色繽紛的房屋，立面裝飾著古老的鍛鐵招牌，宮崎駿動畫電影《霍爾的移動城堡》即在此取景。小威尼斯最受歡迎，可搭船遊運河。8月的葡萄酒節是不容錯過的盛事。

史特拉斯堡
Strasbourg

http www.visitstrasbourg.fr / ➡️ 從巴黎東站搭TGV，車程約2小時 / ⧗ 1～2天

被稱為「歐洲的十字路口」，歐盟議會的所在地。舊城區被聯合國教科文組織列入世界遺產，其中，建於11世紀的聖母院大教堂(Cathédrale Notre-Dame de Strasbourg)莊嚴宏偉，以粉紅砂岩為基材，是哥德式建築的傑作。夏天晚上有迷人的光雕秀，冬天設置於大教堂前廣場的聖誕市集為歐洲規模之最。

▲ 史特拉斯堡著名的小法國風景區

蘭斯
Reims

http www.reims-tourisme.com / ➡️ 從巴黎搭TGV，車程約45分鐘 / ⧗ 1天

加冕之城和香檳之城，拜訪香檳園與酒莊的起點。擁有4座被列為世界遺產的建築：蘭斯大教堂(Cathédrale Notre-Dame de Reims)、塔烏宮(Palais du Tau)、聖勒彌爵隱修院(Basilique Saint-Remi)和聖雷米博物館(Musée Saint-Remi)。其中，哥德式的大教堂建於1211年，昔日法國國王都在此接受加冕。

貼心 小提醒

8個溫泉度假勝地

　　大東部大區以其卓越的自然環境而自豪，溫泉愛好者千萬不能錯過這些溫泉勝地：Amnéville-les-Thermes、Bains-les-Bains、Bourbonne-les-Bains、Contrexéville、Morsbronn-les-Bains、Niederbronn-les-Bains、Plombières-les-Bains(即Vittel)。

行家祕技　　在佛日山脈體驗健行

　　佛日山脈(Vosges)山坡坡度和緩，很適合體驗健行，每條路線都蘊藏豐富的文化和歷史。例如環聖奧迪勒山之路，適合初學者；攀爬最高峰大巴隆山(Grand Ballon)；有趣的乳酪之路(Route des Fromages)；一戰歷史前線之路；以及頗有難度的環湖之路、岩石小徑(Sentier des Roches)。

http www.massif-des-vosges.fr

上法蘭西大區
Haute de France

　　廣闊的沙灘、風景如畫的漁村和優雅的海濱度假勝地。索姆灣(Baie de Somme)是觀鳥天堂，還可以欣賞到海豹群。在建築遺產方面，杜埃鐘樓(Beffroi de Douai)於2005年被列入世界文化遺產。還有許多迷人的小城市如桑利斯(Senlis)、香堤邑(Chantilly)、康比涅(Compiègne)及皮耶楓(Pierrefonds)，而著名的亞眠(Amiens)和博韋(Beauvais)大教堂也值得一訪。

http www.tourisme-en-hautsdefrance.com

皮耶楓城堡
Château de Pierrefonds

http www.chateau-pierrefonds.fr / ➡ 從巴黎搭火車到Compiègne，再轉搭27號公車前往 / ⧗ 半天

　　拿破崙一世購買了這座城堡，直到1858年拿破崙三世才開始重建，內部混和哥德、文藝復興和新藝術風格。許多著名電影都在此拍攝，如《聖女貞德》(Jeanne d'Arc)、《時空急轉彎》(Les Visiteurs)。

康比涅
Compiègne

http www.compiegne-pierrefonds.fr / ➡ 從巴黎北站搭火車，車程約40分鐘 / ⧗ 半天

　　聖女貞德於1430年在此被逮捕。市政廳的鐘樓歷史悠久，可追溯至1303年。附近的康比涅森林是法國將軍Ferdinand Foch與德軍簽下第一次世界大戰停戰協議的地方。

香堤邑城堡
Château de Chantilly

http chateaudechantilly.fr / ➡ 從巴黎北站搭TER或RER D線到Chantilly-Gouvieux站，車程約25分鐘 / ⧗ 1天

　　位於巴黎近郊，城堡內的古代繪畫收藏僅次於羅浮宮。書房內有數千冊書籍，大多數都是精美的插畫手稿，最早可以追溯到11世紀。城堡的公園占地115公頃，內有5棟風景如畫的小屋，可以在此品嘗以城堡為名的香堤鮮奶油。

諾曼地大區
Normandie

　　蜿蜒的塞納河谷蘊育著令人垂涎的海鮮、鹽草地羔羊、蘋果酒、蘋果白蘭地(Calvados)、依思尼(Isigny)乳製品，及卡蒙貝爾(Camembert)乳酪；著名的聖米歇爾山是遊客最多的景點之一；還有諾曼地海岸的壯觀白崖、時尚度假城市多維爾(Deauville)、莫內的美麗花園，及1944年聯軍登陸諾曼地的重要地點，而埃特雷塔(Étretat)、費康(Fécamp)及翁夫勒(Honfleur)等濱海城鎮在19世紀吸引許多印象派畫家，至今仍魅力不減。

http www.normandie-tourisme.fr

埃特雷塔(象鼻海岸)
Étretat

http www.lehavre-etretat-tourisme.com / ➡ 從巴黎Saint-Lazare火車站搭火車到Le Havre，再轉搭公車L13或L21前往 / ⏳ 1天

　　特殊的白堊地質形成宛若象鼻伸入海中的地貌，不僅是亞森·羅蘋小說中的藏寶地，莫內也在此完成多幅作品。主要奇觀是「男人之洞」(Trou à l'Homme)，一條可連接2個海灘的隧道，只有每天退潮時的幾個小時才能通行。高爾夫球高手一定要去這裡的高爾夫球場，位於距離海洋約50公尺的高處，令人目眩神迷！

聖米歇爾山
Mont Saint-Michel

http www.ot-montsaintmichel.com / ➡ 從巴黎Montparnasse車站搭TGV到Pontorson - Le Mont-Saint-Michel站，車程約2小時，再轉搭接駁車前往 / ⏳ 1天

　　世界7大奇景之一，位於海上沙地，漲潮時即成為孤島，在中世紀已是著名的朝聖地。島上的本篤會修士仍遵循千年以來的傳統修道院生活，修道院融合了11～16世紀的出色建築，是宗教藝術的傑出見證。可報名徒步跨越海灣行程，體驗昔日朝聖者的足跡。

盧昂
Rouen

http www.visiterouen.com / ➡ 從巴黎Saint-Lazare火車站搭Intercités前往 / ⏳ 1天

　　被譽為「百鐘之城」。古老的聖瑪洛教堂(Église Saint-Maclou)建於1348年的黑死病大流行時期，擁有歐洲最後一個中世紀墓地，已被列為歷史古蹟；大鐘樓(Gros Horloge)則是由哥德式尖塔、文藝復興時期的時鐘和路易十五時期的噴泉組成，是歐洲最古老的鐘之一！1431年聖女貞德於舊市集廣場被處以火刑。也不可錯過莫內筆下的盧昂大教堂(Cathédrale Notre-Dame de Rouen)。

布列塔尼大區
Bretagne

野生懸崖、多岩海岸、石楠荒地、粉紅色花崗岩海岸與神祕森林，布列塔尼大區的自然遺產相當豐富，每年吸引眾多熱衷健行的遊客。著名美食有法式焦糖奶油酥(Kouign Amann)、可麗餅(Crêpe)、布列塔尼蛋糕(Far Breton)、生蠔和海鮮。這裡還有悠久的歷史和傳說，例如令人印象深刻的巨石陣，以及亞瑟王與圓桌武士的布洛塞里安德森林(Forêt de Brocéliande)。

http www.tourismebretagne.com

▲ 諾曼第與布列塔尼傳統木條房屋

▲ 布列塔尼海邊常見的石堆

聖馬洛
Saint-Malo

http www.saint-malo-tourisme.com / ➡ 從巴黎Montparnasse車站搭TGV前往 / ⧗ 1天

面向大海的海盜城市，如今是備受推崇的海濱度假勝地。舊城市在1944年被摧毀後，完全重刻複製，以環繞全城的城牆為焦點。從城牆上欣賞壯觀海景、沙灘、堡壘及港口。這裡也是著名跨大西洋帆船賽「蘭姆酒之路」(Route du Rhum)的起點。

卡爾納克
Carnac

http www.ot-carnac.fr / ➡ 從巴黎Montparnasse車站搭TGV到Vannes，車程約2小時，再轉搭公車L1前往 / ⧗ 半天

世上最大的史前巨石遺址，有近3,000根巨石柱，是世界上最大的立石遺址。這裡的史前博物館也是世界上第一個有關巨石遺址的博物館。

莫爾比昂灣
Le Golfe du Morbihan

http www.compagnie-du-golfe.fr / ➡ 從巴黎搭TGV到Vannes，再轉搭公車前往 / ⧗ 1～2天

世界上最美麗的海灣之一，擁有大約40個島嶼，各個美不勝收。法國10%的生蠔產自這裡，不妨參觀一下生蠔養殖區，並大啖新鮮現撈的生蠔。還有古老的鹽沼，每年生產約8噸海鹽。

中央-羅亞爾河谷
Centre-val de Loire

羅亞爾河谷的城堡在全世界享有盛譽，對法國歷史也有不容忽視的影響，包括香波爾城堡、雪儂梭城堡、阿澤萊里多(Azay-le-Rideau)、昂布瓦斯(Amboise)以及維朗德里(Villandry)等。其他城市也同樣擁有豐富的建築寶藏，例如沙特爾、布盧瓦(Blois)、布爾日(Bourges)、圖爾(Tours)、奧爾良(Orléans)都值得一遊。當然也不能錯過品嘗一杯安茹(Anjou)或都蘭(Touraine)的葡萄酒！

http www.centre-valdeloire.fr

香波爾城堡
Château de Chambord

http www.chambord.org/cn / ➡️ 從巴黎Austerlitz車站搭火車到Blois-Chambord，車程約1小時20分鐘，再轉搭接駁巴士或計程車前往，車程約25分鐘 / ⏳ 半天

羅亞爾河最大的城堡，有440個房間，建築精雕細琢，氣勢非凡，著名的雙旋轉樓梯是一項建築壯舉。從城堡的天台可以欣賞到建築物上成千上萬的小天窗、壁爐、柱頭、尖塔和尖頂。

▲1519年始建，至1684年才竣工的香波堡

雪儂梭城堡
Château de Chenonceau

http www.chenonceau.com/en / ➡️ 從巴黎Montparnasse車站搭火車至Tours，車程約1小時，再轉搭TER前往，車程約25分鐘 / ⏳ 半天

優美外型倒映在河水之上，極其優美。這座文藝復興時期的宮殿是最具話題性的行宮，藏著皇后與情婦的愛恨情仇。城堡由3個部分組成：兩層樓的主樓，帶有角樓，長60公尺的長廊，有18個窗戶和5個橫跨河流的拱門。

沙特爾
Chartre

http www.chartres-tourisme.com / ➡️ 從巴黎Montparnasse車站搭火車可直達 / ⏳ 半天

沙特爾大教堂(Cathédrale Notre-Dame de Chartre)是法國最大的哥德式大教堂之一，已被列為世界遺產，由於建造速度快，建築呈現高度同質性，外牆裝飾著數千個雕塑，精美古老花窗源自12、13世紀。4～9月每個晚上都有光雕秀。

▲有些城堡會有古裝活動

羅亞爾河地區大區
Pays de la Loire

位於大西洋沿岸，長達450公里的海岸線，擁有著名的海濱度假勝地，如La Baule、Les Sables-d'OlonnePornic和Saint-Jean-de-Monts。不只遍布著名城堡，還有巨石遺跡，Angers、Laval、Nantes及Le Mans都是法國藝術和歷史名城。Clisson的Hellfest重金屬音樂節、Le Mans的利曼24小時耐力賽，以及旺代單人不靠岸航海賽(Vendée Globe)都是享譽全球的知名賽事。

http www.enpaysdelaloire.com

昂傑
Angers

http www.tourisme.destination-angers.com / ➡ 從巴黎搭火車可直達 / 🗓 1天

昂熱城堡（Château d'Angers）由聖路易（Saint Louis）建於13世紀，有17座塔樓，內部更藏有傑作《天啓掛毯》（Tenture de l'Apocalypse），是當今世上最大的中世紀掛毯！

圭朗德
Guérande

http www.ot-guerande.fr / ➡ 從巴黎搭火車到La Baule，再轉搭公車前往 / 🗓 1天

有占地超過2,000公頃的鹽田、濃厚中世紀特色的6座塔樓和4座城門。沿著鋪砌的石板路，兩旁是古老的石板屋頂，前往聖奧本修道院（Collégiale Saint-Aubin）。目前的建築始建於15、16世紀，屬於哥德式風格。

行家祕技　世界最佳主題公園─狂人國樂園

狂人國樂園(Puy du Fou)以歷史為主題分為4大園區，例如按照同樣比例復刻的羅馬鬥獸場，可容納6,000名觀眾，呈現古羅馬鼎盛期的輝煌，還有凡爾賽宮、三劍客等沉浸式舞臺表演，尤其老鷹、貓頭鷹、禿鷹盤旋飛舞，彷彿穿越時空，相當震撼！已多次被評選為世界最佳主題公園。晚間的大型夢幻水舞秀「Cinéscénie」近2小時，動員至少2,400名演員，若是行程有到羅亞爾河地區，非常值得安排一天來此遊玩。

http www.puydufou.com/france/fr / ➡ 從巴黎搭火車到Angers，再轉搭接駁車前往

新亞奎丹大區
Nouvelle Aquitaine

擁有多樣豐富的自然風景和建築寶藏，囊括了大海及森林的魅力，從著名的波爾多葡萄園到壯麗的庇里牛斯山脈、迷人的多爾多涅河谷、神祕的普普瓦圖沼澤(Marais poitevin)、瀟灑的雷島(Île de Ré)，更保留了悠久的傳統和技藝，如歐比松(Aubusson)地毯和利摩日(Limoges)瓷器。

http www.nouvelle-aquitaine-tourisme.com/fr

波爾多
Bordeaux

http www.tourisme.destination-angers.com / ➡ 從巴黎搭火車可直達 / 🗓 1天

以周邊葡萄園聞名於世，同時也擁有壯觀的

建築遺產，波爾多自2007年即被列為世界遺產。從15世紀的波爾多聖安德烈大教堂（Cathédrale Saint-André de Bordeaux）的鐘樓塔頂，可欣賞到城市的壯麗全景，只是必須登上231階狹窄的螺旋樓梯！

比亞希茲
Biarritz

🌐 tourisme.biarritz.fr / ➡️ 從巴黎Montparnasse火車站搭TGV可直達 / ⏳ 1～2天

原為19世紀的捕鯨港，因歐仁妮皇后（Eugénie de Montijo）的到訪而名聲大噪，現為大西洋沿岸優雅的海濱度假勝地。華麗的建築和別墅不拘一格，從新藝術風格到新巴斯克風格都有，包括裝飾藝術和巴洛克風格。夏季有許多活動，包括免費音樂會、8/15起的絢麗煙火童話之夜、港口節，以及國際衝浪比賽等。

佩里格
Perigueux

🌐 www.tourisme-grandperigueux.fr/en / ➡️ 從巴黎Montparnasse車站搭TGV到Libourne站，車程約4小時，再轉搭TER前往 / ⏳ 1天

盛產松露與豬肉製品的美食小鎮。舊城區有古老的高盧羅馬遺跡，以及中世紀與文藝復興時期的建築。拜占庭風格的佩里格聖弗龍主教座堂（Cathédrale Saint-Front）位於朝聖之路上，已被列為世界遺產。

法國是世界上最大的松露生產國之一，其實最大的種植區在法國東南部，但聲譽卻是西南部建立起來的，尤其佩里格地區（Périgord），其中最有名就是珍貴的佩里格黑松露。

奧克西塔尼大區
Occitanie

位於法國西南部，地理位置優越，境內有雄偉的庇里牛斯山、令人驚嘆的老蒙彼利埃石林（Chaos de Montpellier-le-Vieux）、Gavarnie及Troumouse的巨大冰斗、寧靜的奧布拉克高原（Aubrac）、浪漫的米迪運河（Canal du Midi）、絕美的塞文山脈（Cévennes），還有地中海的細長沙灘，深受自然和戶外活動愛好者青睞！壯麗的山水中還隱藏著令人嘆為觀止的建築和文化遺產，例如卡爾卡松雄偉的防禦工事、尼姆的羅馬競技場、盧爾德（Lourdes）的聖母顯靈神蹟、米約（Millau）的高架橋，以及圖盧茲（Toulouse）的文藝復興時期豪宅。

🌐 www.tourisme-occitanie.com

尼姆
Nîme

🌐 www.nimes-tourisme.com/fr / ➡️ 從巴黎搭TGV可直達，車程約3小時 / ⏳ 半天

西元1世紀末的羅馬圓形劇場保存完整，長133公尺，寬101公尺，可容納24,000名觀眾，5月聖靈降臨節（Feria de Pentecôte）會舉行鬥牛表演。還

▲ 尼姆的羅馬圓形劇場

有西元1世紀晚期的方形神殿（Maison Carrée），是保存良好的羅馬神廟。一定要在老城區風景如畫的狹窄街道上漫步，並在香草廣場（Place aux Herbes）或鐘樓廣場（Place de l'Horloge）小酌一杯。

卡爾卡松
Carcassonne

http www.tourisme-carcassonne.fr / ➡ 從巴黎搭TGV前往 / ⏳ 1～2天

保存極為完整的中世紀堡壘，擁有3公里長的城牆和52座塔樓，是歐洲最大的防禦城市！在6～8月期間，卡爾卡松藝術節（Carcassonne Festival）上演著古典音樂、歌劇、舞蹈、馬戲等。此外，7/14的中世紀古城焰火晚會及7、8月的騎士錦標賽（Tournois de Chevalerie）也不容錯過。

加爾橋
Pont du Gard

http www.pontdugard.fr/fr / ➡ 從Avignon或Nîmes搭公車前往 / ⏳ 半天

建於西元1世紀的古羅馬水道橋，高49公尺，由3層拱橋組成，宏偉壯觀，已列為世界遺產。6～8月有燈光秀。

▲ 羅馬時期的加爾水道橋

羅卡馬杜
Rocamadour

http www.vallee-dordogne.com / ➡ 從巴黎Austerlitz車站搭乘Intercités，車程約6小時；或從巴黎搭TGV到Bordeaux、Toulouse，再轉搭Intercités前往 / ⏳ 1天

位於阿爾祖峽谷（Canyon de l'Alzou）的陡峭懸崖上，居高俯瞰，未受污染的鄉村景色盡收眼底，曾發現隱士不朽屍身而成為熱門朝聖之地。尤以黑聖母而聞名，僅次於聖米歇爾山的法國第二大旅遊景點！還可在「奇跡史前巖洞」（Grotte des Merveilles）欣賞兩萬年前的洞穴壁畫。

天空之弦
Cordes-sur-Ciel

http www.france-voyage.com/tourisme/cordes-ciel-733.htm / ➡ 從Toulouse搭TER到Gare de Cordes-Vindrac站，再轉搭707號公車前往 / ⏳ 半天

這座13世紀的中世紀小鎮猶如一艘石頭打造的船直沖雲霄，在2014年被評為「法國最受歡迎的村莊」。穿過陡峭的鵝卵石街道，中世紀的氛圍迎面襲來，在某些清晨，當薄霧籠罩山谷，整座山城便會名副其實地漂浮在天空之上。

▲ 法國南部有許多傍山而建的石城

勃艮第-法蘭琪-康堤大區
Bourgogne-Franche-Comté

以葡萄園和美食聞名於世，還有寧靜的農田、葡萄園、神祕的森林、山脈、迷人的河流、湖泊等，讓人流連忘返。勃艮第和汝拉(Jura)兩大地區著名的葡萄酒、黑醋栗、康提起司(Comté)、莫爾托傳統燻腸(Saucisse de Morteau)等美食讓人垂涎三尺。搖滾樂迷們不要錯過貝爾福(Belfort)著名的歐洲搖滾音樂節(Eurockéennes)，於7月初在馬爾索西湖畔(Lac de Malsaucy)舉行。

http www.bourgognefranchecomte.fr

伯恩丘
la Côte de Beaune

http www.destinationdijon.com / ➡ 從巴黎Gare de Lyon車站搭TGV，車程約90分鐘 / ⧗ 1天

伯恩丘葡萄園是勃艮第五大葡萄園之一。這片著名的風土綿延約30公里，近6,000公頃的葡萄園，出產紅葡萄酒和白葡萄酒。紅葡萄酒主要由黑皮諾葡萄(Pinot Noir)釀造，出產上等的科爾登（Corton）、玻瑪（Pommard）和沃爾奈(Volnay)葡萄酒，直接在各大特級和一級酒莊內都可以品嘗和購買。千萬不要錯過14世紀建成的薩維尼-勒伯恩城堡(Château de Savigny-lès-Beaune)及其9座博物館，收藏有獨特的飛機、摩托車、賽車、消防車和拖拉機！

第戎
Dijon

http www.destinationdijon.com / ➡ 從巴黎Gare de Lyon車站搭TGV，車程約90分鐘 / ⧗ 1天

勃艮第首府，地處南北歐之間的戰略要地，在14、15世紀曾是歐洲最顯赫的宮廷之一，是勃艮第歷任公爵的宮殿所在地。擁有眾多教堂，跨越了從中世紀至今的各個時代，其中最古老的聖母大教堂是哥德式建築的傑作，外牆裝飾著巨型雕像，引人注目；扶壁上還雕刻著一隻貓頭鷹，被視為吉祥物，傳說用左手撫摸它即可心想事成！主宮醫院的彩花拼花磁磚屋頂也是一大看點。

博訥主宮醫院
Hôtel-Dieu des Hospices de Beaune

http musee.hospices-de-beaune.com / ➡ 從巴黎搭TGV到Dijon，再轉搭TER到Beaune / ⧗ 半天

因每年11月第三個週日舉行的慈善葡萄酒拍賣會而聞名世界。它是勃艮第中世紀建築的傑出典範，建於15世紀，採用華麗的哥德式風格，被列為歷史古蹟，是一座醫學史博物館，收藏近5,000件家具，包括掛毯、繪畫、雕塑、藥罐、藥箱和藥床等。其中有一系列《最後的審判》(The Last Judgment)畫作，是15世紀佛蘭德藝術家羅希爾·范德魏登(Rogier van der Weyden)的傑作。

豐特萊隱修院
Abbaye de Fontenay

🌐 www.abbayedefontenay.com/en／➡️ 從巴黎搭TGV到Montbard站，車程約66分鐘，再轉搭計程車或騎自行車前往／⏳ 半天

建於1118年，是世界上現存最古老的熙篤會修道院，在1981年被列為世界遺產。隱修院所在的山谷現已被列入保護區。其宏偉的景觀公園於2004年被授予「卓越花園」（Jardin Remarquable）標章，以表彰其歷史、文化和美學價值。

奧維涅-隆河-阿爾卑斯大區
Auvergne-Rhône-Alpes

法國戶外運動愛好者的天堂，可以在火山地區自然公園健行、到博日山脈(Bauges)越野滑雪、白朗峰山脈(Mont-Blanc massif)登山、錫烏勒河峽谷(Sioule gorges)泛獨木舟，或是在各大湖泊游泳！單純欣賞著名的阿爾卑斯山脈大自然絕景也已值回票價，或是在中央高地的溫泉療養地好好享受一番。

🌐 www.auvergnerhonealpes.fr

▲ 中央高地火山公園區

里昂
Lyon

🌐 www.visiterlyon.com／➡️ 從巴黎搭TGV可直達，車程約2小時／⏳ 1～2天

里昂始建於西元前一世紀，曾是高盧首都。哥德式建築聖約翰大教堂(Cathédrale Saint-Jean-Baptiste de Lyon)以4座塔樓、13世紀的彩色花窗、裝飾華麗的主教寶座，和14世紀的天文鐘而聞名。蜿蜒的小巷是里昂著名特色之一，穿過一棟或多棟建築物，連接兩條街道，其中藏著許多畫廊與迷人庭園。每年11月的燈光節也吸引大批遊客。

▲ 里昂市區一景

多姆山
Puy de Dôme

🌐 wwww.panoramiquedesdomes.fr／➡️ 從Clermont-Ferrand搭接駁車到Gare du Panoramique des Dômes，再搭乘小火車至火山頂徒步區／⏳ 1天

海拔1,465公尺，有112座休眠了大約12,000年的息火山，距離人口眾多的克萊蒙費朗(Clermont-Ferrand)約15公里，除了吸引眾多健行愛好者，這裡也是滑翔翼愛好者的熱門聖地。

霞慕尼
Chamonix

http www.chamonix.com / ➡ 從巴黎搭TGV到St Gervais-les-bains-le Fayet，再轉搭TER前往 / 🗓 1～2天

　　位於白朗峰山谷裡的湖邊小鎮，比鄰義大利，以雄偉壯觀的阿爾卑斯山群峰及冰河絕景聞名。清新的空氣，冬季適合滑雪，夏季可登山健行與避暑，因此成為歐洲人最喜愛的阿爾卑斯山度假勝地之一。

勒皮昂沃萊
Le Puy-en-Velay

http www.lepuyenvelay-tourisme.fr / ➡ 從巴黎搭TER可直達 / 🗓 1天

　　自中世紀以來，勒皮昂沃萊就是法國的聖地牙哥－德孔波斯特拉之路的主要地點，其大教堂和主宮被列為世界遺產。11世紀的聖母院建築風格受加洛林、拜占庭和摩爾影響，從風景如畫的斜坡街道爬上134級樓梯後，別忘了欣賞雄偉的彩色馬賽克外觀和古老壁畫，主祭壇上方矗立著著名的17世紀黑聖母（Black Madonna of Puy），每年8/15，老城街道上都會舉行遊行活動。勒皮昂沃萊的蕾絲編織也是一大特色。

▲ 勒皮昂沃萊週六市集

安錫
Annecy

http www.lac-annecy.com / ➡ 從巴黎搭TGV可直達，車程約4.5小時 / 🗓 1天

　　曾被稱為阿爾卑斯山的羅馬，位於白朗峰山腳下，湖光山色，環繞著白雪皚皚的高山，是阿爾卑斯山最迷人的小鎮，12世紀時成為日內瓦伯爵的住所。迷人的運河、鮮花盛開的河岸、可愛的小橋和色彩繽紛的美麗房屋，也可說是名符其實的「薩瓦省威尼斯」。

▲ 奧維涅山一景

薇姿
Vichy

http vichymonamour.fr / ➡ 從巴黎搭Intercités可直達，車程約3小時 / 🗓 1天

　　以礦泉水與溫泉著稱，是重要的泉療中心。自羅馬時代就以其豐富多彩的建築風格而聞名，如1865年的國會大廈歌劇院、拿破崙三世的奧列公園（Parc d'Allier）、1902年的溫泉大廳。古老的聖布萊斯教堂（Église Saint-Blaise）內還有傳說曾顯靈的黑色聖母像，可以追溯到14世紀。

普羅旺斯-阿爾卑斯-蔚藍海岸大區
Provence-Alpes-Côte d'Azur

怎能錯過蔚藍海岸的迷人沙灘與普羅旺斯的紫色薰衣草田！全年氣候溫和，陽光明媚，蔚藍海岸深受休閒愛好者的青睞，點綴其上的坎城、尼斯、摩納哥和聖特羅佩等城市也名聞遐邇。深受藝術家與歐洲遊客喜愛的普羅旺斯，充滿魅力的薰衣草和橄欖樹園，還有呂貝宏（Luberon）的山頂村莊、亞維儂教皇宮、艾克斯的老城區、亞爾的古競技場、畫家塞尚筆下的著名聖維克多山。

http provence-alpes-cotedazur.com

亞維儂
Avignon

http www.avignon-tourisme.com / ➡ 從巴黎搭TGV可直達 / ⏳ 1～2天

1309～1376年是教皇之城，其歷史可追溯至14世紀。亞維儂聖母院大教堂建於1150年，具有普羅旺斯羅馬式風格，於1840年被列入第一批歷史

古蹟名錄。鐘樓頂部矗立著鍍金聖母雕像，高6公尺，重4,500公斤。每年7月的亞維儂藝術節總是吸引大批遊客，這裡也是前往薰衣草田的必經之處。

亞爾
Arles

http www.arlestourisme.com/en / ➡ 從巴黎搭TGV可直達，車程約4小時 / ⏳ 1天

以豐富的古代和羅馬遺跡而聞名。有多項古蹟被列為聯合國教科文組織世界遺產，包含羅馬圓形劇場（競技場）、古劇院、亞利斯康古羅馬墓地（Alyscamps）、Cryptoportics地下柱廊、康士坦丁古浴場（Thermes de Constantin），及聖托菲姆教堂（Saint-Trophime）。梵谷曾在這裡完成不少作品。

馬賽
Marseilles

http www.marseille-tourisme.com / ➡ 可搭機直飛抵達，或由巴黎搭TGV直達，車程約3小時 / ⏳ 1～2天

法國第一大港，也是第二大城市，充滿移民色彩，活力十足。由弗凱亞人於西元前600年建

▲ 亞維儂教皇宮

立，是法國最古老的城市。街道與房屋依山而建，其舊港位於城市的中心，感受濃濃魚市和熱鬧碼頭氛圍，也是品嘗當地著名特產馬賽魚湯的好地方。守護聖母聖殿（Notre-Dame-de-la-Garde）建於19世紀，高162公尺，登頂可將馬賽及其周邊地區的景色盡收眼底！

▲ 馬賽港口

尼斯
Nice

http www.explorenicecotedazur.com / ➡ 可搭機直飛抵達，或從巴黎搭TGV直達，車程約6小時 / ⧖ 1～2天

地中海最大的度假中心，臨海的「英國人散步大道」長5公里，風景美不勝收。晴朗的天氣、弓型的藍色海岸與椰樹，在二次世界大戰前就已成為歐洲貴族最喜愛的度假地點。在舊尼斯的中心地帶，遍布色彩繽紛的房屋，該地區有許多小型傳統商店，展示普羅旺斯的瑰寶：薰衣草、香料和香氛蠟燭。玉米煎餅socca、尼斯2月的狂歡節也都聞名國際，吸引眾多遊客。

▲ 尼斯最熱門的海灘

聖保羅德旺斯
Saint-Paul-de-Vence

http www.saint-pauldevence.com / ➡ 從巴黎搭TGV至Antibes或Nice，再轉2號輕軌至Parc Phoenix站，然後轉9號公車 / ⧖ 半天

擁有文藝復興時期抵禦查理五世軍隊的堡壘，古老的石屋毗鄰狹窄的鵝卵石街道，旁邊是大型拱廊、蜿蜒的樓梯和古老的噴泉。著名的藝術畫廊林立，這些作品完美地反映了普羅旺斯豐富的人文特色。

🌰 豆知識

法國最美村莊

法國最美村莊(Les plus beaux villages de France)是法國1981年成立的一個民間組織，旨在保護和促進法國小鎮的非凡遺產，避免農村荒漠化。目前全法國共有176個最美村莊，你不會在這裡看到好大喜功的鄉村博物館或主題樂園，只有靜謐優雅的古老建築與文化遺產。欲加入的村莊須符合3項規定：(1)人口不超過2,000人；(2)村內至少有2個歷史遺跡、遺址或傑出遺產保護區；(3)申請入會須為該村議會的集體決議。

Les Plus
Beaux Villages
de France®

▲ 最美村莊之一Blesle

巴黎推薦景點

海明威說：「巴黎是一襲流動的饗宴。文化、藝術、美食、精品，令人流連忘返。」

香榭麗舍大道
avenue des Champs-Élysées

http www.xn--avenue-des-champs-lyses-sccd.com ／➡ 搭乘地鐵1號線，在George V或Franklin de Roosevelt站下車／⧗ 半天

　　全世界最美的大道，從19世紀時開始就是王公貴族喜愛漫步的地方。如今精品店林立，遊客如織，帶來不同以往的活力。國慶閱兵或新年倒數活動都在此熱鬧展開。全球矚目的環法自行車大賽最後一站也在香榭麗舍大道。每個月的第一個星期日，都是香榭大道的無車日，讓行人能盡情步行享受全世界最美大道的風情。

▲ 夜晚點亮燈光的香榭大道絢麗奪目

行家祕技　跟免費導遊逛巴黎

　　由一群巴黎的志工提供免費的巴黎周邊導遊服務，有英語、法語、德語，偶爾也有華語。跟著他們一起探索巴黎居民眼中的巴黎，還能結識志同道合的朋友。

http greeters.paris

▲ 香榭大道堪稱全世界最美的大道

凱旋門
Arc de Triomphe

http www.paris-arc-de-triomphe.fr/en / ✉ 27 rue Vernet 75008 Paris / ➡ 地鐵1、2、6號線或RER A線，至 Charles-de-Gaulle-Etoile站 / ⏳ 半天

位於香榭麗舍大道開端的凱旋門是拿破崙顛峰時期的象徵。登上凱旋門可觀賞以凱旋門為中心，星形放射狀之巴黎12條街道的美妙景觀。遠眺後有新凱旋門，前有協和廣場與羅浮宮，法國人稱這一直線為「歷史的黃金直線」。

▲ 壯觀的凱旋門

協和廣場及杜樂麗花園
Place de la Concorde & Jardin de tuilerie

✉ Place de la Concorde 75001 Paris / ➡ 地鐵1號線至 Concorde或Tuileries站 / ⏳ 半天

與香榭麗舍大道的尾端相接，原為「路易十五廣場」。曾是路易十六、瑪麗皇后等千餘人的斷頭處，後重建並命名為「協和廣場」。廣場中央的埃及尖碑是埃及總督贈送給法國查理十世的禮物，此尖碑已有3千多年的歷史。連接協和廣場即是杜樂麗花園，園內有許多精彩的雕塑作品。

▲ 協和廣場與方尖碑

羅浮宮
Musée du Louvre

http www.louvre.fr/zh/homepage / ✉ Pyramide du Louvre 75001 Paris / ➡ 地鐵1或7號線至Palais-Royal-musée du Louvre站 / ⏳ 半天

巴黎最大的博物館，典藏中古世紀至1848年的藝術品，包含古東方、埃及、希臘、伊特拉斯坎、羅馬、以及伊斯蘭文明，總共3萬5千件收藏。蒙娜麗莎（La Joconde）、梅杜薩之筏（Le Radeau de la Méduse）、米羅維納斯（La Vénus de Milo）、勝利女神（La Victoire de Samothrace）都是熱門參觀重點。羅浮宮建築已有8世紀的歷史，

原為皇居。1989年由華裔建築師貝聿銘設計的透明金字塔，是古典與現代建築融合的最佳典範。

▲ 羅浮宮與玻璃金字塔

艾菲爾鐵塔
La tour Eiffel

🌐 www.toureiffel.paris/cn / ✉ 5 Avenue Anatole France-Champ de Mars 75007 Paris / ➡ 地鐵6號線至Bir Hakeim站，或RER C線至Champ de Mars站 / ⌛ 半天

　　1889年爲舉辦萬國博覽會而建，是巴黎最受注目的景點之一，由建築師艾菲爾（Gustave Eiffel）設計，高324公尺、重10,100噸，是觀光客必參觀的景點，也是巴黎最具象徵的標記。每天晚上整點時刻，鐵塔都會以金色的燈光和神奇的光芒持續閃耀5分鐘，直到凌晨1點才結束。建議在下午4、5點參觀鐵塔，可欣賞到黃昏與夜晚的景色。

▲ 巴黎鐵塔又暱稱鋼鐵夫人

布利碼頭—賈克席哈克博物館
Musée du quai Branly - Jacques Chirac

🌐 www.quaibranly.fr/en / ✉ 37 quai Branly 75007 Paris / ➡ 地鐵9號線至Alma-Marceau或Iéna站，8號線至Ecole Militaire站，6號線至Bir Hakeim站 / ⌛ 半天

　　展館建築的曲線以塞納河爲靈感，是世界知名建築師Jean Nouvel的作品，館藏3,500件來自非洲、美洲、亞洲、大洋洲，以及包含台灣原住民文明的作品。館外的花園蒐羅各種野生植物，也值得一遊。

▲ 布利碼頭賈克席哈克博物館的建築外觀

傷兵院與軍事博物館
Hôtel National des Invalides et Musée de l'Armée

🌐 www.musee-armee.fr/cn/home.html / ✉ 129 rue de Grenelle 75007 Paris(軍事博物館) / ➡ 地鐵8號線至La Tour Maubourg或Invalides站，地鐵13號線或RER C線至Varennes站 / ⌛ 半天

　　傷兵院由路易十四下令建造，以收容傷兵，於1676年竣工。現爲國防部的一部分，始終爲保家衛國的戰士服務。軍事博物館於1905年增建完成，占地8千平方公尺，收藏爲全球之冠。博物館中的圓頂教堂高107公尺，富麗的金色圓頂於1989年重新整修，總共用了12公斤的黃金，教堂裡放有拿破崙的棺木。

▲ 傷兵院的金色圓頂是用黃金打造而成

巴黎聖母院
Notre Dame de Paris

http www.notredamedeparis.fr/zh / ✉ 6 Parvis Notre-Dame-Place Jean-Paul II 75004 Paris / ➡ 地鐵4號線至Cité站，或地鐵1號線、RER B線至Saint Michel站 / ℹ 每月第一、第三個週三14:30提供免費中文導覽 / ⌛ 半天

▲ 巍峨的聖母院因《鐘樓怪人》聞名於世

屹立於西堤島上超過850年，是法國哥德式建築的完美代表作，玫瑰花窗之美令人屏息。2019年4月慘遭祝融，預計2024年底修復完成。1804年拿破崙在此為自己及王后約瑟芬加冕，而維克多·雨果（Victor Hugo）的《鐘樓怪人》（No-tre-Dame de Paris）使其享譽全球。

在聖母院前廣場上可找到一塊固定在道路上的圓形石頭，這裡是法國道路的零點（Point zéro des routes de France），作為計算與法國其他城市與巴黎距離的起測點。

巴黎歌劇院
Opéra National de Paris – Palais Garnier

http www.operadeparis.fr/en / ✉ Place de l'Opéra 75009 Paris / ➡ 地鐵3、7、8號線至Opéra站，或RER A線至Auber站 / ⌛ 半天

▲ 歌劇院內部

又名迦尼葉歌劇院，是法國史上首次採用比稿的大型公共建築，脫穎而出的Charles Garnier在歌劇院地下設計了一個蓄水池，與地下水層維持一定的張力，也是《歌劇魅影》中所描寫的地底湖泊由來。歌劇院從1862開始興建，1875年完工，屬於古典、巴洛克與現代的混搭風格。

至於歌劇院天花板壁畫，是夏卡爾（Marc Cha-gall）的大作，以明亮色彩繪著長翅膀的人、花朵、樂器，向14位著名的音樂家致敬。巴黎歌劇院目前以芭蕾舞與現代舞表演為主，白天開放遊客參觀。

▲ 金碧輝煌的巴黎歌劇院

▲ 歌劇院內部

▲ 歌劇院的夏卡爾作品

塞納河堤岸公園
Parc Rives de Seine

✉ 塞納河沿岸 / ➡ 塞納河沿岸地鐵 / ⏳ 半天

　　占地10公頃，全長7公里，包含2.5公里長的步道以及4.5公里長的自行車道，兩旁遍布體育設施，還有老少皆宜的娛樂區和休閒區，均可免費使用。其設計完全尊重環境，以永續發展為宗旨。沿塞納河左岸可從藝術橋經奧賽美術館和阿爾瑪橋到達艾菲爾鐵塔，右岸則可從桑戈爾行人橋（Passerelle　Léopold-Sédar-Senghor）到達巴士底廣場。

盧森堡公園
Jardin du Luxembourg

🌐 jardin.senat.fr / ✉ Rue de Médicis - Rue de Vaugi-rard 75006 Paris / ➡ 地鐵4號線到Odéon站，或RER B線到Luxembourg站 / ⏳ 半天

　　占地25公頃，1612年由Marie de Médicis皇后下令修建，靈感來自佛羅倫斯的波波里花園（Boboli Garden）。除了優雅的梅迪奇噴水池外，園內的106座栩栩如生的雕像也是一大特色。盧森堡宮殿目前是法國參議院所在地，橘園展覽廳亦不定期舉辦藝術展。巴黎人喜愛於中午休息時間來此野餐小憩。兒童也可在此騎小馬或玩遙控帆船。

龐畢度藝術中心
Centre Pompidou

🌐 www.centrepompidou.fr/en / ✉ Place Georges Pompidou 75004 Paris / ➡ 地鐵11號線到Rambuteau站，地鐵1號線到Hôtel de Ville站，地鐵4、7、14號線或RER A、B、D線到Châtelet站 / ⏳ 半天

　　前衛造型為現代建築翹楚，為歐洲最大的現代美術館，收藏20～21世紀的藝術品，包含馬諦斯、畢卡索、安迪沃荷等人的傑作。每年亦舉辦精采的現代藝術展。館內的市立圖書館可免費進入；樓頂的咖啡館可眺望巴黎市景；館前的廣場非常熱鬧，經常有街頭表演。

聖路易島
L'île Saint Louis

✉ Île Saint-Louis 75004 Paris / ➡ 地鐵7號線至Pont Marie站，或地鐵4號線至Cité站 / ⏳ 半天

聖路易島原稱為聖母島（île Notre-Dame），原本是巴黎人放牧或散步的小島，一直到17世紀，路易四世允許建造連接聖路易島的堅固石橋之後，才有居民入住。島上的建築大多由凡爾賽宮的建築師路易勒沃（Louis Le Vau）設計，直至18世紀都屬於貴族區域。19世紀之後則成為文人與藝術家的世外桃源，例如詩人波特萊爾（Baudelaire）與雕塑家卡蜜兒克羅黛（Camille Claudel）。島上的人氣名店Berthillon冰淇淋是巴黎人的最愛。

▲ 聖路易島位於塞納河中央

萬神殿
Panthéon

🌐 www.paris-pantheon.fr/en / ✉ Place du Panthéon 75005 Paris / ➡ 地鐵10號線到Cardinal Lemoine站，RER B線到Luxembourg站 / ⏳ 半天

這座前宗教建築位於巴黎拉丁區的中心地帶，1764年由路易十五興建，於1791年改建為共和寺廟，紀念法國的偉大人物。擁有優雅的科林斯柱式（Corinthian Order）門廊和宏偉的圓頂。主層主要藏有雄偉的繪畫和雕塑，地下墓穴則是伏爾泰、盧梭、雨果、左拉和大仲馬等著名哲學家、作家長眠之處。

▲ 萬神殿是法國偉大文人盧梭、雨果、佐拉的長眠之所

奧賽美術館
Musée d'Orsay

🌐 www.musee-orsay.fr / ✉ 1 rue de la Légion d'Honneur 75007 Paris / ➡ 地鐵12號線到Solférino站，或搭RER C線至Musée d'Orsay站 / ⏳ 半天

由維克多・拉盧（Victor Laloux）為1900年的世界博覽會而建造，最初是一座火車站，於1986年改建為美術館，保留車站原有的挑高結構。珍藏1848～1914年的畫派真品，擁有眾多梵谷與莫內等知名畫家作品，還有設計家具與裝飾藝術。

聖心大教堂
Basilique du Sacré-Coeur de Montmartre

http www.sacre-coeur-montmartre.com / ✉ Parvis du Sacré-Coeur - 35 rue du Chevalier de la Barre 75018 Paris / ➡ 地鐵2號線到Anvers站，12號線到Abbesses站 / ⌛半天

完工於1919年，位於巴黎制高點，高130公尺，是俯瞰巴黎市景的絕佳位置。聖心堂選用的建築石材一部分來自巴黎Château-Landon採石場，遇水會分解白色物質，因此聖心堂能常保白淨。建築風格為羅馬拜占庭式，內部圓頂的馬賽克拼貼壁畫為全巴黎最大，共480平方公尺。附近有小丘廣場（Place du Tertre）、蒙馬特美術館（Musée de Montmartre）、葡萄園，以及畢卡索等畫家昔日喜愛流連的酒吧「狡兔之家」（Lapin Agile），現為劇場餐廳。

▲ 結婚蛋糕造型的聖心堂

豆知識
認識巴黎奧斯曼建築的門道

拿破崙三世與奧斯曼男爵曾大規模推動巴黎都更，大刀闊斧剷除老舊貧民街區，奧斯曼男爵更因而被冠上「阿提拉」（Attila，匈奴大帝）的綽號，顯示其作法有極高的爭議性。不過巴黎自中古世紀以來骯髒不堪的街道確實變得乾淨、美麗，也更加開闊。現存60%的建築(大約4萬棟)都興建於此時期。採用的建材來自兩個採石場，不僅顏色具有一致性，建築外觀的美學也有新規定。

■ 建築高度為12～20公尺，最高7層樓，必須與街道寬度有一定的協調比例。

■ 在商業區的建築，地面樓通常是商店，店主住2樓，外牆會有水平的雕飾。

■ 3樓是貴族有錢人的樓層，有陽臺跟美麗的雕花鐵欄杆。18世紀時還沒發明電梯，自然是不能讓貴族爬太多樓梯的，現在雖然有電梯，但是4樓到5樓的天花板較低，風格也比較樸素。

■ 6樓雖不是貴族樓層，卻也有個小陽臺，純粹是為了整體建築門面對稱的美學設計。

■ 6樓上面的小閣樓通常是以前的佣人房，現在多整修後當成小套房出租，房間裡大多沒有衛浴，只有洗手台，衛浴是整層樓共用。當然也有一些全部打通變成閣樓公寓，房價就不可同日而語了。

瑪黑區
Le Marais

http www.parismarais.com/fr / ➡地鐵1號線至Saint Paul站 / ⏳1天

　　名字來自12世紀的古老沼澤地。巴黎最繁忙的角落之一，不僅因其建築迷人，而且是個對同性戀友好的街區，充滿眾多酒吧、咖啡館、餐廳，還有設計師精品店和當代藝術畫廊。瑪黑區擁有大量16～18世紀的私人豪宅，以及許多重量級博物館，如畢卡索博物館、狩獵和自然博物館、卡納瓦雷–巴黎歷史博物館、猶太教歷史博物館、國家檔案館等。不可錯過孚日廣場（Place des Vosges）及維克多·雨果之家（Maison de Victor Hugo）。位於塞納河和聖安東尼街之間的聖保羅村（Village Saint Paul），以其迷人的街道和設計師精品店讓人駐足。

行家祕技

遊覽巴黎拱廊街

　　巴黎第一個有煤氣路燈照明的地方就是維侯多達拱廊街(Galerie Véro-Dodat)。拱廊街提供了絕佳的逛街環境，不僅能享受陽光，還冬暖夏涼，完全不怕颱風下雨，更不用擔心灰塵或污泥！18世紀前期可說是拱廊街的黃金時期，當時興起是為了逛街，所以大部分的拱廊街都位於塞納河右岸的商業區，僅有兩條在左岸。位於巴黎皇家宮殿(Palais Royal)跟蒙馬特的拱廊街多呈南北向，為銀行新貴聚集之處。而Saint Denis街附近為移民區及工業區，拱廊街多為東西向，偏向較樸實的風格。

http passagesetgaleries.fr

著名的巴黎拱廊街
Les passages couverts de Paris

Passage Choiseul
✉40 rue des Petits-Champs與23 rue Saint-Augustin之間

Passage du Grand-Cerf
✉145 rue Saint-Denis與10 rue Dussoubs之間

Passage Jouffroy
✉10-12 Boulevard Montmartre與9 rue de la Grange-Batelière之間

Passage des Panoramas
✉11 Boulevard Montmartre與10 rue Saint-Marc之間

Galerie Véro-Dodat
✉19 rue Jean-Jacques Rousseau與2 rue du Bouloi之間

Galerie Vivienne
✉4 rue des Petits-Champs與5 rue de la Banque之間

巴黎近郊必玩景點

巴黎近郊不乏歷史景點與美麗風光。

楓丹白露宮
Château de Fontainebleau

http chateaudefontainebleau.fr / ✉ Château de Fontainebleau 77300 Fontainebleau / 📞 01-60-71-50-70 / ➡ 從巴黎Gare de Lyon火車站搭乘往Montargis、Montereau，或Laroche-Migennes方向的火車在Fontainebleau-Avon站下車，轉搭1號公車，在Château城堡下車。建議購買Navigo週票，可無限次數轉搭火車與公車 / ⏳ 1天

先是路易六世在這裡建立一座簡單的狩獵館，路易七世時增蓋一間

教堂，直到路易九世才擴建成城堡與修道院，成了歷屆君王的狩獵之點。經過各君王多次整

修擴建，直到法國最後一任國王路易腓力（Louis-Philippe Ier）進行的大整修，才有如今完整的面貌。除了有極具歷史價值的城堡之外，還有占地廣闊的傳統法式花園，是一座結合法義兩國藝術風格的城堡。如果時間允許，也不要錯過附近的森林。

奧維小鎮
Auvers-sur-Oise

http www.tourisme-auverssuroise.fr / ✉ 38 rue du général de Gaulle - parc Van Gogh - 95430 Auvers-sur-Oise / ➡ 從巴黎Gare du Nord火車站搭乘往Pontoise方向的火車，再轉搭往Gare d'Auvers-sur-Oise的火車；或是搭乘往Gare du Beauvais方向的火車，到站再轉搭開往Pontoise的火車至Auvers-sur-Oise / ⏳ 1天

位於巴黎西北邊的奧維小鎮是印象派畫家文森‧梵谷（Vincent van Gogh）生前居住的地方，他也在這個小鎮上以自殺的方式結束生命。小鎮上有許多和梵谷有關的事物：梵谷美術館、故居的房間、親弟弟西奧（Theo）的墓園，以及作畫的實際場景。雖然梵谷在此居住時間不長，卻是他創作力最旺盛的時期，最有名的幾幅畫作都是在奧維小鎮時期創作的。鎮上的觀光局精心為遊客安排的「實畫實景、一畫一景」的參觀動線，讓遊客體驗梵谷眼中的法蘭西鄉野風情。

▲ 楓丹白露宮的白馬廣場

吉維尼(莫內花園)
Giverny

http fondation-monet.com/giverny / ✉84 Rue Claude Monet, 27620 Giverny / 📞02-32-51-28-21 / ➡從巴黎Saint-Lazare火車站搭乘前往Rouen的火車,在Vernon站下車,再轉搭接駁車 / ⌚1天

位於巴黎西邊的典型小農村,以印象派之父莫內晚年的故居聞名。莫內在42歲時選擇在此定居,在這座花園裡創作出舉世聞名的荷花和絢麗園林繪畫系列。莫內曾說:「我最為完美的傑作,就是我的花園。」花園處處可見莫內畫中的風景,猶如走入莫內的畫中。紀念館內收藏影響莫內至深的一系列日本浮世繪典藏與小品,還有生平使用的畫具與工作室的展示。

▲ 遊客如織的莫內花園

桑利斯
Senlis

http en.senlis-tourisme.fr / ➡從巴黎Gare du Nord火車站搭火車或RER D線至Chantilly-Gouvieux站,再轉搭15號公車;或至Gare de Creil站轉搭40號Picardie-Roissy接駁車 / ⌚1天

西元986年,Hugue Capet在桑利斯的皇家城堡

聖傑爾曼歐雷鎮城堡
Saint-Germain-en-Laye

http musee-archeologienationale.fr / ✉Place Charles de Gaulle 78100 Saint-Germain-en-Laye / 📞01-39-10-13-00 / ➡從巴黎搭乘RER A線至Saint-Germainen-Laye站 / ⌚1天

位於巴黎西南邊,是巴黎近郊交通最方便且最富鄉間情調的小鎮,有巴黎人的後花園之稱。因是貴族聚集之地,鎮上擁有悠久歷史與建築古蹟。龐大雄偉的聖傑爾曼城(Château de Saint-Germain),是宮廷遷往凡爾賽宮之前歷代國王的居城,今已成為收藏豐富的考古學博物館。

鎮上的遊客中心在週末都有專業導遊帶領參觀,講解鎮上藝術和歷史(可選英文場次)。音樂家德布西(Achille-Claude Debussy)建於17世紀的故居(La Maison de Debussy)也在此,1樓為遊客中心,樓上為德布西紀念館。

▲ 巴黎郊區的美麗城堡,又有巴黎人的後花園之稱

(Château Royal)內建立了卡佩王朝,成為第一位法蘭西國王。桑利斯也是羅馬帝國軍事重鎮,目前仍保有羅馬時期古蹟,城裡保留完整的石板小巷也令人彷彿進入中古世紀風情,與歲月靜謐相逢的感動。

凡爾賽宮
Château de Versailles

http en.chateauversailles.fr / ✉ Place d'Armes, 78000 Versailles / ☎ 01-64-14-41-90 / ➡ 從巴黎搭乘RER C線至Versailles Château - Rive Gauche站 / ⌛ 1天

　　法國最富麗奢華的宮殿建築，完美演繹太陽王路易十四的王權象徵，是法國17與18世紀的政治中心。總面積800平方公尺，被聯合國教科文組織列為世界遺產，有700個房間和2,513扇窗戶，璀璨耀眼的鏡廳也曾是簽署第一次世界大戰終戰合約的地方。占地100公頃的花園裡有1,400個噴泉，時常舉辦水舞表演。

▲ 凡爾賽宮於1979年被列入世界文化遺產

普羅萬
Provins

http www.provins.net/en / ➡ 從巴黎Gare de l'Est火車站搭乘前往Provins的火車，再轉搭公車到Ville Haute。4～11月的週末與假日有特別加開的接駁車，持Navigo月票不需另外付費 / ⌛ 1天

　　11～13世紀時曾是最重要的香檳市集，也是英法百年戰爭中的玫瑰之城，2001年成為聯合國教科文組織名列的世界文化遺產之一。長達5公里

子爵堡
Vaux le Vicomte

http www.vaux-le-vicomte.com / ✉ Château Vaux-le-Vicomte 77950 Maincy / ☎ 01-64-14-41-90 / ➡ 從巴黎Gare de l'Est火車站搭乘前往Provins的火車，至Verneuil l'Etang站下車，再轉搭城堡的接駁車 / ⌛ 1天

　　法國17世紀最精美的巴洛克風格城堡，連太陽王路易十四都忌妒其豪華的程度，因而將城堡主人尼古拉（Nicolas Fouquets）羅織入獄，再聘請子爵堡建築師路易斯（Louis le Vau）以子爵堡為靈感，建立凡爾賽宮。花園亦由子爵堡的御用造景師勒諾特（André Le Nôtre）設計。5～10月週六晚上提供燭光之旅，數千支蠟燭將城堡及其花園照得耀眼如畫。

▲ 子爵堡內部陳設秀麗非凡

▲ 子爵堡是一座巴洛克式的城堡建築

的城牆是中古世紀的重要遺跡。每年4～11月的週末與假日都會舉辦中古世紀表演活動，觀眾可以身歷其境感受歷史。

行家祕技　參加當地行程省時又省事

　若沒時間自行規畫,或是想去交通比較不方便的景點,可以參考法國當地的觀光行程。在各地的旅遊中心(Office de Tourisme)都有豐富的資訊。

Paris City Vision

　有中文版網頁,提供巴黎一日遊、凡爾賽宮、吉維尼莫內之家、聖米歇爾山、羅亞爾河城堡、普羅旺斯等行程。

http www.pariscityvision.com/cn

France Tourisme

　提供巴黎、凡爾賽宮、吉維尼莫內之家、聖米歇爾山、羅亞爾河城堡、諾曼地海灘、迪士尼樂園等行程。

http www.francetourisme.fr

法國文華旅行社

　可說中文。提供巴黎深入導覽,包括諾曼第與聖米歇爾山等行程。

http www.mandarinvoyages.com

遊遊旅行

　提供科爾馬、香堤邑、羅亞爾河城堡等1～3天旅程。

http www.yoyoer.com

歐來歐去

　除了普羅旺斯、羅亞爾河城堡、波爾多酒莊等法國境內行程,也有歐洲各國的行程。

http www.goeugo.com

環亞旅行社

　波爾多、普羅旺斯、安錫、羅亞爾河城堡、聖米歇爾山等行程。

http www.cfavoyages.net/circuits.html

圖片提供／鄧鈺澐

全年免費的博物館看這裡

巴黎市立現代美術館
Musée d'Art Moderne de la Ville de Paris

http www.mam.paris.fr ／ ✉ 11 Avenue du Président Wilson, 76016 Paris ／ ➡ 搭地鐵9號至Iéna站下車

巴爾札克之家
Maison de Balzac

http www.maisondebalzac.paris.fr ／ ✉ 147 Rue Raynouard, 75016 Paris ／ ➡ 搭地鐵6號至Passy站下車

布爾德勒雕刻美術館
Musée Bourdelle (gratuité des collections seulement en partie en temps d'exposition)

http www.bourdelle.paris.fr ／ ✉ 16 rue Antoine Bourdelle, 75015 Paris ／ ➡ 搭地鐵4、6、12、13號至Montparnasse - Bienvenüe站下車

巴黎歷史博物館
Musée Carnavalet - Histoire de Paris

http www.carnavalet.paris.fr ／ ✉ 23 Rue de Sévigné, 75003 Paris ／ ➡ 搭地鐵1號至Saint-Paul 站,或地鐵8號至Chemin Vert站下車

賽努奇亞洲美術館
Musée Cernuschi

http www.cernuschi.paris.fr/fr ／ ✉ 17 Avenue Velasquez, 75008 Paris ／ ➡ 搭地鐵2或3號至Villiers站下車

康納傑美術館
Musée Cognacq-Jay

http www.museecognacqjay.paris.fr ／ ✉ Hôtel Donon - 8 rue Elzévir, 75003 Paris ／ ➡ 搭地鐵1號至Saint-Paul 站下車

法宮娜香水博物館
Nouveau musée du parfum Fragonard

http musee-parfum-paris.fragonard.com ／ ✉ 3-5 square de l'Opéra Louis-Jouvet, 75002Paris ／ ➡ 搭地鐵3、7、8號線至Opéra站下車

雨果之家
Maison de Victor Hugo

http www.maisonsvictorhugo.paris.fr ／ ✉ Hôtel de Rohan-Guéménée - 6 place des Vosges, 75004 Paris ／ ➡ 搭地鐵1、5、8號至Bastille站下車

浪漫主義生活博物館
Musée de la Vie Romantique
🌐 museevieromantique.paris.fr/fr / ✉ 16 Rue Chaptal, 75009 Paris / ➡搭地鐵2或12號線至Pigalle站下車

大氣航空博物館
Musée de l'Air et de l'Espace
🌐 www.museeairespace.fr / ✉ Aéroport de Paris - Le Bourget - BP 173 - 93352 Le Bourget Cedex / ➡搭地鐵7號線至La Courneuve 8 mai 1945站下車，再轉搭152號公車

榮譽騎士博物館
Musée national de la Légion d'honneur et des ordres de chevalerie
🌐 www.legiondhonneur.fr / ✉ 2 rue de la Légion d'honneur, 75007 Paris / ➡搭地鐵12號線至Solférino站下車

手工業博物館
Musée Librairie du Compagnonnage
🌐 www.parisinfo.com(搜尋Musée-Librairie du Compagnonnage) / ✉ 10 rue Mabillon, 75005 Paris / ➡搭地鐵4或10號線至Saint-Germain-des-Prés站下車

居禮博物館
Musée Curie (Institut du radium)
🌐 musee.curie.fr / ✉ 11 rue Pierre et Marie Curie, 75005 Paris / ➡搭地鐵10號線至Cardinal Lemoine站或地鐵7號線至Place Monge站下車

小皇宮美術館
Petit Palais, Musée des Beaux Arts de la Ville de Paris
🌐 www.petitpalais.paris.fr / ✉ Avenue Winston Churchill, 75008 Paris / ➡搭地鐵1或13號至Champs-Elysées-Clemenceau 站下車

警察博物館
Musée de la Préfecture de Police
🌐 www.parisinfo.com(搜尋Musée de la Préfecture de Police) / ✉ 4 rue de la Montagne Sainte-Geneviève, 75005 Paris / ➡搭地鐵10號線至Maubert - Mutualité站下車

羅馬古競技場
Arènes de Lutèce
🌐 www.parisinfo.com(搜尋Arènes de Lutèce) / ✉ 47 rue Monge, 75005 Paris / ➡搭地鐵10號線至Cardinal Lemoine站下車

當代美術館
Le Plateau-Centre d'art contemporain
🌐 www.parisinfo.com(搜尋Le Plateau-Centre d'art contemporain) / ✉ Place Hannah Arendt, angle des rues des Alouettes et Carducci, 75019 Paris / ➡搭乘地鐵7號線至Buttes-Chaumont 或11號線至Jourdain站下車

查德金美術館
Musée d'Art Moderne de la Ville de Paris
🌐 www.zadkine.paris.fr / ✉ 100 bis rue d'Assas, 75006 Paris / ➡搭地鐵12號線至Notre-Dame-des-Champs站下車

猶太博物館
Mémorial de la Shoah
🌐 www.memorialdelashoah.org / ✉ 17 rue Geoffroy l'Asnier, 75004 Paris / ➡搭地鐵1號線至Saint-Paul站下車

行家祕技

省錢遊巴黎

■ 每個月第一個星期日，許多博物館都免門票，其中有一些博物館只有10月到隔年的3月才有這項福利。至於18歲以下則全部免費參觀。

■ 法國自來水可以生飲，省下買水的錢。

■ 壽星在生日當天可以免費搭乘塞納河遊船(Vedettes de Paris)，還贈送一杯香檳。

■ Le Grenier酒吧在每週六晚上會提供免費couscous北非餐(152 rue Oberkampf 75011 Paris)。

■ 免費登高俯瞰巴黎：拉法葉百貨公司頂樓，以及蒙馬特聖心堂門口。

巴黎夜生活

巴黎的秀場表演非常出名，不要錯過精采的歌舞秀。

知名秀場

巴黎秀場頗具傳統與歷史，五光十色的夜總會，各具魅力與特色。可以一邊欣賞藝術表演，一邊小酌香檳或大啖美食。

瘋馬秀
Crazy Horse

http www.lecrazyhorseparis.com / ✉ 12 Avenue George V 75008 Paris / ☎ 01-47-23-32-32 / ⏰ 21:30與23:45 / 💲 €115起，香檳+表演€135 / ➡ 地鐵1號線至George V站

華麗多變的舞台燈光映射絕美的身體曲線與動人的舞藝，現代與藝術感兼具。曾經至新加坡演出，在拉斯維加斯也有固定秀場，但還是以巴黎當地的演出最原汁原味。除了精湛的肢體與歌舞表演外，也以舞台絢爛的聲光效果著稱。

紅磨坊
Le Moulin Rouge

http www.moulinrouge.fr / ✉ 82 Boulevard de Clichy 75018 Paris / ☎ 01-53-09-82-82 / ⏰ 21:00與23:00 / 💲 €88起，晚餐+表演€210 / ➡ 地鐵2號線至Blanche站

創於1889年的巴黎歌舞秀始祖。至今仍是最盛大、最華麗、最享譽國際的傳統法式風格舞台表演。有百年歷史的紅磨坊，歌舞秀的表演無論是布景、燈光與演唱都堪稱一流，雖然比不上麗都或瘋馬秀的華麗舞台效果，但表演者以更貼近生活的表演方式親近觀眾。經過嚴格挑選的舞者美女如雲，是最富歐洲傳統的上空歌舞表演。頂樓設有露天酒吧，不看秀的人也可以上去喝一杯。

▲ 擁有近130年歷史的紅磨坊歌舞秀，以上演「康康舞」聞名於世

新夏娃
La Nouvelle Ève

http www.lanouvelleeveparis.com / ✉25 rue Pierre Fontaine 75009 Paris / ☎01-48-74-69-25 / ◷18:30～00:00 / $€79起，表演+晚餐€159 / ➡地鐵2號線至Blanche站

　　劇院建於1898年，位於蒙馬特山腳下，是巴黎最古老、最優雅的歌舞劇院之一。

喔！凱撒
OH! CÉSAR

http ohcesarparis.com / ✉23 Avenue du Maine 75015 Paris / ☎01-45-44-46-20 / ◷19:30～02:00 / $表演+晚餐€97 / ➡地鐵4、6、12或13號線至Montparnasse-Bienvenüe站

　　由巴黎麗都和紅磨坊的創始人家族經營，位於蒙帕納斯大樓（Tour Montparnasse）腳下。結合餐廳、歌舞表演和俱樂部。演出結束後可留下來喝一杯雞尾酒或跳舞。

拉丁天堂
Le Paradis Latin

http www.paradislatin.com / ✉28 rue du Cardinal Lemoine 75005 Paris / ☎01-43-25-28-28 / ◷219:30～23:00，週二休息 / $€90起，表演+晚餐€175 / ➡地鐵7或10號線至Cardinal Le- moine站

　　位於聖母院附近，成立於1889年，由建築師艾菲爾（Alexandre Gustave Eiffel）設計的歷史建築，是巴黎人最愛的歌舞表演夜總會，觀眾有一半以上都是法國人。有三種晚餐可供選擇，也可只喝香檳或純粹觀賞歌舞表演。

路上觀察 巴黎街頭不可或缺的景觀

莫里斯柱 Colone Morris

　　綠色高聳的圓柱，還有個優美的圓頂，主要用途是貼廣告。最早出現於柏林，為了有效整頓四處亂貼的小廣告而設計。1855年之後由法國印刷商Gabriel Morris引進法國，早年還曾經在柱子裡設置公廁。2017年巴黎市政府在莫里斯圓柱上放綠藻，以吸收空氣中的二氧化碳，改善空汙情況。

巴黎歷史解說牌
Panneaux Histoire de Paris

　　1992年席哈克(Jacques René Chirac)任職巴黎市長期間，委託Philippe Starck設計。全巴黎市區大約有767個，立在各種建築前，說明當地的重要歷史事件，是滿深入的歷史導覽，文字也相對精簡有深度。

　　原先的設計構想是鐵鍬(pelles)，但後來做得比較像船槳(rame de navire)，以呼應巴黎市的市訓／座右銘「Fluctuat nec mergitur」(Il est battu par les flots, mais ne sombre pas，乘風破浪，永不沉沒)，而巴黎的市徽就是一艘揚著帆兒的船！

通訊篇
Communication

在法國打電話、上網、寄信

聯絡的方式好幾種,除了使用手機國際漫遊外,別忘了法國的網際網路可是很發達的,

如果可以善用網路撥打電話,將是最省錢的聯絡方式。

善用免費通訊的APP，方便又省錢。

從台灣打電話到法國

台灣國際冠碼+法國國碼+區域號碼+電話號碼

撥打方法	台灣國際冠碼+	國碼+	區域號碼+	電話號碼
打到法國一般市話	002 / 009 / 019 等	33	1(巴黎) / 9(法國網路電話)	8碼
打到法國手機	002 / 009 / 019 等	33	6(法國手機起碼)	8碼

從法國打電話回台灣

法國國際冠碼+台灣國碼+區域號碼+電話號碼

撥打方法	台灣國碼+	國碼+	區域號碼+	電話號碼
打到台灣一般市話	00	886	2(台北)	7碼或8碼
打到台灣手機	00	886	9(台灣手機起碼)	9碼

在法國打當地電話 區域號碼+電話號碼

　　法國電話無論是手機或普通電話皆為10碼，手機開頭為「06」或「07」，境內電話則依地區不同而開頭區域碼不同。如巴黎為「01」，打電話時只要直接打「01-XXXXXXXX」即可，手機亦相同。

國際漫遊

　　現在的智慧型手機都能設定開通漫遊或是關閉行動數據，若是不想回國後接到令人手軟的電話費帳單，就一定要在出國前將漫遊功能關閉，只要能接收旅遊當地的Wi-Fi就好。若是有語音留言，也最好等回國後再收聽。

購買SIM卡

　　法國的電信公司大多有預付卡專案，購買後可以直接插入手機使用，而網路流量與價格則各家不同。到法國當地再購買的話，要注意抵達當日是否為假日。

電信商	上網規則	優點
CallingTaiwan 歐洲7國上網預付卡 http new.callingtaiwan.com.tw	■12GB上網流量，新台幣888元 ■有效期限28天	不需事先開通，抵達適用區後，把SIM卡插入手機，會自動搜尋訊號，確認手機的APN設定後即可開始上網
Orange Holiday 橘子電信假期專案 http boutique.orange.fr/vitrine/offres-prepayees	■12GB上網流量，€19.99 ■30GB上網流量，費用€39.99 ■有效期限14天 ■可繼續儲值	可開通eSIM卡，上網購買方案之後會收到一組QR碼，手機掃描確認後即可開通
Bouygue 布依格電信 http www.bouyguestelecom.fr/carte-prepayee	■30GB上網流量，€39.90 ■法國境內通話無限量 ■有效期限2個月 ■可繼續儲值	可開通eSIM卡
Travel Wifi 網路分享器 http www.my-webspot.com/fr	■網路吃到飽，3天€32.7	■不用拆手機換SIM卡 ■可分享網路給10台手機或電腦

＊製表／謝珮琪

善用免費的通訊APP

除了常見的LINE、Facebook Messenger、Wechat、WhatsApp，以及儲值點數即可撥打電話的Skype之外，以下幾種也是免費通訊APP，功能都不錯。

Rakuten Viber Messenger
可隨時免費撥打國際電話，無論語音通話或視訊聊天都是免費的。

Telegram
群聊功能強大，隱私度高，發送媒體和文件時沒有任何限制，各種類型和大小都可以，都使用了加密技術。

Signal – 私密通訊軟件
可在閱讀後5秒～1星期內銷毀訊息，不留下通訊記錄。必須使用手機號碼登記。

Wi-Fi無線上網

法國網路雖然非常普及，但針對短期在法國的觀光客，很少有Wi-Fi或吃到飽的方案，幸好在法國各處的旅館、餐廳或麥當勞皆有免費的Wi-Fi上網服務，滑手機上網不成問題。

大城市四處可接收無線Wi-Fi網路，有些需付費，有些則完全免費（Gratuit），但無論付費與否，都必須輸入一些基本資料。選擇網域後打開瀏覽器，在顯示登入連線（Connexion）或使用條款同意書上勾選同意（J'accepte）才可正常上網。

WiFi Finder網路搜尋APP

靠它可找出大範圍的無線網路訊號，並標示出詳細地址，對於旅行中急著找上網點的人很有用！

旅館

一般旅館也有提供免費Wi-Fi服務，但部分高級旅館需另收費，訂房時請先確認。

餐廳

許多咖啡廳或速食店（如麥當勞），開始提供免費無線上網（Wi-Fi Gratuit/Free），只要將筆電或智慧型手機的無線功能開啟，就可直接無線上網，有些須詢問服務生上網的帳號、密碼，但法

國的咖啡廳和麥當勞是不提供插座的，記得筆電
電量要先充飽。

▲ 巴黎人喜歡到咖啡廳工作

行家祕技 麥當勞的免費網路

法國麥當勞可免費上網，只要下載官方
APP，即可找出所有麥當勞位置，以及有提
供免費上網的各個分店。

麥當勞店門上即▶
有Wi-Fi的標誌，
如需要密碼，可
向店家索取

巴黎免費無線上網步驟 Step by Step

Step 1 手機設定

開啟手機Wi-Fi
設定，找到「PARIS_
WI-FI」。

Step 2 連線

選取「PARIS_
WI-FI」後按「連線」。

Step 3 選取語言

請選取語言，
選完後，會出現valider
（確認）鈕可按，請按確
認。

Step 4 輸入資訊

輸入個人資訊
（*號為必填），打勾同意
使用條件，按「log in」
登入。

Step 5 登入成功

出現successful
authentification表示登入
成功。

La Poste，標誌為鮮黃色與藍色，Logo為飛鴿。

郵局的法文為「La Poste」，標誌為鮮黃色與藍色，如一隻飛鴿的Logo非常好認。郵局提供的業務相當多，除了郵寄信件、包裹外，也提供上網和影印，金融事務是郵局的常態服務項目之一，比較大的郵局甚至還提供兌換外幣的服務。

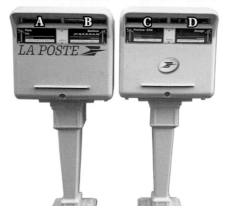

A.Paris巴黎市內 / B.Banlieue大巴黎地區(郊區) / C.Province-DOM外省與海外屬地 / D.Etranger國外

信件、明信片

寄往台灣的明信片或信件(約兩張信紙，20g)需要€1.8的郵資，因為郵局的業務眾多，常有大排長龍的情況出現，如果不想排隊，郵局裡大都設有郵票自動販賣機，且提供多國語言的操作介面。但這種郵資貼紙缺乏郵票的美感，想要貼美美的郵票還是乖乖排隊吧！

寄件方式分為平信(Tarifs Lettre verte)、快速件／限時(Tarifs Lettre recommandée)這兩種，平信是經濟型，寄達時間約10～12個工作天，快速件的價格較高，寄達時間約6～7個工作天。

法國郵局也出售針對寄往國外的套票信封(Enveloppe 20g Monde Entier)，通常是10張信封為一組一起販售，價格會比單獨買郵票便宜，且封套的設計常具有紀念價值。

一般信件價格（體積以能塞進郵筒為限）

重量	法國	國際
20g	€1.79	€4.76
100g	€3.08	€6.95
250g	€4.80	€12.65
500g	€6.80	€17.35
小於2kg	€8.20	€29.30

信件地址的寫法

正確的填寫郵件規格，可讓郵件快速送達。如果不是掛號信或包裹，一般的信件或明信片上，收信人和地址是可直接填寫中文，但切記一定要用英文大寫寫上收信國家如TAIWAN，信才不會迷路寄不到。

明信片正面

內容

To: 林羽軒 小姐 收
台北市士林區 111
中山北路七段1號四樓
TAIWAN

明信片背面

88 Bd Saint-Marcel 75013 PARIS
Chen Taiya

信封正面
收信人地址與姓名

To: 林羽軒 小姐 收
台北市士林區 111
中山北路七段1號四樓
TAIWAN

信封背面
寄信人地址與姓名

國際包裹寄件單據

包裹

包裹郵寄服務分為國際包裹（Colissimo international）以及國際便利箱（Colissimo emballage international）兩種。國際包裹可自行裝箱，國際便利箱則要事先到郵局購買。

郵寄單填寫方式跟國內大致相同，詳細單字說明請查閱應用法文。如果是寄送重要物品需特別跟櫃檯說明，並購買額外的保險。Colissimo emballage的便利盒是附帶郵資的，買來只要放入寄送物，填好資料就可交給櫃檯寄送了。無論是哪一種容量的紙箱，重量最多都可至7公斤重，且2～3天即可送達。

包裹	重量	費用
國際包裹 Colissimo international	1公斤以下	€31.60
	2公斤以下	€48.50
	2～5公斤	€70.80
國際便利箱 Colissimo emballage international	L號箱，可裝5公斤	€56
	XL號箱，可裝7公斤	€78

郵局資訊這裡查

http localiser.laposte.fr

🕐 大城市09:00～19:00(週六～13:00)；鄉鎮09:00～12:00、13:30～16:00

🚫 週日、一

巴黎郵政總局

位於巴黎羅浮宮旁的巴黎郵政總局幾乎24小時開著，週日也營業，如有急需郵政服務，可隨時前往。

✉ 50 rue du Louvre 75001 Paris

🕐 每日08:00～23:59

📞 36-31(免費電話)

➡ 地鐵1號線至Louvre-Rivoli站

郵票自動販賣機使用步驟 Step by Step

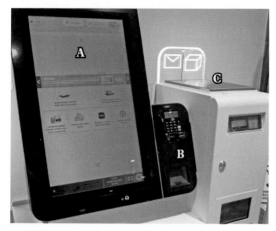

A.觸控螢幕 / B.付款機 / C.秤重

郵局自動販賣機的選項

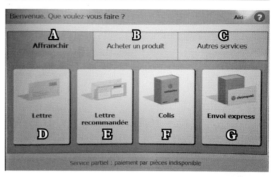

A.Affranchir 貼郵票 / B.Acheter un produit 購買產品 / C.Autres services 其他服務 / D.Lettre 寄信 / E.Lettre recommandée 寄掛號信 / F.Colis 寄包裹 / G.Envoi express 寄快遞

Step 1 選擇寄件類型

A.信件 / B.包裹

Step 2 秤重與付款

把信件或包裹放到秤重處,再依照螢幕指示付款。

民間貨運公司

巴黎有不少華人開的包裹郵寄中心,也是使用郵局的運送系統,不僅價格比郵局便宜,還提供紙箱與包裝材料。可將物品直接拿到門市打包寄送。價格大約是5公斤€33。1~2週可抵達台灣。

貨運公司這裡查

法翔速運 (有4間門市)
http www.ftl-express.com
✉ 41 Rue De Provence 75009 Paris
☎ 01-73-74-90-35

里昂快遞 LYON EXPRESS
http www.lyon-express.fr
✉ 19 rue elie rochette 69007 Lyon
☎ 09-81-61-10-51

37速運 (有5間門市)
http www.37-express.com
✉ 61 rue de Turbigo 75003 Paris
  82 rue de la Victoire 75009 Paris
☎ 01-44-49-09-67

應變篇
Emergencies

在法國，發生緊急狀況怎麼辦？

旅行時，若財物證件遺失，或生病發生意外，都有辦法可解決，
請見本篇的各種緊急處理辦法，與認識在地的緊急聯絡單位。

安全叮嚀

防人之心不可無，出門在外務必小心。

巴黎的治安一向為旅客詬病，巴黎警局也不斷呼籲要注意扒手，還拍宣導影片教大家如何防範。除了秉持「財不露白」的原則，隨時注意自己的財物與手機，不要因為遇到宵小而掃了遊興。手機與現金被偷，一般很難追回；護照記得先影印或拍照備份，萬一被偷時可以盡快補辦；信用卡則先記錄好海外掛失的電話。

安全守則

夜間搭地鐵，挑人多的車廂

夜間搭車務必待在人較多或有女性乘客的車廂，尤其當你搭乘往郊區的RER快速線時。叫計程車是更安全的選擇。

人多手雜，切記防扒

金錢與證件盡量分開放，包包若需放在地上，最好放在兩腳之間夾住。越靠近觀光景點扒手越多，尤其在地鐵裡，等車時盡量往牆邊站、上車時將包包往胸前放，因為扒手會利用推擠的方式讓你

▲ 包包用雙腳夾住，降低失竊風險

轉移注意力，再由後面的扒手再趁機行竊。

遇搶劫，先保命

要以人身安全為第一考量，遇到行搶者不要逞強相爭，畢竟自身安全比什麼都重要。

財物不露白

開車時不要把包包放在副駕駛座或明顯處，下車時記得車內淨空，把行李和重要物品放後車廂較安全。

身體不舒服，就近找店家幫忙

萬一在路上身體不舒服、撐不住，可找最近的店家幫忙。

法國緊急電話看這裡

在法國遇到緊急情況，無論是公共電話或手機，都可直接拿起電話撥打。
- 歐洲通用急救：**112**
- 醫療急救救護車 (SAMU)：**15**
- 警察援救：**17**
- 火警消防：**18**
- SOS 醫生急救中心：**3624** (€0.12／分鐘)
- SOS 牙醫急救中心：**01-43-37-51-00**
- 中毒治療中心：**01-40-05-48-48**

扒手常用招數

地鐵搶劫財物

搭地鐵時，盡量不要站或坐在靠車門的位置，以免扒手利用地鐵關門的最後一刻把手機或包包搶走，並迅速下車逃逸，讓人措手不及。上下車時要提防身邊有人故意擠過來，扒手會用身上背的大袋子蓋住正在行竊的「第三隻手」，通常都是兩三人一組互相照看，偷到東西後就會馬上轉給同伴。

分散注意力

扒手會故意丟鑰匙或鍍金戒指在遊客面前，或是故意擠成一堆，遊客注意力被分散之後，扒手同夥伺機從旁偷竊。

填寫問卷

3～5人一組的扒手假借填寫問卷或連署，遊客填寫時，若不是趁機偷竊遊客財物，就是獅子大開口要你掏錢捐款。

趁用餐時行竊

在餐廳時不要把手機放在桌上，也不要把包包掛在椅子上，外套脫下來時一定要把口袋裡的財物收好放進包包，有些扒手會坐在後面趁機扒竊。也有小偷會潛入高級飯店的餐廳內，趁客人起身取食時偷取包包，因為餐廳屬公共區域，飯店無法審核出入的客人，所以即使在高級飯店用早餐時，貴重物品還是要放好。

發傳單摸手機

餐廳、咖啡館常發生幾位年輕人進來，拿著讓人看不懂的傳單給人看，當你專注地看傳單時，桌上的手機便會被偷走。

假好心提醒

扒手會先偷偷在遊客身上潑灑不知名液體，再假好心提醒，趁遊客脫下外套檢查時扒竊。

假扮便衣警察盤查

扒手會假扮便衣警察，藉故盤查遊客是否帶有大量現金，在檢查你的錢包時就會順手摸走現金。若是遇到這種情況，建議用手機撥打17，向警察求援。

綁幸運帶後獅子大開口

在觀光區，有些非裔男孩會笑容滿面地說要幫你綁非洲傳統幸運帶，有的甚至會趁你不注意從後方擅自綁在你的手腕上，然後向你索取不合理的價格。這種帶子一旦綁上就拆不下來，所以切記不要隨便伸手，並且警惕留意接近或靠在你身後的陌生人。

干擾提錢趁機盜領

在街上的提款機領錢時，歹徒利用小孩或年輕人干擾你提款，即使按取消退卡，還是有被盜領的可能。領錢時最好有同伴陪同。

▲ 巴黎地鐵的小心扒手告示

▲ 市集和鬧區不時會有法國警察站崗

物品遺失

遺失物品找相關單位尋求協助，切記人身安全最重要。

若是在大眾運輸工具上遺失物品，請聯絡法國地鐵公司；若在火車上，就直接在下車的火車站詢問處詢問；如果是在路上不見，那就去巴黎的失物招領處碰碰運氣吧！如果是被搶或被偷，先到當地的警察局報案。

▲ 巴黎警察有不同的交通方式：溜冰鞋、單車、機車

護照遺失

Step 1 立即報案

向當地警察機關報案，並記得要索取報案證明（Police Report）。如果不知道當地的警局（Préfecture de Police／Commissariat de Police）在哪裡，可詢問附近的商家。

法國的警察局外觀並不明顯，標示看板也不會很大，找警察局最方法是問當地店家。Préfecture de Police 是警察局，Commissariat de Police則是表分局 ▶

Step 2 申請補發

持報案證明向位於巴黎的駐法國台北辦事處的簽證組申請補發護照。所需的文件為報案證明、白底大頭照2張、費用€29，需親自辦理。如果有護照影本，將可使補發程序快速些。

求助資訊看這裡

駐法國台北代表處
- ✉ 78, rue de l'Université, 75007 Paris, France
- ☎ 01-44-39-88-20/30(法國境內電話)、06-80-07-49-94(急難行動電話，非急難重大事件，請勿撥打)
- 📠 01-44-39-88-12
- 🕐 週一～五09:30～12:30及13:30～16:00
- @ fra@boca.gov.tw
- ➡ 搭地鐵12號線至 Solférino 或RER C線至 Musée d'Orsay

Préfecture Police Paris 法國巴黎警署
- 🌐 www.prefecture-police-paris.interieur.gouv.fr
- ✉ 9, Bd du Palais 75004 Paris
- ☎ 01-53-71-53-71
- ➡ 搭地鐵4號線至Cité站，步行約2分鐘

信用卡遺失

Step 1 立即掛失

立刻打至發卡銀行24小時服務中心掛失，或是利用發卡銀行網站線上申報遺失，大多數銀行都有智能客服，不怕沒人處理。有些信用卡公司會要求報案證明（Police Report），最好在打掛失電話時一併問清楚，讓申請理賠時間縮短。如果身上沒錢，就盡量使用免付費電話。

Step 2 申請補發

掛失後如果旅行行程還很長、需要用到信用卡，就必須問清楚補發卡的手續及需花費的時間，並留下在法國的聯絡電話。

現金遺失

先聯絡當地的駐法國台北辦事處（Bureau de Représentation de Taipei en France）請求支援，或找當地西聯匯款（Western Union）服務據點，請台灣的親友至台灣的大眾、元大或京城銀行以西聯匯款的方式匯錢至當地的據點，匯款後請親友告知你密碼，即可以密碼和護照提領現金，最快在幾個小時內就可匯到。記得告知親友收款人的姓名（需和護照上的英文相同）。

線上報案

法國警局設立線上預報案機制，可在網站上直接預約警局報案，並預先交代事發經過；警局可事先了解案情，再與當事人聯繫，約定前往警局時間，省去在警局等候與雞同鴨講的時間。

■ **線上預約報案**：www.pre-plainte-en-ligne.gouv.fr
■ **下載法國警局APP**：可查詢所在地最近警局，關鍵字搜尋「Préf.police」

貼心 小提醒

報案注意事項

若是親自到警局報案，最好請懂法語的人陪同前往。若沒有認識的朋友，可到台灣人的臉書社團（台灣同學會或台灣心法國情）尋求協助，一般都會獲得友善的回應。

巴黎臺灣同學會

台灣心法國情

失物招領找這裡

巴黎失物招領處
Bureau des objets trouvés
✉ 36 rue des Morillons 75015 paris
☎ 0821-00-25-25（€0.12／分鐘）
🕐 週一～五08:30～16:30
➡ Convention站

巴黎地鐵 RATP
可到地鐵站櫃檯申報遺失。
🌐 線上申報：ratp.franceobjetstrouves.fr

急難救助電話這裡查

出國前，先詢問信用卡及保險公司海外急難救助服務電話是必要的，如果沒有這些資訊，也可打外交部特別設立的旅外國人急難救助全球免付費專線：00-800-0885-0885。

VISA 海外急難救助對方付費服務電話
☎ 00-61-2-9251-3704（中文服務專線）

MasterCard 海外急難救助對方付費電話
☎ 00-1-636-722-7111
（接通後以英文說Mandrine轉中文服務專線）

線上報案步驟 Step by Step

Step 1 進入官網

進入www.pre-plainte-en-ligne.gouv.fr網站，按「continuer」繼續下一步。

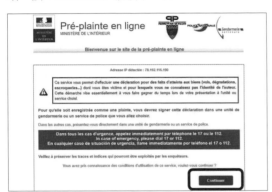

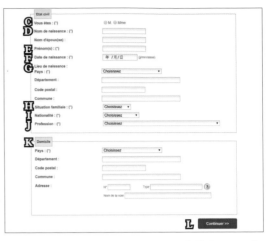

A.有★號欄位為必填 / B.報案人身分，點選【victime】受害者 / C.性別 / D.姓 / E.名 / F.生日 / G.出生地 / H.婚姻狀況(célibataire未婚 / concubinage同居 / marié已婚 / pascé共同生活契約 / divorcé離婚 / veuf鰥寡) / I.國籍 / J.職業 / K.居住國 / L.繼續下一頁

Step 2 輸入報案資訊

A.選擇報案地區 / B.個人資料輸入 / C.事發經過描述 / D.財物損失描述 / E.聯繫方式 / F.確認 / G.往下拉選單選擇報案地區 / H.也可直接點按地圖

Step 3 輸入報案人資料

Step 4 描述案發經過

A.為何成為受害者 / B.如何發現事故

Step 5 描述案發地點

A.案發國(選擇法國France→城市→地區) / B.詳細地點 / C.不知道案發地點的話按此打勾

應變篇

Step 6 描述案發日期

A.我知道確切日期與時間 / B.我不確定日期與時間 / C.我不知道發生日期 / D.繼續下一頁

Step 7 描述後果

A.是否有暴力行為 / B.沒有遭受暴力(打勾) / C.身體受傷 / D.身體沒有受傷 / E.其他傷害

Step 8 描述財物損失

Argent liquide 現金
Arme 武器
Art et horlogerie藝品與鐘錶
Batiment 船
Bijou 珠寶
Document officiel 重要文件
Moyen de paiement (chéquier mcarte bleur) 支票簿/金融卡
Multimédia (téléphone portable) 多媒體(手機)
Objets divers 其他物品
Véculaire immatricule 掛牌車輛

Step 9 輸入聯繫方式

確定手機能在國外收到訊息或來電，以免錯過警察局的通知。家用電話不一定要填寫。

A.輸入電子信箱 / B.重新輸入電子信箱確認 / C.家用電話 / D.手機號碼 / E.願意收到報案後續消息

Step 10 完成預約報案

輸入聯繫方式後，進入下一頁，按確定即完成預約報案。

A.輸入想預約的日期與時間 / B.警局可以聯絡你的時間(可以不填)

緊急關鍵字教學

學幾句緊急法語，在遇到麻煩時使用，可吸引旁邊的人觀注，也有喝斥歹徒的功用。萬一歹徒人數多，切記，一切以人身安全最重要。可利用Google翻譯查詢發音並練習。

中文	法文
救命！	Au secours !
非常緊急！	C'est urgent !
住手！	Arrêtez!
小偷！	Au voleur !
把他抓住！	Arrêtez-le !
走開！	Allez-vous en !
請叫警察來！	Appelez la police !

內急找廁所

可以找咖啡館消費再借廁所。

法國的廁所只有一個字，就是「Toilettes」。很多人來法國都抱怨廁所太難找！難道法國人不用常跑廁所嗎？的確，在法國，廁所不像國內那麼普遍，平時在旅館或餐廳就要多利用，出門在外找廁所就要多留意囉！如果要排隊上廁所千萬別插隊喔！否則大家可能會一起指責你。

廁所哪裡找

速食餐廳

速食餐廳如麥當勞是最方便的地方了，衝進去找廁所，看到門上鎖可別傻眼！自從速食餐廳曾被放置炸彈後，幾乎所有的速食餐廳都將廁所上了號碼鎖，密碼就在消費的收據上。如果不想消費，可等裡面的人出來時順便進去，或是詢問服務人員，通常他們都願意告訴你密碼。

購物商場與百貨公司

大型購物商場或百貨公司都有廁所，但少數的購物中心則需要付費使用，不過付費的廁所都相當乾淨。

熱門景點

像聖母院或美術館都附有廁所，而且免費。一般外省的觀光景點也都設有免費的公共廁所。

餐廳與咖啡廳的廁所

在一般餐廳或咖啡館，只要有消費，都可以使用廁所。有時需要先向服務生要廁所的投幣代幣，如果沒在店內消費通常要付費。國人熟悉的星巴克或麥當勞等連鎖速食的廁所，大都也需要消費才能使用。

有時向服務生詢問借廁所：「Puis-je emprunter les toilettes?」服務生會允許，但熱門觀光景點的咖啡廳就不太願意囉！

高速公路休息站與露天廁所

高速公路上大小休息站都有廁所，冬天最好找有餐飲服務的休息站，廁所設備較現代化，因為小休息站沒有暖氣設備，溫度零下上廁所可是很難受的。法國人也常常上露天的自然廁所，只要行駛省道就無法避免的要灌溉大自然，最好找森林小徑掩護。

貼心 小提醒

看懂法國的廁所標示

男士女士的法文標示是：女士「Madame」或「Femme」，男士「Monsieur」或「Homme」，有時也會是男女共用。

應變篇

Les toilettes turques
土耳其式廁所

　　法國也有蹲式廁所，雖然數量不多。使用這種蹲式廁所，要特別小心沖水時別濺濕了鞋襪。

　　第一個土耳其蹲式廁所可以追溯到12世紀，由比利時人Bert Vandegeim發明，後來奧圖曼帝國時期經過改良，增加了一個洞、一個掛褲子的釘子和一扇門。「土耳其式」這一說法則是因為Bert Vandegeim為了避免蹲廁所時弄髒褲子，所以把褲子脫下來綁在頭上。他太太覺得這個模樣看起來很像奧圖曼帝國皇帝，就把這個新發明的廁所命名為「土耳其式」廁所。

　　這種廁所通常是一個帶圓孔的平臺和兩個防滑腳踏板，就像簡易茅廁，沖水裝置安裝在牆壁上。使用時需要轉身蹲下。有些土耳其廁所配有側扶手，便於保持蹲姿。這種廁所據說比較衛生，因為沒有細菌滋生的溫床—馬桶座圈。

路上觀察 巴黎路邊免費的公共廁所

　　為因應眾多觀光客的需求，巴黎近年來增設了不少免費的公廁。

免費公廁使用說明：

■ 禁止10歲以下兒童單獨使用
■ 禁止在廁所裡吸菸
■ 兒童使用需有大人陪伴
■ 使用時間限制為15分鐘

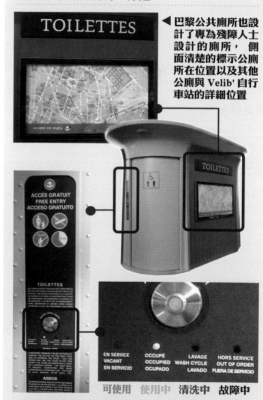

◀ 巴黎公共廁所也設計了專為殘障人士設計的廁所，側面清楚的標示公廁所在位置以及其他公廁與 Velib' 自行車站的詳細位置

可使用　使用中　清洗中　故障中

公廁內部開門與關門鈕
1. 語音說明
2. 關門鈕
3. 開門鈕
4. 若廁所開門鈕故障，則使用這個緊急開門裝置

行家祕技 搜尋巴黎的公廁位置

　　巴黎自2006年起開放免費使用435個公共廁所，全部都是無障礙設施，其中158個是24小時開放。利用網站可搜尋巴黎全部的公廁位置。

http toilettespubliques.com/paris

生病受傷

到氣候不同的國度旅行，最容易發生水土不服，可準備藥品隨身備用。

當地藥局

　　如果在旅行期間身體不適，身邊也沒有合適的藥品，可以前往當地藥局，告知症狀，藥劑師就會推薦藥品給你。如遇關門，藥局門口會張貼附近的就醫資訊，仔細看就可找到就近的24小時營業的藥局。若需要馬上就醫，也可到藥局請藥劑師幫你找最近的醫生就醫。

　　另外，求助下榻旅館也是最快的方式，旅館對旅客生病的處理方式較有經驗，能盡速找到會說英語的醫師。

瑪黑區是有名的同志活動區，這裡的西藥房也當然背負起對抗愛滋的責任，有這個標誌的西藥房會提供與愛滋病一切相關的資訊與諮詢服務

自備藥品

　　可自行攜帶止痛藥、感冒藥、腸胃藥以及綜合維他命，以備不時之需。綠油精、萬金油等止癢防暈吐的成藥也很方便。若不清楚症狀，建議可先至藥局向藥師詢問；真的很不舒服時，一定要就醫。

當地就醫

　　就醫療程結束後別忘了申請診斷證明（a medical certificate）和醫療費用收據（a detailed account）；如果是意外事故的醫療，別忘了向警局索取意外事故證明（accident report），以便回國後申請保險理賠。除非是昏迷或嚴重意外，否則醫院急診室的等候時間可能長達2小時以上。身體不適建議直接至一般的藥局詢問，或到SOS Médecins的診所排隊看診，沒有法國健保的遊客，看診費約€50起，再拿醫生開的處方箋到藥局買藥即可。

SOS Médecins資訊這裡查

http www.sosmedecins.fr/contact

巴黎三區
✉ 14 rue Volta 75003 Paris
🕐 週一～五20:00～24:00，週六、日與假日09:00～24:00

巴黎十三區
✉ 85 boulevard de Port-Royal 75013
🕐 每天09:00～24:00

巴黎十七區
✉ 2 rue Francis Garnier 75017
🕐 每天09:00～24:00

巴黎十九區
✉ 28 boulevard Macdonald 75019
🕐 每天09:00～24:00

法國家庭常見藥品

以下皆不需處方箋，且一般藥局都會有。

Doliprane

消除 疼痛 (douleurs)，如牙痛、生理痛、輕微感冒及發燒 (Fièvre) 等，分成 粉 狀 (Poudre orale)、顆粒，或是水溶氣泡式。

Syrup / Strefen

治療感冒喉嚨痛，分成 2 種，有痰 (Toux gras) 或是無痰 (Tous sec)，有分兒童及成人服用 2 種。

Actifed Rhume

治療感冒流鼻水。

Ultra-levure

治療腹瀉 (diarrhs) 及肚子痛。

Dexeryl

皮膚保溼乳液，法國許多醫師推薦。

Biafine

針對燒傷、燙傷或曬傷的急救乳膏。

Drille

藥局常見的喉糖，含在口中能舒緩喉嚨的不適。

Poire à lavement

耳朵進水或是阻塞，可以用來清洗耳朵。

路上觀察 *藥房有點像小雜貨店*

巴黎的西藥房可說是三五步就一家，弄不清楚為什麼法國人那麼愛吃藥？其實西藥房像是小雜貨店，除了藥之外，清潔用品、保養品什麼都有賣，有時還會賣減肥的代餐喔！

巴黎24小時營業藥局看這裡

Pharmacie Internationale de Paris
✉ 17 bis boulevard de Rochechouart 75009 Paris
☎ 01-48-78-03-01
➡ 搭地鐵2或4號至Barbès－Rochechouart站下車

Pharmacie Européenne
✉ 6 place de Clichy 75009 Paris
☎ 01-48-74-65-18
➡ 搭地鐵2或13號至Place de Clichy站下車

Pharmacie Internationale
http pharmacieinternationale.pharminfo.fr
✉ 5 place Pigalle 75009 Paris
☎ 01-48-78-38-12
➡ 搭地鐵2或12號至Pigalle站下車

Pharmacie Centrale - Paris Pharma
✉ 52 rue du Commerce 75015 Paris
☎ 01-45-79-75-01
➡ 搭乘地鐵10號至Avenue Émile Zola站下車

La pharma de Répu
http www.lapharmaderepu.com
✉ 5 place de la République 75003 Paris
☎ 01-47-00-18-08
➡ 搭乘地鐵3、5、8、9、11號至République站下車

Pharmacie Opéra Bastille
✉ 6 boulevard Richard Lenoir 75011 Paris
☎ 01-47-00-49-44
➡ 搭地鐵1、5、8號至Bastille站下車

Pharmacie principale de la Porte d'Orléans
✉ 4 place du 25 août 1944 75014 Paris
☎ 01-45-42-27-75
➡ 搭地鐵12號至Porte d'Orléans 站下車

機場篇

	quinze 15	**tourisme** 觀光	**affaires** 商務

zéro 0	**seize** 16	**Quel est le but de votre voyage?** 你來法國的目的是什麼？
un 1	**dix-sept** 17	**Je vais loger à l'hôtel ____.** 我將住宿在____飯店。
deux 2	**dit-huit** 18	**Où je peux retrouver mes bagages?** 哪裡可以找到我的行李？
trois 3	**dix-neuf** 19	**Je ne retrouve pas mes bagages!** 我找不到我的行李！
quatre 4	**vingt** 20	**Où est la sortie pour ____?** 到____的出口是哪裡？
cinq 5	**trente** 30	**Où est le guichet ?** 售票口在哪裡？
six 6	**quarante** 40	**Cet autobus va-t-il à ____?** 這班公車有到____嗎？
sept 7	**cinquante** 50	**Ce train va-t-il à ____?** 這班列車有到____嗎？
huit 8	**quatre-vingt** 80	**Un billet pour aller à Paris, s'il vous plaît.** 一張票到巴黎。
neuf 9	**cent** 100	**Un billet pour l'aéroport Charles de Gaulle, s'il vous plaît.** 一張票到戴高樂機場。
dix 10	**mille** 1,000	**Où je peux prendre Roissybus pour aller___?** 哪裡可以搭華西巴士到____？
onze 11	**arrivée** 入境	**Où je peux prendre le bus?** 哪裡可以搭法航巴士到____？
douze 12	**départ** 出境	**Où je peux prendre un Taxi?** 哪裡可以搭計程車？
treize 13	**entrée** 入口	**C'est combien pour aller à ____?** 到____多少錢？
quatorze 14	**sortie** 出口	**Combien de temps pour y aller?** 需要多少時間到那裡？

Conduisez-moi à l'aéroport Charles de Gaulle Terminal 1, s'il vous plaît.
請載我到戴高樂機場第一航空站。

Pourriez-vous me rembourser sur mon compte?
可否直接退稅在我的帳戶裡？

Pardon, je suis pressé.
我趕時間。

Où se trouve le bureau d'information?
哪裡找到旅遊資訊中心？

On est ＿＿＿ personnes.
我們有＿＿＿個人。

Détaxez, s'il vous plaît.
我要辦理退稅。

A coté de la fenêtre.
靠窗的位子。

Où je peux acheter une carte prépayée?
哪裡可以買預付卡？

交通篇

	changeable 可換票	**gare** 火車站	**péage** 高速公路收費站
billet 票	**remboursable** 可退換	**voie** 月台	**aires de repos** 休息站
plein tarif 全票	**1er classe** 頭等艙	**départ** 發車	**station d'essence** 加油站
adulte 成人票	**2er classe** 普通艙	**réservation** 訂位席	**essence(SP95)** 汽油
jeune 青年票	**fenêtre** 靠窗	**sans réservation** 自由席	**gazole** 柴油
senior 老年票	**couloir** 靠走道	**train direct** 直達車	**interdit** 禁止
enfant 孩童票	**dép.(départ)** 出發	**train rapide** 特快車	**en panne** 故障
aller simple 單程票	**arr.(arrivée)** 到達	**autoroute** 高速公路	**payant** 付費
aller-retour 來回票	**place no.** 座位號	**trajet direct** 直達車	**Horaire** 時刻表
Tarif réduit 優待票	**voit.** 車號	**ou trajet via** 途經	**correspondance** 轉車口

station de métro
地鐵站

chercher
搜尋

Où est l'arrêt de bus pour_____?
到_____的公車站牌在哪裡？

arrêt de bus
公車站牌

station de taxi
計程車招呼站

Ce bus va-t-il _____?
這班公車有到_____嗎？

taxi
計程車

Métro
地鐵

Où je descends pour aller _____?
到_____應該在哪裡下車？

Service des objets trouvés
失物招領處

Est-ce qu'il faut changer de bus?
需不需要換別班車？

Je voudrais les horaires, s'il vous plaît.
我要一份時刻表。

Où faut-il changer?
應該在哪裡換車？

Où je peux acheter un billet?
哪裡可以買票？

Quel est le prochain arrêt?
下一站是什麼？

Où je peux réserver une place?
哪裡可以買預訂票嗎？

Quels sont les circuits que vous proposez?
你們有什麼行程？

Puis-je annuler ce billet?
我可以退這張票嗎？

Quel est le prix de ce circuit?
這個行程是多少錢？

au-dessus / au milieu / au-dessous
上鋪 / 中間 / 下鋪。

D'où l'autocar part-il?
觀光巴士從哪裡出發？

De quel quai part le train?
在第幾月台上車？

L'autocar passe par où?
觀光巴士會去 / 經過哪裡呢？

Où va ce train?
這列火車到哪裡？

Où est le point de départ / d'arrivée?
哪裡是起點 / 終點？

J'ai dépassé ma gare.
我坐過站了。

Combien de temps dure l'excursion?
這個行程會花多少時間？

Dois-je descendre ici?
我應該在這裡下車嗎？

Où je peux acheter le billet ?
哪裡可以買到票？

Avons-nous déjà dépassé _____?
我們已經過_____站了嗎？

La porte ! S'il vous plaît !
請開門(讓我下車)！

Quel guichet vend les billets pour _____?
到_____的票在哪一個窗口買？

Où est le guichet pour réserver un billet?
哪一個售票窗口賣預售票？

Je voudrais réserver une place assise / couchette / cabine, s'il vous plaît.
我想要預訂一個座位 / 臥鋪 / 房艙。

Je voudrais réserver une place dans un wagon-lit, s'il vous plaît.
我想要訂一個臥鋪的位子。

Mon train est supprimé, que dois-je faire?
我的火車班次被取消了，我該怎麼辦？

Je peux prendre ce train pour aller à _____?
我可以搭這班列車到_____嗎？

J'ai oublié mon sac à main dans le train.
我忘記我的手提袋在火車上了。

Est-ce que cette place est occupée / libre / réservée?
請問這個位子有人坐 / 沒人坐 / 有人預訂嗎？

Pouvez-vous me dire où déscendre pour ____?
可以告訴我去_____應該在哪裡下嗎？

Pouvz-vous me prévenir lorsque nous seront ____?
如果到_____可麻煩你告訴我一聲嗎？

Quelle est la station de métro la plus proche?
哪一站地鐵離這裡最近呢？

Quelle direction / numéro de bus dois-je prendre pour aller à ___?
到_____的公車，我應該搭幾路/幾號？

Je voudrai descendre au prochain arrêt.
我要在下一站下車。

Deux billets pour aller _____, s'il vous plaît.
我要買2張去_____的票。

Y-a-t-il un autocar de tourisme pour la ville / la banlieue?
這裡有這個城市 / 郊區的觀光巴士嗎？

Y-a-t-il un circuit pour la journée / la demi- journée?
你們有一天 / 半天的行程嗎？

Y-a-t-il un circuit pour la matinée / l'aprés-midi / le soir?
你們有 早上 / 下午 / 晚上 的行程嗎？

Pourriez-vous venir me prendre / déposér à Hôtel ___ ?
可以讓我在_____飯店上車 / 下車嗎？

住宿篇

| clé
鑰匙 | **Avec toilettes / salle de bains / douche?**
包括廁所 / 含浴缸的浴室 / 淋浴？ |

| **matin**
早上 | **chambre**
房間 | **Je peux voir la chambre?**
我可以看一下房間嗎？ |

| **midi**
中午 | **douche**
淋浴 | **Je prends cette chambre, s'il vous plaît.**
我要訂這間房間。 |

| **après-midi**
下午 | **eau chaude**
熱水 | **Avez-vous une chambre moins chère?**
你們有比較便宜的房間嗎？ |

| **soir**
晚上 | **gel douche**
沐浴乳 | **Avez-vous une chambre plus grande?**
你們有比較大的房間嗎？ |

| **aujourd'hui**
今天 | **shampooing**
洗髮精 | **Je resterai (pour)___ jour(s) / une semaine.**
我將在此停留____天 / 一星期。 |

| **hier**
昨天 | **savon**
香皂 | **Je veux séjourner un jour de plus.**
我要多待一天。 |

| **avant-hier**
前天 | **bain**
浴缸 | **Le petit déjeuner est compris?**
包含早餐嗎？ |

| **demain**
明天 | **chambre double**
雙人房 | **Le petit déjeuner est à quel prix?**
早餐多少錢？ |

| **après-demain**
後天 | **chambre simple**
單人房 | **A quelle heure est le petit déjeuner?**
幾點開始供應早餐？ |

| **une semaine**
一週 | **lit supplémentaire**
加床 | **Où est la salle à manger?**
哪裡是餐廳？(用餐間) |

| **une nuit**
一晚 | **papier toilette**
衛生紙 | **Pouvez-vous m'appeler un taxi?**
您能幫我叫輛計程車嗎？ |

| **deux nuits**
二晚 | **serviette de douche**
浴巾 | **Je laisse ma clé dans ma chambre.**
我把鑰匙忘在房間裡了。 |

| **Le prix est par personne ou par chambre?**
計價方式是以人頭數還是房間數？ | **Le chauffage ne marche pas.**
暖氣壞了。 |

| **je ne veux pas une chambre sur la rue.**
我不要靠馬路的房間。 | **Il n'y a pas d'eau chaude.**
沒有熱水。 |

| **Je voudrais changer de chambre.**
我想換房間。 | **Je veux partir un jour plus tôt.**
我要提早一天走。 |

飲食篇

	bar 狼鱸	**De l'eau gazeuse / pétillante** 氣泡礦泉水
saignante 三分熟	**anchois** 鯷魚	**De l'eau plat.** 無氣泡的礦泉水
à point 七分熟	**sardine** 沙丁魚	**Un pichet de vin rouge / blanc / rosé.** 一壺紅 / 白 / 粉紅酒。
bien cuit 全熟	**viande** 肉類	**Qu'est-ce que c'est?** 這是什麼？
sur place 內用	**volaille** 家禽肉	**Du pain s'il vous plaît.** 請再給我們一些麵包。
à emporter 外帶	**agneau** 羊排	**Ce plat est chaud ou froid?** 這道菜是冷的還熱的？
non fumeurs 非吸菸區	**canard** 鴨肉	**Pouvons nous emporter les restes?** 可以將剩下的打包嗎？
fruits de mer 海鮮類	**bœuf** 牛肉	**Je voudrai ce plat, s'il vous plaît.** 請給我這個。(比著菜單)
crevette 蝦	**veau** 小牛肉	**Quel est le plat du jour?** 請問今日特餐是？
homard 龍蝦	**porc / Cochon** 豬肉	**Mon plat n'est pas encore venu.** 我點的菜還沒來。
langouste 螯蝦	**poulet** 雞肉	**Quel est le plat spécial d'ici?** 這裡的招牌菜是什麼？
coquille saint-jacques 干貝	**escargot** 蝸牛	**L'addition, s'il vous plaît.** 請結帳。
huître 牡蠣	**foie gras** 鵝肝醬	**Tout ensemble.** 一起算。
sole 鰨魚	**jambon** 火腿	**Chacun paye pour soi.** 分開各自付帳。
thon 鮪魚	**saucisson** 香腸	**L'addition n'est pas exacte.** 這帳單總金額不對。
moule 淡菜	**saumon fumé** 燻鮭魚	**Je suis végétarien.** 我是素食者。

購物篇

lin
麻

grand(e)
大

laine
羊毛

petit(e)
小

cher(chére)
貴

long(gue)
長

bon marché
便宜

court(e)
短

Boutique hors taxe
免稅商店

fin(e)
薄

cuir
皮革

large
寬

naturel
天然的

soie
絲質

lourd
重

coton
棉

léger
輕

Vous l'avez dans d'autres couleurs?
你們有沒有其他顏色？

Je cherche une robe.
我想找一件洋裝。

Cela ne me va pas.
這個不合我身。

C'est la bonne taille.
這是我的尺寸。

Je peux l'essayer?
我可以試試看(試穿)嗎？

Où je dois payer?
在哪裡付錢？

Où est la cabine d'essayage?
哪裡是試穿間？

C'est trop long / court / serré / large
太長／短／緊／寬

Je vais prendre cela.
我要買這個。

Où est le supermarché le plus proche?
最近的超級市場在哪裡？

Pourriez-vous réduire le prix?
可否算便宜一點？

Où je peux l'acheter?
哪裡可以買得到？

Je le trouve trop cher.
我覺得這個太貴了。

Je regarde seulement.
我只是看看。

C'est pour offrir.
是要送人的。

Montrez-le-moi, s'il vous plaît.
麻煩請拿給我看。

Détaxer s'il vous plaît.
我要辦理退稅。

Est-ce que je peux le prendre?
我可以拿起來看嗎？

Est-ce que je peux payer par carte bleue?
我可以用信用卡付費嗎？

Avez-vous quelque chose de plus grand / petit?
有沒有比較 大／小的？

Je voudrais comme celui-ci dans la vitrine.
我想要像放在櫥窗那樣的。

玩樂篇

jardin public 花園		Quel est le programme aujourd'hui? 今天的節目是什麼？
musée 美術館 / 博物館	parc 公園	Quels sont les tarifs? 有幾種票價？
galerie 藝廊	foire 博覽會	Y a-t-il une réduction pour les groupes? 有沒有團體的優待票？
exposition 展覽	cinéma 電影院	Combien coûte un billet? 一張票多少錢？
salon 節目	palais 宮殿	un billet en plein tarif, merc, s'il vous plaît. 一張全票，謝謝！
boîte de nuit 舞廳 / 夜總會	château 城堡	J'ai réservé, mon nom est _____. 我已經預訂了，我的名字是_____。
église 教堂	cathédral 大教堂	Un programme, s'il vous plaît. 請給我一份節目表。
tour 高塔	ticket / billet 票券	A quelle heure finit le spectacle? 這個表演幾點結束？
monument 古蹟	billetterie 售票亭	Où est le bar? 吧檯 / 飲料販賣處在哪裡？

Est-ce qu'il est loin d'ici?
離這裡很遠嗎？

Je peux prendre des photos ici?
我可以在這裡拍照嗎？

Comment je peux aller là bas?
我要用什麼方法去那裡？

Pouvez-vous nous prendre en photos?
可以麻煩您幫我們拍照嗎？

Est-ce que le Musée ouvre aujourd'hu?
請問美術館今天有開嗎？

Prenez encore une photo, s'il vous plaît.
麻煩請再拍一張。

A quelle heure il ouvre / ferme?
幾點開門 / 關門？

Je peux vous prendre en photo?
我可以幫您拍張相片嗎？

Je veux un guide qui parle chinois.
我要一位會說中文的導遊。

Où est l'office de tourisme?
旅遊中心在哪裡？

Où je peux acheter le billet?
哪裡可以買入場票？

Je voudrais visiter quelques musées.
我想要參觀幾個美術館。

Avez-vous une brochure gratuite pour ce musée?
請問有沒有免費的美術館導覽手冊？

Y a-t-il une réduction pour les moins de 26 ans?
有沒有26歲以下的優待票？

Y a-t-il une réduction pour les personnes de plus de 65 ans?
有沒有65歲以上的老人優待票？

Reste-t-il encore des places pour ce soir / demain soir?
今晚 / 明晚 還有位置嗎？

Je voudrais acheter un billet pour le _____.
我要買_____日期的預售票。

 通訊篇

carte prépayée	ville	pays
預付卡	城市	國家

exprès	adresse	expéditeur	code postal
限時專送	地址	寄件人	郵遞區號

paquet	nom	destinataire	timbre
包裹	姓名	收件人	郵票

par avion	rue	bureau de poste
航空	街 / 路	郵局

carte postale	enveloppe	lettre recommandée
明信片	信封	掛號信

Je voudrais acheter une carte prépayée, s'il vous plaît.
我想要買一張預付卡。

Où est le bureau de poste / la boîte aux lettres?
請問郵局 / 郵筒在哪裡？

A quelle heure le bureau de poste ouvre / ferme?
請問郵局幾點開門 / 關門？

**Je voudrais envoyer cette lettre / ce paquet à Taiwan,
s'il vous plaît.** 我想要寄信 / 包裹到台灣。

**Je voudrais acheter un Colissimo emballage international,
s'il vous plaît.** 我要買國際便利箱。

Pouvez-vous l'envoyer en exprès?
可以用快遞寄嗎？

應變篇

法語指指點點

carte de crédit	信用卡
tension	血壓
chirurgien	外科
pickpocket	扒手
passeport	護照
ordonnance	處方
dentiste	牙科
objets de valeur	貴重物品
mal à la tête	頭痛
pharmacie	藥房
dermatologue	皮膚科
argent liquide	現金
mal aux dents	牙痛
hôpital	醫院
pédiatre	小兒科
portefeuille	皮夾
mal à l'estomac	胃痛
médecin	醫生
gynécologue	婦科
sac	皮包
mal à la gorge	喉嚨痛
médecin général	內科
urgence	緊急

mon portefeuille / sac a été volé.
我的皮夾 / 皮包被偷了。

Quelqu'un est blessé !
有人受傷了！

On m'a volé.
我被搶了。

Appelez une ambulance !
快叫救護車！

Où est le poste de police?
警察局在哪裡？

J'ai mal ici.
我這裡痛。

Où est le bureau des objets trouvés?
失物招領處在哪裡？

J'ai de la fièvre.
我發燒了。

Il y a eu un accident ！
發生意外了！

Je tousse / crache.
我咳嗽 / 有痰。

Appelez la police ！
快叫警察！

J'ai de l'asthme.
我有氣喘。

J'ai perdu mon portefeuille avec ma carte de crédit.
我遺失了我的皮夾還有信用卡。

Est-ce que je peux avoir une attestation de déclaration?
可否給我一份報案證明？

Je suis enrhumé / cardiaque / diabétique / malade.
我 感冒了 / 有心臟病 / 有糖尿病 / 生病了。

Pouvez-vous me prendre un rendez-vous chez le médecin ？
可否幫我向醫師掛號？

救命小紙條 你可將下表影印，以英文填寫，並妥善保管隨身攜帶

個人緊急聯絡卡
Personal Emergency Contact Information

姓名Name：   國籍：Nationality

出生年分(西元)Year of Birth：   性別Gender：   血型Blood Type：

護照號碼Passport No：

台灣地址Home Add：(英文地址，填寫退稅單時需要)

緊急聯絡人Emergency Contact (1)：   聯絡電話Tel：

緊急聯絡人Emergency Contact (2)：   聯絡電話Tel：

信用卡號碼：   國內 / 海外掛失電話：

信用卡號碼：   國內 / 海外掛失電話：

信用卡號碼：   國內 / 海外掛失電話：

航空公司國內聯絡電話：   海外聯絡電話：

投宿旅館Hotel (1)：   旅館電話Tel：

投宿旅館Hotel (2)：   旅館電話Tel：

其他備註：

醫療救護 **15**　　消防救助 **18**

警察救助 **17**　　歐洲緊急救助 **112**

外交部旅外急難救助專線

00-800-0885-0885
00-886-800-085-095

駐法國台北代表處(巴黎)
Bureau de Représentation de Taipei en France
✉ 78, rue de l'Université, 75007 Paris, France
📞 聯絡外館：01-44-39-88-20 / 30
　　緊急聯絡：06-80-07-49-94
📠 01-44-39-88-12
ℹ 台灣旅外國人急難救助聯繫中心：
　　+ 886-3-3982629 / + 886-3-3834849
ℹ 如何撥回台灣：國際電話碼(00)＋台灣(886)＋
　　區域號碼(去零)＋用戶電話號碼